Hannes Bahrmann
Venezuela

HANNES BAHRMANN

VENEZUELA

Die gescheiterte Revolution

Ch. Links Verlag, Berlin

Für Christoph

Auch als **e book** erhältlich

Die Deutsche Nationalbibliothek verzeichnet diese Publikation in der Deutschen Nationalbibliografie; detaillierte bibliografische Daten sind im Internet über www.dnb.de abrufbar.

1. Auflage, März 2018
© Christoph Links Verlag GmbH
Schönhauser Allee 36, 10435 Berlin, Tel.: (030) 44 02 32-0
www.christoph-links-verlag.de; mail@christoph-links-verlag.de
Umschlaggestaltung: Nadja Caspar, Ch. Links Verlag, unter Verwendung eines Fotos aus Caracas vom August 2017 (Marcelino Ueslei, dpa – Picture-Alliance)
Satz: Stephanie Raubach, Berlin
Karte: Peter Palm, Berlin
Druck und Bindung: Druckerei F. Pustet, Regensburg

ISBN 978-3-86153-985-8

Inhalt

Einleitung 8

Die Vorgeschichte 24

Machtfaktor Kuba 62

Die revolutionäre Phase 78

Machtsicherung in höchster Not 92

Der »Sozialismus des 21. Jahrhunderts« 131

Die ALBA-Strategie 141

Der Tod der Goldenen Gans 156

Korruption – einfach unvorstellbar 173

Chaotische Lebensverhältnisse 196

Persönliche Nachbetrachtung 227

Anhang 231
Chronik Venezuelas 231
Biografien der handelnden Personen 236
Quellen und Literatur 242
Abbildungsnachweis 245
Basisdaten 246
Angaben zum Autor 248

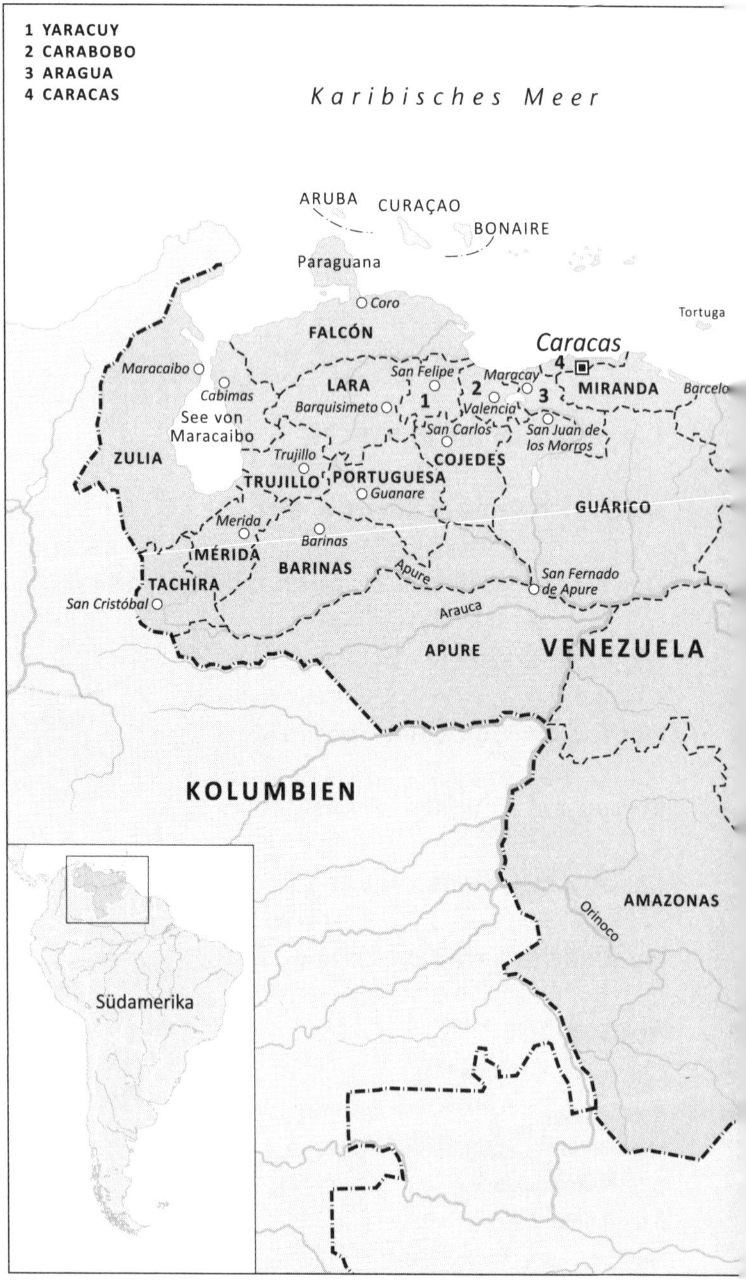
1 YARACUY
2 CARABOBO
3 ARAGUA
4 CARACAS
Karibisches Meer
ARUBA
CURAÇAO
BONAIRE
Paraguana
Coro
Tortuga
FALCÓN
Caracas
Maracaibo
LARA
San Felipe
Maracay
MIRANDA
Barcelo
Cabimas
Barquisimeto
Valencia
See von Maracaibo
San Carlos
San Juan de los Morros
ZULIA
Trujillo
COJEDES
TRUJILLO
PORTUGUESA
Guanare
GUÁRICO
Merida
Barinas
MÉRIDA
BARINAS
Apure
TACHIRA
San Fernando de Apure
San Cristóbal
Arauca
APURE
VENEZUELA
KOLUMBIEN
AMAZONAS
Orinoco
Südamerika

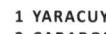

ST. LUCIA
ST. VINCENT UND DIE GRENADINEN
BARBADOS
GRENADA

Atlantischer Ozean

Los Testigos
La Asuncion
SUCRE
maná
Maturin
MONAGAS
Tucupita
DELTA AMACURO
OÁTEGUI
Orinoco
Ciudad Guayana
Ciudad Bolivar

■ Port of Spain
TRINIDAD UND TOBAGO

BOLÍVAR

■ Georgetown

Paramaribo

GUYANA

SURINAME

BRASILIEN

0   150 km

Einleitung

> »Die Wahrheit ist immer konkret.«
> Wladimir Iljitsch Lenin

Es begann symbolisch: Am 27. Juni 1989 schnitten die Außenminister Ungarns und Österreichs ein Loch in einen Stacheldrahtzaun. Der »Eiserne Vorhang« zwischen Ost und West war geöffnet. Zehntausende DDR-Bürger flüchteten hindurch. Möglich wurde dies durch den sowjetischen Partei- und Staatschef Michail Gorbatschow, der zuvor die sogenannte Breshnew-Doktrin aufgehoben hatte. Sie verbot den Mitgliedsstaaten des Ostblocks, eigene Wege ohne Abstimmung mit der UdSSR zu gehen. Andernfalls musste – wie im Fall des Einmarschs der Truppen des Warschauer Vertrages am 21. August 1968 in die Tschechoslowakei – mit einer militärischen Intervention gerechnet werden.

Es war der Beginn des Endes der sozialistischen Staatengemeinschaft. Die Berliner Mauer fiel am 9. November, am 11. März 1990 erklärte Litauen als erste Sowjetrepublik die Unabhängigkeit, am 1. Juli 1991 löste sich der Warschauer Pakt auf und in der Silvesternacht 1991 hörte die Sowjetunion auf zu existieren.

Auch in Lateinamerika waren die Veränderungen spürbar. Mit dem Ende des Sozialismus in Europa verlor Kuba drei Viertel seiner Importe und 95 Prozent seiner Exportmärkte. Seit dem Sieg der Revolution im Jahr 1959 hatte die Sowjetunion über 100 Milliarden Dollar in die strategisch wichtige Insel gepumpt. In dieser Rechnung war noch nicht einmal die Militärhilfe enthalten. Kuba hatte ab den siebziger Jahren in Afrika arbeitsteilig Kriege geführt: Die UdSSR lieferte die Militärtechnik und Zehntausende Kubaner kämpften. So wurde die Unabhängigkeit Namibias erreicht und das Überleben der marxistischen Regierung Angolas gesichert. Mit dem Ausbleiben der Hilfe aus Moskau brach der wirtschaftliche Notstand in Kuba aus.

Kubas engste Verbündete, die Sandinisten in Nicaragua, gingen allzu siegessicher in die Wahlen im Februar 1990 – und verloren. Sie hatten ignoriert, dass mit dem Ende des Sozialismus in Europa auch die lateinamerikanische Linke gehörig unter Druck geraten war. Hinzu kam, dass nach einem jahrelangen Bürgerkrieg offenbar wurde, dass die massiv von den USA aufgerüsteten Contras nicht in der Lage waren, die von den sozialistischen Ländern aufgerüsteten Sandinisten mit Gewalt von der Macht zu vertreiben. Die Kandidatin des oppositionellen Bündnisses UNO, Doña Violeta Barrios de Chamorro, trat vor die Wähler und versprach einen schnellen Frieden. »Überall auf der Welt begraben die Völker den Kommunismus und rufen die Demokratie aus«, erklärte sie ihren Zuhörern. »Deshalb stellt eure Uhren neu: Stellt sie auf die gleiche Zeit wie in Polen, Bulgarien, der Tschechoslowakei.«

Danach folgten Jahre, in denen der Sozialismus weltweit keine Konjunktur mehr hatte. Neuansätze waren scheinbar nicht gefragt, zu groß war der Frust über die epochale Niederlage. Wenn neue Ideen für die gesellschaftliche Entwicklung vorgetragen wurden, dann waren sie sektoral, begrenzt auf neue Technologien wie das Internet, ökologische Methoden in der Landwirtschaft oder Formen des gesellschaftlichen Umgangs: Gender-Gerechtigkeit, Toleranz, Fairness, Vielfalt, Umweltschutz. In jedem Fall sollte es ohne Personenkult, ohne Einheitspartei und ohne Diktatur ablaufen.

Dann erstand der Sozialismus wieder auf – im südamerikanischen Venezuela. Hugo Chávez, ein Offizier, versuchte den Neubeginn. Zunächst mit einem Putsch, mit dem er 1992 scheiterte, dann sechs Jahre später bei Wahlen, die er gewann. Venezuela ist reich durch die Ausbeutung von Bodenschätzen. Es verfügt heute über die weltweit größten Erdölreserven, riesige Eisenerzvorkommen, Gold und Silber. Seit hundert Jahren gehört das Land zu den weltweit größten Ölexporteuren. Mit öffentlichen Mitteln wurde während der Jahre der antikommunistischen Diktatur von Marcos Pérez Jiménez (1952 bis 1958) die technische und soziale Infrastruktur ausgebaut. In den 1970er Jahren profitierte Venezuela mit seinen knapp 10 000 Bohrtürmen vom Boykott der arabischen Förderer, die damit die USA und Europa bestrafen wollten, weil sie Israel unterstützten. Das Land mutierte zum »Saudi-Venezuela«. Das Pro-Kopf-Einkommen erreichte das Niveau des Wirtschaftswunderlandes Bundesrepublik Deutschland. Dann fiel der Ölpreis in den 80er Jahren und das Land versank in der Rezession. Während der nachfolgenden christdemokratischen Regierungen ging das Wachstum stark zurück, während die Auslandsschulden extrem anstiegen. Die Lage der sozial Schwächeren verschlechterte sich spürbar. Das Pro-Kopf-Einkommen war um 35 Prozent zurückgegangen, die Inflation lag bei 100 Prozent, die Korruption war legendär.

In dieser Situation siegte Hugo Chávez bei den Wahlen von 1998 mit dem Versprechen, den Armen zu helfen und die Korruption einzudämmen. Gleich bei seinem Amtsantritt stellte der neue Präsident seinen revolutionären »Plan Bolívar 2000« vor. Er bestand aus zahlreichen Notprogrammen, um das Leben der Ärmsten zu verbessern. Chávez schickte das Militär in die Armenviertel und entlegenen Landesteile, wo sie Lebensmittelpakete verteilten, Straßen reparierten, Häuser, Schulen und Krankenhäuser ausbesserten, den Müll beseitigten. Das war in doppelter Hinsicht ein geschickter Schachzug: Zum einen erfüllte er auf breiter Front die Wahlversprechen, zum anderen änderte sich die Wahrnehmung des Militärs in der Bevölkerung. In den vorangegangenen Jahren waren zunehmend Soldaten bei »Befriedungsaktionen« zur Niederschlagung von Streiks oder Landbesetzungen eingesetzt worden.

Auch die Linke in Venezuela fremdelte zunächst mit dem Oberstleutnant an der Macht. Deshalb waren die Kommandeure angehalten worden, ihre Arbeit mit den Basisorganisationen vor

Ort zu koordinieren und Kontakte zu den zumeist linken Bewegungen in den Elendsvierteln herzustellen. Dann folgte ab 2000/2001 die zweite Phase des »Plan Bolívar«: Kostenlose Gesundheitsversorgung, Schulspeisung, sozialer Wohnungsbau, zinsgünstige Kredite an Kooperativen und Kleinbauern. Ein weiterer wichtiger Meilenstein war der Aufbau eines Sozialversicherungs- und Rentensystems, auch für Invalide und Berufsunfähige.

Chávez machte kein Hehl daraus, dass er die bürgerliche Demokratie in Venezuela verachtete. Sie war für ihn »eine faule Mango«, »Dreck« oder »Abfall«. Er orientierte sich eher am bekannten lateinamerikanischen Modell des charismatischen Führers. Sein Credo: Der Caudillo ist der Repräsentant einer Massenbewegung, die sich mit ihm identifiziert und der allein durch deren Zustimmung führt, ohne formale oder gesetzliche Legitimation. Nur folgerichtig bezeichnete er noch acht Jahre nach seiner Machtübernahme 2010 den früheren Diktator Marcos Pérez Jiménez als den »besten Präsidenten, den Venezuela jemals gehabt hat«.

Folgerichtig machte er sich nach seinem Wahlsieg daran, die staatlichen Institutionen durch die »Bolivarianische Revolution«[*] grundlegend zu verändern. Schon bei seiner Vereidigung im Februar 1999 legte er seine Hand auf die Verfassung und sprach vor den anwesenden Parlamentariern und den Fernsehzuschauern im ganzen Land: »Ich schwöre vor Gott, vor dem Vaterland und vor meinem Volke auf diese todgeweihte Verfassung ...«

In einem atemberaubenden Tempo setzte er Wahlen zu einer Verfassunggebenden Versammlung an, für die fast 88 Prozent der beteiligten Venezolaner stimmten – 62 Prozent der Wahlberech-

---

[*] Es gibt derzeit zwei Meinungen darüber, ob es bolivarisch oder bolivarianisch heißen soll. In diesem Buch wird bolivarisch dort verwendet, wo es direkt um Simón Bolívar, seine Ideen und sein Werk geht. So ist die Verfassung aus seiner Feder die bolivarische Verfassung. Die »bolivarianische Verfassung« ist zwar Bolívar gewidmet, aber nicht von ihm erschaffen.

tigten blieben der Abstimmung jedoch fern. Der neuen Verfassung stimmten Ende 1999 dann knapp 72 Prozent der Wähler zu, die Mehrheit ging allerdings wieder nicht zu den Urnen. Auf dieser Grundlage unterstellte Präsident Chávez das Oberste Gericht der Kontrolle durch die Regierung und erklärte das erst im Jahr zuvor gewählte Parlament für überflüssig. Neu geschaffen wurden zwei Instanzen: die Poder Ciudadano (ein Bürgerrat) und ein Nationaler Wahlrat (Consejo Nacional Electoral CNE). Der Bürgerrat hat die Aufgabe der Kontrolle der öffentlichen Verwaltung zur Bekämpfung der Korruption, und der Wahlrat sollte über die Einhaltung der Rechtmäßigkeit der Wahlen wachen. Beide Organe unterstanden mittelbar dem Präsidenten.

So hatte sich Chávez im Handstreich den Staat untertan gemacht: Die Legislative kontrollierte er mit der Mehrheit seiner Anhänger. Die Unabhängigkeit der Gerichte war abgeschafft, die Richter wurden vom Parlament ernannt, und die Staatsmacht hatte mit der Schaffung des Bürgerrates einen Durchgriff auf die Generalstaatsanwaltschaft sowie den zentralen Rechnungshof und durch den Wahlrat die Kontrolle über den Ablauf aller Wahlen.

Die Eckpunkte seines Konzepts der »Bolivarianischen Revolution« waren bewusst vage gehalten: Verringerung der Armut, Kampf gegen Korruption, politische und wirtschaftliche Unabhängigkeit. Das war eher beliebig. Einzig die politische Beteiligung stach aus diesem Konzept hervor. Chávez konzentrierte sich dabei auf die Mehrheitsbevölkerung, die Bewohner der städtischen Elendssiedlungen. Hier fand sich in den ersten Jahren seiner Regierung der Kern seines Gesellschaftskonzepts wieder: eine von oben gelenkte Basisbewegung. Hierzu gründete er 2001 die »Bolivarianischen Zirkel«, die zu Spitzenzeiten über zwei Millionen Mitglieder zählten. Im Grunde genommen waren es Nachbarschaftsvereinigungen, die das Leben in den Elendssiedlungen im Sinne der Regierung zu organisieren hatten und dafür staatliche Mittel zur Verbesserung der Lebensverhältnisse erhielten. Von Anbeginn spaltete Chávez das Land in seine besitzlosen

Anhänger und seine privilegierten Gegner. Zu letzteren zählte er auch Arbeiter und Angestellte, Gewerkschaften und die politischen Parteien des alten Systems.

Die Unternehmer reagierten mit Kapitalflucht und der zeitweiligen Schließung ihrer Fabriken. Die Verhältnisse ähnelten schnell denen im sozialistischen Chile 1973 vor dem Militärputsch. Und auch in Venezuela geschah dies. Am 11. April 2002 demonstrierten Unternehmer und Gewerkschaften zu Hunderttausenden. Zuvor war bereits ein Streik ausgerufen worden, der bis zum Sturz der Regierung anhalten sollte. Anlass des Ausstands war die Zerschlagung der wirtschaftlichen Autonomie des staatlichen Erdölkonzerns PDVSA (ausgesprochen *PeDeVeSa*) und die Ersetzung des Führungspersonals durch Ergebene von Hugo Chávez.

Der Präsident wurde am 12. April von Teilen der Militärführung verhaftet und seines Amtes enthoben. Der Chef des Unternehmerverbandes Fedecámeras, Pedro Carmona, übernahm die Amtsgeschäfte und kündigte Wahlen an. 30 Generäle erklärten auf CNN, dass der Verbleib von Chávez im Amt eine Gefahr für das Land darstelle und forderten das übrige Militär auf, sich ihnen anzuschließen. Die staatlichen Fernsehsender wurden mit einem Störsignal lahmgelegt. Anschließend begannen Verhaftungsaktionen gegen Minister und Anhänger des alten Präsidenten. Die erste Maßnahme des Neuen war es, die verbilligten Erdöllieferungen an Kuba sofort einzustellen. Tags darauf wurde Pedro Carmona vom Erzbischof von Caracas zum neuen Staatspräsidenten vereidigt.

Im Eiltempo folgten die Dekrete: Auflösung des Parlaments, Amtsenthebung der Gouverneure, Entlassung der Mitglieder des Obersten Gerichts und Ernennung eines neuen Generalstabs der Streitkräfte. Damit war Carmona jedoch zu weit gegangen. Unmut regte sich erneut unter den Militärs. Gegen die neue Staatsmacht standen vor allem die zivilen Basisorganisationen auf. Aus den Armenvierteln von Caracas strömten die Unterstützer von

Chávez ins Stadtzentrum, errichteten Barrikaden, stürmten Polizeireviere und befreiten dort verhaftete Anhänger des gestürzten Präsidenten. Nun reagierte auch die bisherige Militärführung und bereitete den Gegenschlag vor. Der Präsidentenpalast wurde am 14. April von Chávez-treuen Fallschirmspringern kontrolliert, die neue Regierung für abgesetzt erklärt, Chávez' Vizepräsident, Hauptmann Diosdado Cabello, übernahm provisorisch die Regierungsgeschäfte, bis der gestürzte Staatschef aus seiner Gefangenschaft auf der Insel La Orchila befreit und zurückgebracht worden war.

Carmonas Staatsstreich sollte weitreichende Folgen haben und begründet seither die unversöhnliche Grundhaltung der Chávisten zur Opposition: entweder die oder wir. Für eine Politik des Brückenschlags war nach dem April 2002 keine Grundlage mehr vorhanden. Die vier Jahre zuvor eingeleitete Revolution radikalisierte sich weiter. Zwei Personalien verdeutlichten dies: An die Spitze des wichtigsten Unternehmens, der staatlichen Erdölgesellschaft PDVSA, rückte Alí Rodriguez. Er war in den 1960er und 70er Jahren Angehöriger der von Kuba unterstützten marxistischen Guerrilla FALN und wurde unter dem Namen *Comandante Fausto* als Sprengstoffexperte bekannt. Erst 14 Jahre nach dem offiziellen Ende der Kämpfe und der verkündeten Amnestie legte er 1983 die Waffen nieder und schloss sich einer Absplitterung der Kommunistischen Partei Venezuelas an, mit der er sich 1997 überwarf.

Zum neuen Energieminister ernannte Chávez 2002 Rafael Darío Ramírez. An seiner fachlichen Eignung gab es weniger Zweifel, als an seinen verwandtschaftlichen Verhältnissen: Sein Vater war einer der Finanziers der Guerrilla gewesen und bestens bekannt mit Alí Rodriguez. Es war jedoch nicht der Vater, der international für Aufsehen sorgte. Es ist vielmehr sein Neffe, Ilich Ramírez, der in einem französischen Hochsicherheitsgefängnis eine lebenslange Haftstrafe verbüßt. Dieser war lange vor Chávez der bekannteste (und berüchtigtste) Venezolaner. Man kannte ihn unter dem Namen »Carlos« oder »Der Schakal«. Er war der weltweit meist gesuchte Terrorist. Man kann sich seine Verwandtschaft natürlich nicht aussuchen, doch »Carlos« hat eine eigene Geschichte im Venezuela unter Chávez.

Ilich Ramírez (Jahrgang 1949) wuchs in einer kommunistischen Familie auf. Sein Vater verteilte die Namen seines Idols gleichmäßig über seine drei Söhne: Vladimir, Ilich, Lenin. Ab 1968 studierte Ilich an der Patrice-Lumumba-Universität in Moskau, die er zwei Jahre später aber verlassen musste, weil die sowjetischen Behörden ihm das Stipendium entzogen. Er wechselte zur Volksfront für die Befreiung Palästinas PFLP, für die er 1973 sein erstes Attentat in London verübte, dem unzählige weitere folgten. Ende 1975 organisierte er einen Anschlag auf das OPEC-Hauptquartier in Wien, bei dem drei Menschen getötet und 60 als Geiseln genommen wurden. Ihm wurde auch eine Beteiligung am Bombenanschlag auf das »Maison de France« in West-Berlin 1983 nachgesagt. 1994 verhafteten ihn französische Spezialeinheiten im Sudan.

Und was hat das mit Chávez zu tun? Bei seiner Antrittsrede verstörte der neue Präsident im Februar 1999 die zahlreich anwesenden Staatsgäste mit der Bemerkung, bei »Carlos« handele es sich um »einen angesehenen Landsmann«. Einen Monat darauf versuchte er bereits, dessen Freilassung aus dem französischen Gefängnis zu erreichen. Später wurde bekannt, dass Chávez einen regen Briefwechsel mit dem Top-Terroristen unterhielt. Die Briefe des Präsidenten wurden dem Häftling per Diplomatenpost von Vertretern der Botschaft in Paris ins Gefängnis La Santé überbracht.

Gesteigert wurde dies noch einmal Jahre später – »Carlos« war inzwischen zum Islam übergetreten und hatte sich nach dem 11. September 2001 der Sache von al-Qaida verschrieben –, da brachte Chávez auf einer Konferenz von Linksparteien in Caracas im Jahr 2009 die Rede auf den Top-Terroristen. Er sei von den französischen Behörden »verschleppt« und »ungerecht verurteilt« worden. Damit waren auch international die Verhältnisse klargestellt: Das chavistische Venezuela positionierte sich gegen den Westen.

* * *

Eine zentrale Rolle in dieser Entwicklung spielt Kuba. Fidel Castro war mit Chávez an der Macht am Ziel alter Wünsche. Er hatte schon 1959 versucht, den gewählten venezolanischen Präsidenten Rómulo Betancourt zur Lieferung von Geld, Waffen und Öl an Kuba zu bewegen, und als dies nicht gelang, nahm er in den 60er Jahren den bewaffneten Kampf gegen die demokratische Regierung in Caracas auf. Kuba bildete Guerrilleros aus, schickte Waffen und intervenierte mehrmals mit kubanischen Militärs, die mit Landungsunternehmen illegal ins Land gebracht wurden.

Seit dem Amtsantritt von Chávez 1999 floss nun endlich das ersehnte Öl, und Fidel Castro verfolgte eisern das Ziel, die Regierung in Caracas so lange wie irgend möglich an der Macht zu halten, schließlich hing davon auch das wirtschaftliche Überleben der sozialistischen Insel ab. Er entwickelte soziale Konzepte für den venezolanischen Präsidenten, um die Wählerschaft an ihn zu binden.

Nach Havanna liefen viele Stränge zur Absicherung der Macht. Von hier regierte der 2011 an Krebs erkrankte Hugo Chávez, der sich in Havanna viele Monate behandeln ließ, hier wurde die Entscheidung getroffen, wer nach seinem absehbaren Tod die Macht übernehmen sollte: Nicolás Maduro, ein Mann der Kubaner. Sie hatten ihn – lange vor Chávez – in den 80er Jahren auf der Insel ausgebildet und als »Perspektivkader« der Lateinamerika-Abteilung des ZK der KP Kubas aufgebaut. Er studierte 1986/1987 an der Parteihochschule »Ñico López« Marxismus-Leninismus, Politische Ökonomie und die Geschichte der revolutionären Bewegung Lateinamerikas. Sein offizieller Lebenslauf weist viele Leerstellen auf, auch die Ausbildung in Kuba wird darin nicht erwähnt. Er hatte Kontakt zu Fidel und Raúl Castro, vor allem aber zu Innenminister Ramiro Valdés. So war seine Ernennung 2013 nur folgerichtig, denn Kuba ist in Venezuela in allen Sicherheitsbereichen mit Tausenden Beratern vertreten. Kubaner haben besondere Befugnisse, die ihnen der neue Präsident offiziell bestätigte.

Eine herausragende Rolle spielte der kubanische Berater Orlando Borrego, dem Maduro die Verantwortung für die Wirtschaftspolitik seines Landes übertrug. Borrego war einst die rechte Hand von Ernesto »Che« Guevara und nach dem Sieg der kubanischen Revolution der Verantwortliche für die Industrialisierungspolitik, zunächst als Hauptabteilungsleiter und ab 1961 als Vizeminister für Industrie. Seine zentralistische Politik ruinierte die Wirtschaft des einst reichen Inselstaates. (Siehe dazu auch das Buch »Abschied vom Mythos – sechs Jahrzehnte kubanische Revolution«.)

Che Guevara gestand zwar sein komplettes Scheitern ein, für das er »einen absurden, realitätsfernen Plan mit absurden Zielen und imaginären Mitteln« verantwortlich machte und zog sich aus der kubanischen Politik zurück, Borrego jedoch blieb. Er wurde Zuckerminister, Ende der 60er Jahre angesichts der katastrophalen Ergebnisse der Zuckerernte aber entlassen. Danach promovierte er in der Sowjetunion im Fach Ökonomie des Sozialismus und beriet den kubanischen Ministerrat, bis er in Venezuela seine Karriere krönte.

Chávez rettete dank seiner Petro-Dollars nicht nur Kuba in der Existenzkrise. Er finanzierte auch die Rückkehr von Daniel Ortega an die Macht in Nicaragua, bezahlte argentinische Staatsschulden und lieferte Öl zu Vorzugspreisen an Länder Lateinamerikas.

Nachdem seine Macht ausreichend gesichert war, verkündete Hugo Chávez 2006 den »Sozialismus des 21. Jahrhunderts«. Das Konzept stammte von einem deutschen Soziologen, die Umsetzung erfolgte maßgeblich durch Fidel Castro und seine Entsandten. Heinz Dieterich, einer von Chávez' frühen Beratern, hatte das neue Sozialismus-Modell entwickelt. Er distanzierte sich darin sowohl vom »industriellen Kapitalismus« als auch vom »real existierenden Sozialismus«. Beide Systeme hätten die drängenden Fragen der Menschheit nicht zufriedenstellend beantworten können. Statt auf die Marx'sche Tauschwerttheorie setzt er auf eine Äquivalenztheorie, wonach die Entlohnung generell nach aufgebrachter Arbeitszeit erfolgen soll. Zudem kritisierte er die »vertikalen Partei-, Gesellschafts- und Staatsstrukturen«, an deren Stelle er eine basisorientierte Demokratie über Internetbeteiligung setzen wollte. Dieterich stützt sich dabei auch auf den Bremer Wissenschaftler Arno Peters.

Die ZEIT schrieb 2008: »Peters hat über den Computer-Sozialismus geschrieben, die globale Planung der Wirtschaft durch Computer. Peters besaß aber keinen Rechner, seine Texte schrieb er mit Füller und faxte sie Dieterich. Die Anekdote scheint symptomatisch für ihr Gesellschaftsmodell: Alles wirkt theoretisch, als sei es nicht für Menschen bestimmt. Wie es aussieht, befindet sich der Kapitalismus tatsächlich in einer Krise, und wahrscheinlich funktioniert er in Lateinamerika viel weniger als im Westen. Aber Dieterichs Alternative klingt wie eine Mischung aus DDR, Kuba und Cyberspace. Überholt und utopisch zugleich.«

* * *

Nach 19 Jahren ist das neuerliche Sozialismusexperiment gescheitert. Es hatte das Ziel, das Leben der Armen und Unterprivilegierten in Venezuela zu verbessern. Inmitten einer Sonderkonjunktur hoher und höchster Weltmarktpreise für Rohöl (2005 – 2014) wurden weit mehr als zwei Billionen (2 000 000 000 000) Euro verbraucht. Gut die Hälfte davon stammt aus Erdöl- und Rohstoffeinnahmen, ein Viertel aus Steuern und ein Viertel aus Krediten. Diese ungeheuren Ausgaben sollen nach einer Schätzung mehr sein, als der venezolanische Staat in den 188 Jahren seit seiner Unabhängigkeit von Spanien bis zum Beginn der »Bolivarianischen Revolution« eingenommen hat. Und das sind die Ergebnisse des außergewöhnlich hohen finanziellen Einsatzes:

- Mehr als 80 Prozent der Bevölkerung leben in Armut, fast doppelt so viele wie vor dem Amtsantritt von Chávez.
- Im Land wird gehungert, drei Viertel der Venezolaner haben 2016 im Schnitt acht Kilo an Gewicht verloren.
- Um den Warenkorb zur Deckung der Grundbedürfnisse zu bezahlen, bedarf es ein Mehrfaches des Mindestlohns, und darin ist noch nicht die Inflation eingerechnet.
- Die Arbeitslosigkeit ist die zweithöchste des Kontinents.
- Die medizinische Versorgung ist in weiten Teilen nicht mehr gewährleistet.
- Venezuela gilt als das gefährlichste Land der Erde.
- Venezuela hat mit nahezu 1000 Prozent die weltweit höchste Inflationsrate.
- Venezuela ist mit 170 Milliarden Dollar verschuldet und kann seine Zinsen kaum noch zahlen; ein Zahlungsausfall wäre die größte Staatspleite aller Zeiten.
- Die Devisenreserven Venezuelas sind weitgehend erschöpft.
- Die Investitionsrate ist mit weitem Abstand die niedrigste in Lateinamerika.
- Venezuela muss Erdöl zur Versorgung des Landes importieren, da die eigene Förderung durch langfristige Exportverträge gebunden ist.

Wie konnte es zu einem derartigen Desaster kommen?

Es gibt es kaum Anzeichen dafür, dass das Land von außen nachhaltig destabilisiert wurde, Venezuela stand in den letzten 188 Jahren nie im Krieg mit einer äußeren Macht und wurde jüngst auch nicht Opfer einer verheerenden Unwetterkatastrophe. Die USA, die in der Propaganda stets als imperialistisches Feindbild präsentiert werden und die für die Regierenden an allem schuld sind, hatten keine bekanntgewordenen Aktionen unternommen, die zur Rechtfertigung für dieses Desaster herangezogen werden könnten. Im Gegenteil: Die wirtschaftliche Zusammenarbeit funktioniert. Die Vereinigten Staaten sind auch weiterhin Venezuelas größter Handelspartner; Venezuela betreibt in den USA die drittgrößte Tankstellenkette (CITGO); im Juni 2017 kaufte die US-Investmentbank Goldman Sachs staatliche Schuldscheine im Nennwert von 2,8 Milliarden Dollar und füllte damit die leeren Kassen der Regierung in Caracas. Einen Monat später schloss Venezuela einen Vertrag mit dem US-Dienstleister für die Erdölindustrie Halliburton.

Auch politisch läuft es anders, als man gemeinhin annimmt. Für Donald Trump öffnete Anfang 2017 die klamme Regierung in Caracas großzügig die Kasse: Sie spendete für dessen Amtseinführung so viel, wie Pepsi Cola, der Mobilfunkanbieter Verizon und der Einzelhandelsriese Walmart zusammen. Seit vielen Jahren sind die teuersten Lobbykanzleien in Washington mandatiert, für die Interessen der Regierung in Caracas zu werben. Es ist gut angelegtes Geld, denn die Wirtschaftssanktionen, die die US-Regierung im August 2017 erließen, umgingen gekonnt jene Felder, die den Chávisten wirklich wehtun würden. Donald Trump verkündete, dass der Handel mit neuen venezolanischen Staatsanleihen verboten werde. Dabei hatten die USA das Schicksal der Regierung in Caracas in der Hand: Jeden Tag bekam sie 30 Millionen Dollar für ihre Öllieferungen in die USA. Würde Washington diese Lieferungen stoppen, müsste Präsident Nicolás Maduro den sofortigen Staatsbankrott erklären.

Der inzwischen wieder niedrigere Ölpreis ist auch kein hinreichender Grund für die hoffnungslose Lage. Chávez konnte bei seinem Wahlsieg mit einem Ölpreis von 10 Dollar kalkulieren. Ende Oktober 2017 stand er bei 55 Dollar. Und zwischen 2004 und 2012 fuhr die staatliche Erdölfirma PDVSA Rekorde am laufenden Band ein. Am 30. August 2005 stiegen die Rohölpreise aufgrund des verheerenden Hurrikans Katrina, der die Ölförderung im Golf von Mexiko und die Raffination in den USA beeinträchtigt hatte, auf 71 US-Dollar pro Barrel. Am 26. November 2007 kletterte der Ölpreis auf einen Jahreshöchststand von 99 Dollar. Am 2. Januar 2008 stieg der Ölpreis im Handelsverlauf erstmals auf die dreistellige Marke von 100 US-Dollar, und sechs Monate später erreichte er mit 147 Dollar einen neuen, nie zuvor erreichten Höchststand.

Als zentrales Argument für die Unterstützung der Bevölkerungsmehrheit für die Regierungen von Chávez und Maduro wird stets angeführt, dass sie seit 1998 (fast) jede Wahl gewonnen habe. War das wirklich so? Spätestens seit dem Referendum zur Abwahl von Chávez im August 2004 gibt es daran schwerwiegende Zweifel. Damals konnte Chávez die deprimierenden Umfrageergebnisse von 30 Prozent und damit den Verlust der Macht abwenden und mit fast doppelt so vielen Stimmen einen Sieg davontragen. Viele Indizien belegen, dass dieser wundersame Erfolg der Beginn einer Serie von manipulierten Wahlergebnissen sein könnte, deren Höhepunkt das Referendum zur Schaffung einer erneuten Verfassunggebenden Versammlung und zur Entmachtung des Parlaments vom 30. Juli 2017 darstellt. Der Generalsekretär der Organisation Amerikanischer Staaten (OAS), Luis Almagro, bezeichnete es als den »größten Wahlbetrug in der Geschichte Lateinamerikas«. Die seit 2007 amtierende Generalstaatsanwältin Venezuelas, Luisa Ortega, leitete staatsanwaltschaftliche Ermittlungen gegen die obersten Wahlhüter ein – und wurde wenige Tage darauf abgesetzt. Mittlerweile musste sie nach Morddrohungen aus dem Land fliehen.

Es ist unstrittig, dass viel Geld für die Armen ausgegeben wurde: In den vierzehn Jahren der Regierung unter Hugo Chávez (1999–2013) waren es nach offiziellen Angaben über 500 Milliarden Dollar für soziale Projekte – mehr Geld, als in allen anderen lateinamerikanischen Ländern. Doch wie fielen die Ergebnisse dieser eindrucksvollen Summe aus? In einem Vergleich der UN-Wirtschaftskommission für Lateinamerika (CEPAL) schneidet Venezuela nicht besonders gut ab: Die Armut verringerte sich dort im Zeitraum 1999–2011 um 38,5 Prozent. Chile, Brasilien oder Peru schafften mit deutlich weniger Mitteleinsatz bessere Ergebnisse. Und Uruguay schaffte in nur vier Jahren (2007–2011) eine Verringerung der Armut um 63 Prozent. Ab 2013 war Venezuela das einzige lateinamerikanische Land, in dem die Armut wieder zunahm. 2014 überstieg die ermittelte Armut mit 48,4 Prozent den Stand vor Amtsantritt von Hugo Chávez (45 Prozent) und seit dem wirtschaftlichen Zusammenbruch ab 2015 erreicht die Armut katastrophale Ausmaße von 80 Prozent und mehr.

Die österreichische Journalistin Hanna Silbermayr, die seit Jahren in Caracas lebt, schilderte im Sommer 2017 auf *krautreporter.de* ihren Alltag: »In Venezuela fehlt es an grundlegenden Produkten des alltäglichen und medizinischen Bedarfs. In den Supermärkten gibt es kein Mehl, keinen Kaffee, keine Milch, keinen Zucker. Brot ist auch gerade Mangelware. Ich habe seit zwei Monaten keines mehr gegessen. Zahnpasta bekommst Du nicht, Shampoo und Seife genauso wenig, Babywindeln und Toilettenpapier erst recht nicht. Und in den Apotheken fehlt es an so simplen Dingen wie Aspirin oder Verhütungsmitteln.«

Die Katholische Universität »Andrés Bello« in Caracas fand in einer repräsentativen Erhebung Ende 2016 heraus, dass für 53 Prozent der Venezolaner das tägliche Essen ihr Hauptproblem sei. 36 Prozent gaben an, dass sie für Nahrung bereits werthaltige Dinge verkaufen mussten. Die Caritas untersuchte im April 2017 insbesondere Kinder in den Armenvierteln der Hauptstadt und stellte fest, dass 11,4 Prozent von ihnen unterernährt waren. Bei einem Wert über zehn Prozent sprechen Hilfsorganisationen von einer Ernährungskrise. »Die Hälfte der Schüler besucht den Unterricht nicht mehr, weil sie nichts zu essen haben. Lehrer berichten uns, dass schlecht ernährte Kinder im Unterricht vor Hunger in Ohnmacht fallen«, sagte Janeth Márquez, Direktorin von Caritas Venezuela.

Die dramatische Lage bestätigte auch die venezolanische Journalistin Sarai Suárez. »Viele Leute sind abgemagert bis auf die Knochen. Das ist keine Übertreibung, das ist das Beispiel eines Öl-Landes, das komplett ruiniert ist von seiner eigenen schlechten Verwaltung. Die Supermärkte und die Bäckereien sind ohne

Ware, die Apotheken ohne Medikamente. Harmlose Krankheiten werden lebensbedrohlich, weil nicht die einfachsten Mittel vorhanden sind. Die Ärzte sagen: Wir praktizieren heute in Venezuela unter Bedingungen wie im Krieg. Die Krankenhäuser haben nicht mal Verbandszeug.«

Susanna Raffali ist Ernährungsexpertin aus Caracas. Sie war für internationale Hilfsorganisationen in Katastrophengebieten wie in Indonesien nach dem verheerenden Tsunami, in Pakistan oder in Flüchtlingscamps im Süden Algeriens im Einsatz.»Wenn man mir vor zehn Jahren gesagt hätte, dass ich zuhause die gleiche Arbeit verrichten muss, wie in Afrika oder Südasien nach Naturkatastrophen, ich hätte das niemals für möglich gehalten.«

Dabei kann es auch ganz anders gehen: José Mujica (genannt »El Pepe«) war Guerrillero der Tupamaros, 14 Jahre im Gefängnis, überwiegend in Einzelhaft und von 2010 bis 2015 Präsident von Uruguay. Er ist bis heute ein leuchtendes Vorbild für gute Regierungsarbeit, lebte auch als Präsident auf seinem kleinen Bauernhof am Rande Montevideos, lehnte einen Dienstwagen ab und fuhr stattdessen mit seinem uralten VW-Käfer. Sein Präsidentengehalt spendete er größtenteils für soziale Zwecke. In seiner Regierungszeit machte Uruguay die größten Fortschritte bei der Bekämpfung der Arbeitslosigkeit.

»El Pepe« unterstützte einst die Politik von Hugo Chávez. Heute sieht er die Lage in Venezuela als verfahren an. Maduro sei beratungsresistent und lehne Hilfe von außen ab. »Mit den vergangenen Öleinnahmen hätte Venezuela seine Lebensmittelproduktion auf sehr lange Sicht sichern können, dies wurde sträflich versäumt. Inzwischen ist es sehr schwierig, dem Land von außen auf die Sprünge zu helfen. Wir haben es versucht, sind aber gescheitert. Wir wollten helfen, aber es gab keinen Weg.« Im April 2017 antwortete er, angesprochen auf eine Vermittlung im Konflikt zwischen Regierung und Opposition in Venezuela: »Ich bin ›Pepe‹, kein Zauberer.«

Die Vorgeschichte

»Die mythenbildende Kraft der Volksphantasie hat sich zu allen Zeiten in der Erfindung ›großer Männer‹ bewährt. Das schlagendste Beispiel dieser Art ist unstreitig Simón Bolívar.«
Karl Marx

Hätte Chávez das Ende seiner Revolution in diesen Tagen miterlebt, er hätte angesichts der Verhältnisse wohl ein ähnliches Fazit wie sein großes Vorbild Simón Bolívar ziehen müssen. Der schrieb nach zwanzig Jahren Kampf um die Unabhängigkeit 1830:
1. »Lateinamerika ist für uns unregierbar.
2. Wer der Revolution dient, pflügt das Meer.
3. Das einzige, was man in Amerika machen kann, ist emigrieren.
4. Dieses Land wird unweigerlich in die Hände zügelloser Tyrannen fallen, die allen Farben und Rassen angehören.
5. Zerfressen von den Verbrechen, erschöpft von der Barbarei, werden uns die Europäer verachten und nicht einmal mehr erobern wollen.«

Ungeachtet dieses deprimierenden Resümees kurz vor seinem Tode, ist außer Ernesto »Che« Guevara kein anderer lateinamerikanischer Freiheitskämpfer so oft abgebildet und verklärt worden wie Bolívar. Straßen und Schulen tragen seinen Namen, die venezolanische Währung, Städte und Provinzen und sogar ein Land – Bolivien. Seit einem Erlass aus dem Jahre 1876 muss in Venezuela der Hauptplatz jedes noch so kleinen Ortes nach dem *Libertador* (Befreier) benannt werden. Seine Büste ist in Venezuela allgegenwärtig, ob in Amtsstuben, auf Plätzen oder in Parks. Selbst sein Pferd ziert das Staatswappen der heutigen Bolivarischen Republik Venezuela.

Hugo Chávez war dem Befreier förmlich verfallen. Bei seinen Auslandsreisen wurden die Hotels oder Residenzen, in denen er übernachtete, angewiesen, ein lebensgroßes Bild Bolívars aufzuhängen. Bei Kabinettssitzungen blieb neben dem Präsidenten stets ein Stuhl frei, damit sich der Angebetete setzen konnte, sollte er überraschenderweise doch einmal vorbeikommen. Aus jeder Flasche Rum, die er öffnete, goss er den ersten Schluck auf den Boden, mit den Worten: »Für Simón Bolívar«. Wenn er allein sein Essen einnahm, war ein zweites Gedeck auf dem Tisch, und manch ein Kellner berichtete später, Chávez bei einer angeregten Unterhaltung angetroffen zu haben. Auf den verwunderten Blick eines Kellners soll er geantwortet haben: »Ich habe mich gerade mit Bolívar unterhalten.«

2010 ließ Chávez die Gebeine Bolívars aus dem Pantheon in Caracas holen, um sie in Spanien auf ihre Echtheit prüfen zu lassen. Ein Jahr später präsentierte er einen neuen Luxussarg für den nunmehr geprüften echten Befreier. »Wir wissen jetzt zweifellos und für immer, dass Du hier bist, Vater, Du bist hier mit uns, das bist Du«, sagte Chávez bei der Feier im Pantheon. Der neue Mahagoni-Sarg war mit Perlen und Diamanten sowie acht von der venezolanischen Zentralbank gestifteten Goldsternen verziert. Bis zum 17. Dezember 2030, dem 200. Todestag Bolívars, sollte ein Mausoleum errichtet werden.

Wer war dieser Simón José António de la Santísima Trinidad Bolívar Palacios y Blanco?

Er wurde 1778 in eine Familie spanischer Aristokraten aus dem Baskenland in Caracas geboren. Sein Vater besaß Bergwerke, Plantagen und Sklaven und war einer der reichsten Venezolaner der damaligen Zeit. Man wurde Ausgang des 18. Jahrhunderts in Südamerika nicht sehr alt – mit neun Jahren war Simón Bolívar bereits Vollwaise und mit 21 Jahren Witwer.

Landläufig sieht man in lateinamerikanischen Kämpfern verwegene Gestalten mit üppigen Schnauzbärten, mit viel Temperament und wenig Plan. Bolívar war das Gegenteil: Seine Erscheinung war

Der Kämpfer für die kontinentale
Unabhängigkeit Simón Bolívar
(1783 – 1830)

nicht sehr eindrucksvoll, er war klein und schmächtig, dafür aber von überragendem Geist. Er gehörte zweifellos zu den weltweit bedeutendsten Denkern und Politikern des 19. Jahrhunderts.

Bolívar hatte Glück mit seinen Lehrern: Andrés Bello, einer der klügsten Lateinamerikaner seiner Zeit, Gefährte von Alexander von Humboldt auf dessen Reisen durch den Kontinent, unterrichtete ihn in Geographie und Literatur. Noch größeren Einfluss hatte Simón Rodríguez. Er machte den jungen Bolívar mit den Philosophen der damaligen Zeit vertraut. Beim englischen Staatstheoretiker Thomas Hobbes lernte er dessen Gesellschaftsverständnis einer aufgeklärten Monarchie, wonach alle Menschen bei der Überwindung von Furcht und Unsicherheit ihre Freiheitsrechte auf den Souverän übertragen, der sie voreinander schützt. Der französische Aufklärer Claude Adrien Helvetius lehrte ihn, dass das Glück aller die Voraussetzung für das Glück des Einzelnen ist. Alle Menschen seien gleich, Unterschiede durch Besitz gelte es zu begrenzen.

Der Höhepunkt der Unterrichtungen war für seinen Lehrer das Werk von Jean-Jacques Rousseau, dem Wegbereiter der französischen Revolution. Hier wurde Bolívar vertraut mit dessen

Grundauffassung, dass alle Menschen von Natur aus gut seien, aber dann durch die gesellschaftlichen Verhältnisse Neid, Missgunst und Niedertracht die Oberhand gewinnen würden. Daher sei es notwendig, einen Sozialvertrag zu schließen, der ein einvernehmliches Zusammenleben regele. Zudem lernte Bolívar über Rodríguez auch die Grundprinzipien der Republik, Gewaltenteilung und Volkssouveränität, kennen.

Als sein Lehrer wegen Widerstands gegen die spanische Kolonialverwaltung das Land verlassen musste, trat Bolívar als Kadett in die Militäranstalt Milicias de los Valles de Aragua ein. Nach zwei Jahren wurde er zum Unterleutnant befördert und zu weiterreichenden Studien nach Madrid geschickt. Dort wohnte er bei einem Amerikaner, der der Geliebte der Königin war und ihm auch Zugang zum Hof verschaffte. Im Anschluss an seine Studien unternahm der junge Venezolaner ausgedehnte Reisen durch Europa, beobachtete die Krönung Napoleons, traf Alexander von Humboldt, war an Königshöfen ein ebenso gern gesehener Gast wie in den literarischen Salons.

1807 kehrte Bolívar nach Venezuela zurück. Zur damaligen Zeit lebten dort weniger als eine Million Einwohner. 200 000 zählten sich zur weißen Oberschicht, 60 000 Sklaven schufteten am anderen Ende der sozialen Skala und dazwischen lebten die Mestizen und Mulatten von der Produktion von Kolonialwaren. Es gärte im Land. Der damals 57-jährige Francisco Miranda unternahm bereits konkrete Schritte zur Beseitigung der spanischen Fremdherrschaft. Er hatte sich aktiv an der französischen Revolution beteiligt und war dort zum General aufgestiegen. Anschließend reiste er quer durch Europa, um Waffen und Geld für den Unabhängigkeitskampf daheim zu sammeln. Schließlich konnte er ein kleines Expeditionsheer ausrüsten, das 1806 in See stach. Das Unternehmen scheiterte jedoch, ehe es begonnen hatte, viele starben, Miranda gelang die Flucht.

Sein Ziel war es, die Amerikaner des gesamten Kontinents zu vereinen. Eine föderative Regierung sollte ihren Sitz an seiner engsten Stelle nehmen: in Panama. Staatsreligion sollte der Katholizismus sein, aber ohne die Inquisition. Einen Namen für das neue Staatswesen hatte Miranda auch schon: *El Império Americano*. Er war der Erste, der den Ureinwohnern Amerikas eine zentrale Rolle zudachte. Zwei Inkas sollten die Regierung ernennen und führen, einer in Panama, der andere reisend, um sich den Problemen der Bewohner vor Ort zu widmen.

1810 gelang der Putsch gegen die spanische Kolonialverwaltung. Er wurde zum Signal einer kontinentalen Erhebung. Die Aufständischen übernahmen die Stadtverwaltung von Caracas. Doch angesichts der Übermacht des Gegners suchten sie nach Unterstützung durch eine Großmacht. Mit dieser Mission betrauten sie den damals 27-jährigen Simón Bolívar. Der sprach bei den Vereinigten Staaten vor, doch die beriefen sich auf ihre Neutralität. Auch England winkte ab, weil es mit Spanien gegen Napoleon verbündet war. In London traf er Francisco Miranda, der sich ihm auf der Heimreise anschloss und den Vorsitz der ersten Republik Venezuela von 1810 übernahm. Beide verfolgten die Idee einer kontinentalen Einigung.

Bolívar hatte ein festumrissenes Zukunftskonzept. Statt eines Königs sah Bolívar einen starken Präsidenten an der Spitze des Staates. Wie beim Vorbild der englischen Verfassung sollten feste Regeln das Zusammenleben organisieren. Zu gewährleisten seien bürgerliche Freiheiten, so die Freiheit der Rede, des Gewissens und der Presse. Mann und Frau seien gleich zu behandeln. Ein oberster Rat nach dem Vorbild der griechischen Antike sollte mit seinen Gesetzen einen verbindlichen Sittenkodex schaffen, an den sich jedermann zu halten hatte. Begabte junge Menschen sollten unabhängig von ihrer Herkunft gefördert werden, ein Institut hatte die Aufgabe, geeignete Schriften für die Volksaufklärung herauszugeben. Arbeit und Wissen sollten Leitmotive des neuen Staats sein. Soweit der Plan.

Doch der Kampf um die Unabhängigkeit zwang Bolívar, sich in der zweiten Hälfte seines Lebens in bewaffneten Auseinandersetzungen aufzureiben. Es zeigte sich, dass der kleine, schmächtige Mann das Zeug zu einem großen Feldherrn hatte. Er verfügte über schier unbegrenzte Energien, verkraftete Niederlagen, war körperlichen Strapazen gewachsen und schreckte auch vor Grausamkeiten nicht zurück. Mit den Jahren wuchsen seine Ruhmsucht und sein ausgeprägter Machtwille. Bei seinen Feldzügen legte er in Lateinamerika mehr an Kilometern zurück als die großen historischen Feldherrn Hannibal, Alexander der Große und Cäsar zusammen. Hunderttausende seiner Soldaten fanden den Tod, er überlebte, aber neben den Worten und der Schrift nahm das Schwert einen immer größeren Platz ein.

Die Besatzer kämpften mit allen Mitteln. Der spanische Oberbefehlshaber in Venezuela, General Juan Domingo de Monteverde y Rivas, ging rücksichtslos gegen die Zivilbevölkerung vor. Sein Befehl lautete, auch Frauen und Kinder nicht zu verschonen. Es folgte ein regelrechter Ausrottungskrieg, ein Drittel der Einwohner Venezuelas wurden entweder ermordet oder vertrieben. Nach der Rückeroberung von Caracas wurden nahezu alle verbliebenen Revolutionäre ermordet, auch Verwandte und Freunde Bolívars.

Die Aufständischen hatten sich zwar um äußere Unterstützung bemüht, die Gewinnung der Landbevölkerung im eigenen Land für ihre Sache jedoch vernachlässigt. Ein spanischer Schmuggler kam schließlich auf die simple Idee, für die Sache des Kolonialregimes die *Llaneros* – Reiter aus dem Tiefland – zu gewinnen. Aus dem Krieg zwischen Republikanern und Royalisten wurde ein Bürgerkrieg. Die Reiter zogen mordend und brennend durch die befreiten Städte. Bolívar reagierte 1813 mit dem Dekret »*Guerra a Muerte*« – Krieg bis zum Tod – und rief seinerseits den totalen Vernichtungskrieg aus. Seine Logik hatte er der jakobinischen Phase der französischen Revolution entlehnt: »Wer nicht für uns ist, ist gegen uns.« (Ein Motto, das auch sein späterer Bewunderer Hugo Chávez übernahm.) Konkret bedeutete es, dass alle Spanier, die sich nicht seinem Kampf angeschlossen hatten, ausnahmslos getötet würden. Dass dies keine leere Drohung war, machte er deutlich, als er nach der Eroberung der Hauptstadt am 6. August 1813 die zweite Republik ausrief und 800 Spanier als Geiseln nahm. Sie wurden bis auf den letzten Mann niedergemacht. Um Patronen zu sparen, erschlug oder henkte man sie. Doch nach kurzer Zeit waren die Kolonialtruppen wieder zurück und Bolívar erneut auf der Flucht.

1816 kehrte er siegreich nach Caracas zurück, doch der neue spanische Monarch Ferdinand VII. wollte das Kolonialreich nicht aufgeben. Er schickte 110 000 Mann zur Verstärkung. Dennoch gelang es Bolívar, die Stadt Angostura einzunehmen und nunmehr die dritte Republik auszurufen. Um die spanische Überlegenheit auszugleichen, heuerte er Söldner in Europa an. Sie kamen aus England, Irland und aus Deutschland, vor allem aus dem Königreich Hannover und aus Hamburg. Einer von ihnen, Major Otto Braun, befehligte Bolívars Leibwache.

1824 fiel endlich die stärkste spanische Bastion in Lateinamerika, das Vizekönigreich Peru. Damit begann das Ende der 300-jährigen Herrschaft Spaniens. In der Schlacht von Ayacucho verlor der spanische Vizekönig, General José de la Serna e Hinojosa, sein letztes Gefecht. Er blieb auch durch einen prominenten Nachfahren im Gedächtnis, den wohl berühmtesten Lateinamerikaner aller Zeiten: Ernesto Guevara de la Serna – »Che« Guevara.

Simón Bolívar erlebte den schönsten Moment seines Lebens: Er, der *Libertador*, der Befreier, wurde zum Präsidenten mit umfassenden Vollmachten nicht nur seines Heimatlandes Venezuelas, sondern auch von Kolumbien, Ecuador, Peru und dem nach ihm benannten Bolivien ausgerufen. Doch das Glück währte nur kurz. Ausgerechnet in Venezuela begann der Zerfall des Staatenbundes. Bolívars Vizepräsident und Gegenspieler General Santander spaltete die Konföderation in zwei Lager. Bolívar erlebte Jahre der Bitternis. Santander initiierte ein Attentat auf ihn, drängte den Präsidenten zur Abdankung. Es wurde einsam um ihn, und er verlor sein Vermögen. Resigniert stellte er fest: »Ich habe auf dem Meer gepflügt und im Sand gesät.« 1830 trat er seine letzte Reise an, von Bogotá ins europäische Exil, das er nicht mehr erreichte. Er starb am Ufer der kolumbianischen Karibikküste. In seinen letzten Stunden vertraute er einem Priester an: »Dieses Land wird unweigerlich in die Hände zügelloser Tyrannen fallen, die allen Farben und Rassen angehören.«

Nachdem Simón Bolívar in Caracas im Pantheon beigesetzt worden war, wuchs sein Ruhm Jahr für Jahr. Und mit ihm begann ein verhängnisvoller Personenkult, dem viele Staatslenker Lateinamerikas verfielen. Es bildete sich der Caudillo als spezifische Variante des lateinamerikanischen Diktators heraus. In Spanien wurden mit diesem Titel ursprünglich jene Heerführer ausgezeichnet, die die Iberische Halbinsel von den Arabern zurückeroberten. Nach Bolívar wurde daraus generell »der Anführer«. Er hatte in Lateinamerika einige spezielle Merkmale: Er war durchweg männlich (macho), autoritär, verkörperte eine starke Persönlichkeit mit Ausstrahlung, hatte einen großen Willen zur Macht, Mut und die Fähigkeit zur politischen und militärischen Leitung. Oft war sein Handeln gepaart mit Rücksichtslosigkeit und Brutalität. Er trat immer dann auf, wenn die zivilen Autoritäten die Ordnung nicht aufrechterhalten konnten, was gern auch als Vorwand benutzt wurde. Am Ende einer Phase des »Caudillismo« stellte sich zumeist heraus, dass die (militärischen) Führer das Land auch nicht besser regierten.

Der nachfolgende Kult um den Befreier wurde zum gesellschaftlichen Kitt, der Venezuela bis heute zusammenhält. Der mexikanische Autor Enrique Krauze schreibt: »Egal ob amtlich, volkstümlich, künstlich oder spontan, ob klassisch, romantisch, nationalistisch, internationalistisch, militärisch, zivil, religiös, mythisch, venezolanisch, andin, iberoamerikanisch, panamerikanisch oder universell: Der Kult um Bolívar wurde zum Bindeglied zwischen den Venezolanern, zum Sakrament ihrer Gesellschaft.«

Die acht Jahrzehnte nach Bolívars Tod waren geprägt von der Herrschaft der Caudillos. Nicht wenige übten ihre Herrschaft unter Verweis auf die Traditionen von Simón Bolívar aus. Doch der entschiedenste Bewahrer des Erbes war General Juan Vicente Gómez. Vielleicht, weil er am 24. Juli 1857 geboren wurde, dem Geburtstag des Befreiers? Vermutlich hat er sich das Datum selbst zugeschrieben. Der Kreis schloss sich, als er auch noch am 17. Dezember 1935 starb, dem Todestag seines Idols! Anders als der Libertador, der durch Mumps in der Kindheit unfruchtbar geworden war, hinterließ Gómez 15 eheliche und 60 bis 70 uneheliche Kinder.

Der General siegte im vorerst letzten Bürgerkrieg Venezuelas 1903 gegen lokale Aufständische und rettete Cipriano Castro damit dessen Präsidentschaft. Der machte ihn zum Dank zum Vizepräsidenten. Doch als er sich in Paris wegen einer besonders hartnäckigen Syphilis behandeln ließ, übernahm General Gómez 1908 die Macht und verbot dem amtierenden Präsidenten die

Der am längsten regierende Präsident Venezuelas, General Juan Vicente Gómez (1857 – 1935)

Rückkehr ins Land. Danach regierte er Venezuela 27 Jahre lang mit harter Hand. 1908 ernannte ihn der Kongress zum provisorischen Präsidenten, danach amtierte er von 1910 bis 1915, von 1915 bis 1922, dann von 1922 bis 1929 und schließlich von 1931 bis 1935. War er nicht selbst im Präsidentenpalast, so zog er als Oberbefehlshaber die Fäden im Hintergrund. Wäre er nicht gestorben – er hätte weitergemacht. Verfassungsrechtliche Bedenken hatte er beizeiten aus dem Weg geräumt. Er ließ das Verbot der mehrfachen Wiederwahl aufheben, die Amtszeit des Präsidenten auf sieben Jahre verlängern und das Amt des Vizepräsidenten abschaffen, denn er wusste aus eigener Erfahrung, wozu man dieses Amt nutzen konnte. Die Verfassung wurde seinen jeweiligen Bedürfnissen angepasst: 1909, 1914, 1922, 1925, 1928 und 1931. Die reichte dann bis zu seinem Tod.

Seine Partei waren die Streitkräfte. Er stärkte ihr Gewicht, indem er konsequent gegen die Milizen regionaler Caudillos vorging (zu denen auch der Urgroßvater von Hugo Chávez zählte), die Professionalisierung der Armee vorantrieb, die Militärakademie in Caracas schuf, die Wehrpflicht einführte, die Luftwaffe gründete und nach Kräften mit Flugplätzen im ganzen Land und einer eigenen Militärakademie förderte. Seine Macht sicherte er zusätzlich ab, indem er seine zahllosen Freunde und Verwandte in Regierungsämter brachte. Sie sorgten dafür, dass es ihr Wohltäter zu riesigem Reichtum brachte: Er wurde Venezuelas größter Grundbesitzer und kontrollierte auch die Viehwirtschaft des Landes.

Wer sich ihm in den Weg stellte, wurde eingesperrt, getötet oder beim Straßenbau mit härtester Arbeit umgebracht. Nur wenige Glückliche schafften es, außer Landes zu gehen. Durch die Zwangsarbeit der politischen Gefangenen konnten große Infrastrukturprojekte umgesetzt werden: die Autobahnen Caracas – La Guaira, Caracas – Petare und die Anden-Autobahn. Das offizielle Regierungsmotto lautete »Einheit, Frieden und Arbeit«. Der Volksmund machte daraus: »Einheit in den Gefängnissen,

Frieden auf den Friedhöfen und Arbeit bei den Autobahnen.« Für Bildung hatte der General wenig übrig. Die Zentraluniversität von Caracas schloss er für 13 Jahre, und im Land nahm der Analphabetismus weiter zu.

Der General huldigte dem Bolívar-Kult wie kaum ein zweiter vor ihm. Schon in frühen Jahren machte er es sich zur Gewohnheit, sonntags seinen Leinenanzug anzuziehen, sich mit Dolch und Pistole zu gürten, den Sombrero aufzusetzen, um dem Befreier an einer Statue seine Reverenz zu erweisen. Später ordnete er als Präsident an, dass jeder, der an den Büsten vorbeiging, den Hut zu lüften und den Befreier zu grüßen habe.

Für den 100. Todestag Bolívars am 17. Dezember 1930 hatte sich der General eine besondere Überraschung ausgedacht: Er verkündete, dass Venezuela seine Auslandsschulden auf einen Schlag zurückzahlen werde. »Welche Ehrung unseres Befreiers, indem seine Kinder, Männer der Arbeit, ernsthaft und verantwortlich, ihn ehren, indem sie ihre Gläubiger bis auf den letzten Centavo auszahlen.« Er konnte dies mühelos bewerkstelligen, weil er über eine nicht mehr versiegende Einkommensquelle verfügte: das Erdöl.

Millionen Jahre hatte es unter der Erde gelegen. Schon vor der Eroberung durch Spanien war der dicke schwarze Brei am Ufer des Orinoco-Flusses als Heilmittel für diverse Krankheiten, zum Abdichten von Kanus sowie zur Beleuchtung genutzt worden. Auch die Spanier selbst nutzten das schwarze Öl, zuerst zum Waffenreinigen. Als Karl V. von Spanien (1500–1558) an Gicht erkrankte, verlangte er, dass man ihm ein Fässchen des schwarzen Breis zur Linderung schicke. Das erste Ölunternehmen hatte 1878 ein Venezolaner gegründet. António Pulido nannte seine Firma La Nacional del Petróleo de Táchira. General Gómez vergab gleich zu Beginn seiner 27-jährigen Herrschaft 1909 die erste Konzession an den Engländer John Allen Tregelles, der The Venzuelan Oilfield Exploration Company gründete. Seine Konzession verkaufte er später an die Royal Dutch-Shell Oil.

1914 schoss das erste Öl aus den Bohrlöchern.

Am 31. Juli 1914 – pünktlich zu Beginn des 1. Weltkriegs, schoss die erste schwarze Fontäne 135 Meter hoch aus einem Bohrloch am Ostufer des Maracaibo-Sees. Die Entdeckung weiterer großer Vorkommen am nordöstlichen Ufer drei Jahre später machte klar, dass hier große Ölreserven lagerten. Ab 1918 erreichte venezolanisches Öl Europa. Firmen aus aller Welt kamen, um Bohrgründe und Konzessionen zu erwerben. Die US-amerikanischen Firmen, die damals über die besten Erfahrungen im Ölgeschäft verfügten, entwickelten einen strategischen Plan zur Ausbeutung der Vorräte. Heute weiß man, dass das Land über die weltweit größten Vorkommen verfügt. Im Maracaibo-See gibt es bereits zahllose Bohrtürme, doch das weltweit größte zusammenhängende Vorkommen befindet sich am Nordufer des Orinoko-Flusses, es allein enthält deutlich mehr Öl als alle Vorkommen Saudi-Arabiens zusammen.

Die Erdölausbeutung kollidierte jedoch mit der herkömmlichen Rechtsprechung. Die spanische Krone hatte alle Bodenschätze zum Eigentum des Königs und Bolívar zu Nationaleigentum erklärt. Doch General Gómez kümmerten solche Hindernisse wenig: Er erklärte seinerseits Enteignungen zur Erdölförderung für rechtens, baute allerdings eine Klausel in die Konzessionsverträge ein, wonach die Vorkommen nur zur Hälfte ausgebeutet werden durften –

die andere Hälfte galten als Nationalreserve. Dennoch waren vor allem die US-Unternehmen begeistert: Zuhause mussten sie mühsam *Claim* für *Claim* von gierigen Grundstücksbesitzern kaufen, denn dort galt das Prinzip, dass der Bodenbesitz auch alles umfasste, was unter der Erde lagerte. In Venezuela hatten sie es nur mit einem Partner zu tun: General Gómez.

Schnell veränderte sich die venezolanische Gesellschaft. Vor dem Erdöl war Venezuela arm, bedeutungslos, unterentwickelt und die Bevölkerung zu 85 Prozent in der Landwirtschaft tätig – zumeist, um sich selbst zu ernähren. Die Erdölindustrie zog nun immer mehr Menschen aus den tropischen Küstengebieten, den Llanos und den entlegenen Gegenden des Landes in die Städte und stadtnahen Gebiete. Der Ölboom führte zu einer Aufwertung der nationalen Währung und verteuerte damit die traditionellen Exportprodukte wie Kakao und Kaffee, was zu deren Niedergang führte und die Landbevölkerung zur Abwanderung in die Städte zwang.

1960 lebten bereits 60 Prozent der Venezolaner in den übervölkerten Städten wie Caracas, in ihrer Mehrheit in den Elendsvierteln.

Die sprudelnden Einnahmen aus dem Erdöl kompensierten den Niedergang der Landwirtschaft, und auch die Folgen der Weltwirtschaftskrise von 1929 meisterte Venezuela weitgehend ohne Einbrüche. Das Land war inzwischen zum größten Erdölexporteur der Welt aufgestiegen und der zweitgrößte Produzent hinter den Vereinigten Staaten. Caracas war die teuerste Stadt der Welt. US-Präsident Franklin D. Roosevelt wollte es zunächst nicht glauben, dass man hier das Zweieinhalbfache dessen brauchte, was ein vergleichbarer Lebensstandard in Washington erforderte. Das Außenministerium bestätigte ihm allerdings den unglaublichen Befund.

Doch während Caracas blinkte und glitzerte, verharrte die Landbevölkerung im Dunkel der Unterentwicklung. Die Analphabetenrate war so hoch wie nur noch in Haiti – 80 Prozent –, Tuberkulose und tropische Krankheiten grassierten und dezimierten einen Gutteil der ländlichen Bevölkerung, die durchschnittliche Lebenserwartung lag bei 33 Jahren. Gesundheitsfürsorge, fließendes Wasser oder Elektrizität waren Fehlanzeige. Damit sind auch die Motive hinreichend beschrieben, die eine lang anhaltende Binnenwanderung in die Städte anfeuerten. 1960 lebten bereits 60 Prozent der Venezolaner in den übervölkerten Städten, in ihrer Mehrheit in den Elendsvierteln.

Noch vor dem Tod von General Gómez bildete sich bereits das künftige Problem in voller Blüte heraus: Anstehende notwendige Veränderungen blieben aus und die daraus erwachsenden Probleme wurden mit Petro-Dollars zugeschüttet. »Wir exportieren das Öl, der Rest wird importiert«, wurde zum verhängnisvollen Leitmotiv venezolanischer Wirtschaftspolitik.

Der Bolívar-Fan Gómez hatte sich in den 27 Jahren seiner Herrschaft zum Caudillo aller Caudillos aufgeschwungen und beherrschte das Land wie sein Eigentum. Wo notwendig, verbesserte er die Infrastruktur, um die Waren – vor allem aus seiner Produktion – zu den Kunden zu bringen. Er und seine Freunde und Familienangehörigen besaßen ein Drittel des Landes, kontrollierten die Lebensmittelproduktion, und am Ende seines Lebens war General Gómez einer der reichsten Männer ganz Lateinamerikas. Doch nur kurz nach seinem Tod 1935 wurde seine Habe konfisziert und zum Staatseigentum erklärt. Seine Politik allerdings kopierten nahezu sämtliche seiner Nachfolger. Der venezolanische Historiker Elías Pino Iturrieta schrieb 1985 in seinem Essay »Tötet Gómez«: »Alle fünf Jahre, mit jeder neuen Regierung, wird unser Leben erneut bestimmt von der Herrschaft eines Gómez-Erben.«

* * *

Schon Bolívar haderte mit den Möglichkeiten und Grenzen der Freiheit des Volkes als Souverän. »Nach meinem Konzept ist nur die Demokratie zur absoluten Freiheit fähig; aber wo ist die demokratische Regierung, die gleichzeitig Macht, Wohlstand und Kontinuität vereinigt?« Was hätte er zu einem Diktator gesagt, der das Land voranbrachte und prägte und gleichzeitig das Volk unterdrückte wie kein anderer?

Marcos Pérez Jiménez konnte für sich durchaus eine südamerikanische Identität in Anspruch nehmen: Die Schule besuchte er in Venezuela und Kolumbien, daran schloss sich die Militärakademie in Caracas sowie der Besuch verschiedener Militärschulen in Peru an. So absolvierte er von 1939 bis 1943 die Höhere Kriegsschule für Führung und Generalstabsarbeit von Chorillos im Bezirk Lima. Wie der *Libertador* war er klein und eher unscheinbar. Doch er war Jahrgangsbester der Militärakademie und genoss bei seinen Offizierskameraden hohes Ansehen. Aus dem Generalstab heraus organisierte er Gleichgesinnte, mit denen er die Unión Patriótica Militar gründete.

Die jungen Militärs und die mit ihnen verbündete sozialdemokratische Acción Democrática übernahmen im Oktober 1945 die Macht. Hauptmann Marcos Pérez Jiménez wurde neuer Verteidigungsminister, Rómulo Gallegos Präsident. Gallegos gewann die Wahl – und wurde ein Jahr später gestürzt.

Diktator Marcos Pérez Jiménez (1914 – 2001)

Im Putschisten-Triumvirat befand sich wieder Marcos Pérez Jiménez. 1952 übernahm er die ganze Macht. Es war die Hochkonjunktur der lateinamerikanischen Modell-Diktatoren: In Kuba war es General Fulgencio Batista, im benachbarten Santo Domingo herrschte Rafael Trujillo und in Nicaragua näherte sich Anastasio Somoza seinem 20-jährigen Jubiläum im Amt. Argentiniens Diktator Juan Domingo Perón fand in Venezuela ein kommodes Exil und Pérez Jiménez ließ es mit seiner Weigerung, ihn auszuliefern, sogar auf den Abbruch der diplomatischen Beziehungen mit Argentinien ankommen. Er berief eine Verfassunggebende Versammlung ein (auch heute noch ein probates Mittel), die ungeachtet aller Proteste gegen den Staatsstreich eine neue Verfassung verabschiedete. Anschließend ließ er alle politischen Verantwortungsträger neu wählen: Die Mitglieder des Senats, die Abgeordneten des Kongresses, alle Mitglieder der Länderparlamente, alle Gemeindevertreter, die Richter des Obersten Gerichts, des Kassationsgerichts sowie den Generalstaatsanwalt und den Präsidenten des Rechnungshofes. Als alle Posten in seinem Sinne neu besetzt waren, trat er sein Amt als Präsident an.

Gegen seine politischen Gegner – vor allem Linke und Kommunisten – ging er mit brutaler Härte vor. Sie wurden massenhaft verhaftet und in geheimen Lagern wie der berüchtigten Isla Guasina im Dschungel des Orinoco Flusses gefoltert. Die wichtigste Stütze des Regimes bildete die Nationale Sicherheitspolizei. Die Nationaluniversität in Caracas wurde – wieder einmal – geschlossen, Parteien und Gewerkschaften verboten und die Pressefreiheit eingeschränkt. Dies führte dazu, dass US-Präsident Dwight D. Eisenhower Pérez für seine Verdienste im Kampf gegen den Kommunismus 1955 die Verdienstmedaille in der höchsten Stufe eines *Chief Commanders* verlieh. Und das US-Nachrichtenmagazin *TIME* setzte sein Foto im Februar 1955 aufs Titelblatt.

Er genoss das Leben auf Partys mit Cocktails und der Begleitung von Cabaret-Sängerinnen und -Tänzerinnen. Sein größtes Vergnügen soll es gewesen sein, spätabends mit dem Motorroller an einem Privatstrand nackte Mädchen zu jagen. Auch bei seinen Reisen liebte es Pérez schnell. Dann setzte er sich mit seinem Mercedes Sportwagen an die Spitze des Regierungskonvois, fuhr mit 160 Stundenkilometern über die abgesperrte Strecke und stürzte so sein Gefolge in Schwierigkeiten, weil sie dem rasenden Diktator nicht mehr zu folgen vermochten.

Für all jene, die keine Angehörigen im Gefängnis hatten, die nicht zu den Gefolterten und Misshandelten gehörten, waren es Jahre des Fortschritts und der sichtbaren Zunahme des gesellschaftlichen Wohlstands. So kommt es, dass so mancher Venezolaner noch heute der schönen Zeit gedenkt und dazu wehmütig die Melodie des »Früher-war-alles-besser« summt. An die Spitze dieser Nostalgiker stellte sich – Überraschung – Hugo Chávez. Nicht nur, dass er den früheren Diktator aus dem Exil zu seinem Amtsantritt als Ehrengast einlud. In seiner eigenen Fernsehshow »Aló Presidente« sagte er am 25. April 2010 in der 355. Sendung: »Ich denke, dass General Pérez Jiménez der beste Präsident war, den Venezuela jemals gehabt hat.« (Es vervollständigt das Bild der demokratischen Auffassung von Chávez, dass er nach seiner

Machtübernahme den Namen des 1958 demokratisch gewählten Präsidenten Rómulo Betancourt, eines hochangesehenen lateinamerikanischen Politikers, aus allen öffentlichen Straßen und Plätzen tilgen ließ.)

Es waren wohl eher die wirtschaftlichen Umstände nach dem Zweiten Weltkrieg, die dem ohnehin reichen Venezuela noch einmal eine Sonderkonjunktur bescherten. Der weltweite Wirtschaftsboom in der westlichen Welt ließ den Ölpreis in neue Höhen steigen. Geopolitische Krisen im Nahen und Mittleren Osten sorgten später für immer neue Rekorde: Die Verstaatlichung der Erdölindustrie in Iran, der daraufhin von der CIA angezettelte Putsch gegen die demokratisch gewählte Regierung von Mohammed Mossadegh und die Schließung des Suez-Kanals durch General Gamal Abdel Nasser 1956 führten dazu, dass in diesen Jahren so viele Petro-Dollars in die Kassen des venezolanischen Staates flossen, wie in keinem anderen Land zur damaligen Zeit. Das Auslandskapital fand in Venezuela traumhafte Bedingungen vor; die Investitionen verdreifachten sich in den Jahren der Herrschaft von Pérez Jiménez.

Die zu Stein gewordenen Zeichen aus der damaligen Zeit prägen die Hauptstadt bis heute. »Der Diktator Pérez Jiménez, der von großen Paraden im römischen Stil träumte, ließ die Stadt kreuz und quer mit Baggern abrasieren, um Straßen für seine Truppenaufmärsche zu bauen«, berichtete damals Marcel Niedergang, französischer Reporter des *France-Soir* aus Caracas. »Das Centro Bolívar, der Stolz der Diktatur Pérez Jiménez, ist zu einem Komplex aus Wolkenkratzern, Büros, Einkaufspassagen und Hochgaragen geworden. Es erdrückt mit seiner großspurigen Monumentalität und seiner Einförmigkeit die Reste der alten Stadt.« Pérez ließ einen zwei Kilometer hohen Berg durchstechen, der zwischen Caracas und der Hafenstadt La Guaira liegt. Statt einer 31 Kilometer langen Fahrt durch so viele Kurven, wie das Jahr Kalendertage hat, führt nun eine schnurgerade halb so lange Strecke vierspurig durch künstlich belüftete Tunnel.

Es wäre sicher jedem einigermaßen begabten Staatsmann gelungen, die Modernisierung mit den Mitteln voranzutreiben, die Pérez Jiménez in den 50er Jahren zur Verfügung hatte. Denn bei seiner Machtübernahme sprudelten die 9000 Erdölquellen ergiebiger als je zuvor. Noch immer war Caracas eine der teuersten Städte der Welt, lebte hier bereits jeder fünfte Venezolaner. Die Stadt hatte mehr Taxis als Chicago, und es kamen zwei Autos auf zehn Bewohner.

Schon vor seiner Machtübernahme verkündete Pérez Jiménez, Putschisten und Revolutionäre könnten nur dadurch bekämpft werden, dass man »ihnen die Fahnen stiehlt«. So besänftigte er die Militärs mit einem Leben in Luxus, und die Linken, die er noch nicht ins Gefängnis geworfen hatte, stach er mit einem Sozialprogramm aus, das nicht einmal sie selbst zu fordern gewagt hatten.

Mit öffentlichen Mitteln wurden drei Dutzend Elektrizitätswerke, mehr als 100 Wasserwerke, Schlacht- und Kühlhäuser, fast 700 Krankenhäuser, 250 Schulen, große Arbeitersiedlungen, Rathäuser und Verwaltungsgebäude errichtet. Das Straßennetz des Landes verdoppelte sich. Durch den Ausbau der sanitären und medizinischen Einrichtungen konnte die Malaria im Land so gut wie ausgerottet werden. Als vorbildlich galten die staatlichen Richtlinien für die Behandlung kranker Arbeiter und Angestellter. Die Arbeitgeber wurden verpflichtet, Kranken während ihrer Arbeitsunfähigkeit den vollen Lohn weiterzuzahlen. Die Behandlung im Krankenhaus erfolgte kostenlos.

***

Zum Erdöl gesellte sich in der Amtszeit von Pérez Jiménez (1952–1958) auch noch die Entdeckung einer riesigen Eisenerzlagerstätte, des Cerro Bolívar. Der Berg mit einem geschätzten Vorkommen von 500 Millionen Tonnen Erz am Unterlauf des Orinoco enthielt 63 Prozent reines Eisen – höher als das beste Vorkommen Europas in Schweden. Es konnte im Tagebau geför-

Autostadt Caracas in den 50er Jahren: mehr Taxis als in Chicago

dert und über den Fluss verschifft werden. U.S. Steel und Bethlehem Steel machten den Orinoco bis Puerto Ordaz schiffbar, bauten Straßen, Eisenbahnen und Förderanlagen. In der Nähe entstand ein Stahlwerk, das seinen Strom aus der Wasserkraft des Caroni-Flusses bezog. Ferner wurden Kohlengruben erschlossen, in die verarbeitende Industrie investiert und eigene Ölverarbeitungsanlagen wie Raffinerien und die Petrochemie errichtet.

Der Diktator war sich seiner Beliebtheit am Ende doch nicht mehr sicher und ersetzte die anstehenden Wahlen 1957 durch eine Volksabstimmung darüber, ob er weitermachen solle. Zwei Stunden nach Schließung der Wohllokale stand auch schon das Ergebnis fest (Weltrekord in der Stimmenauszählung zur damaligen computerlosen Zeit): 85 Prozent wollten ihn angeblich fünf weitere Jahre im Amt sehen. Doch die Sympathien waren wohl doch nicht so groß, denn in der Folgezeit nahmen die Umsturzversuche und Volksaufstände spürbar zu. Anfang 1958 setzte er sich mit seiner Frau und den vier Töchtern nach Miami ab. Sein Vermögen hatte er – nach den Erfahrungen aus der Enteignung von General Gómez – bereits zuvor auf Auslandskonten versteckt.

Nach dem Sturz der Diktatur gelangte mit Rómulo Betancourt 1959 ein Zivilist in freien und geheimen Wahlen ohne Einflussnahme des Militärs ins Präsidentenamt.

Betancourt war – wie Simón Bolívar – ein Politiker von kontinentalem Format, mit Beziehungen und Freundschaften in vielen lateinamerikanischen Ländern. Er war schon in jungen Jahren gegen die Diktatur von General Gómez aufgestanden, hatte illegal im Land gelebt, bis er ins Exil nach Costa Rica fliehen musste. Dort wurde er 1931 Mitbegründer der Kommunistischen Partei und arbeite aktiv in der Politik, bis er 1935 in Chile einen neuen Zufluchtsort fand. Nach den Erfahrungen mit dem Stalinismus wandte er sich vom Kommunismus ab und gründete 1941 die sozialdemokratische Acción Democrática (AD), eine Partei, die bis heute besteht, übernahm 1945 nach dem von ihm mitorganisierten Staatsstreich vorübergehend die Präsidentschaft der Provisorischen Revolutionären Regierung und amtierte bis 1948. Doch in der Zeit der nachfolgenden Militärherrschaft übersiedelte Betancourt 1950 mit seiner Familie nach Kuba. Dort lernte er wichtige Politiker kennen, die nach der Revolution 1959 in höchste Staatsämter gelangten: den ersten bürgerlichen Präsidenten Manuel Urrutia, der nur sechs Monate amtieren durfte, seinen kommunistischen Nachfolger Osvaldo Dorticos, der bis zu seinem Selbstmord 1976 im Amt blieb und Blas Roca, den Generalsekretär der Kommunistischen Partei (die Castros Guerrilla-Kampf nicht unterstützte) und späteren Parlamentspräsidenten Kubas.

Betancourt wurde den Herrschenden in Caracas so gefährlich, dass sie 1951 in Havanna versuchten, ihn mit einer Giftspritze zu ermorden. Der Staatsstreich von General Bastista beendete erneut sein sicher geglaubtes Exil. Er ging nach Costa Rica, ehe er sich in Puerto Rico und später in den USA niederließ. Bereits 1931 hatte er sein politisches Grundgerüst, den *Plan de Barranquilla*, niedergeschrieben: Kampf gegen die Herrschaft des Militärs, Sicherung demokratischer Freiheiten, Enteignung des Besitzes von Diktatoren, eine Alphabetisierungskampagne und die Errichtung einer gerechten Gesellschaft unter Einbeziehung aller dafür bereiten Kräfte. Und als er 1945 erstmals an die Macht kam, begann er diese Ziele auch umzusetzen.

In seiner Regierungserklärung zur zweiten Amtszeit vom 13. Februar 1959 verkündete Betancourt, dass seine Regierung künftig keine Beziehungen mehr zu Regierungen unterhalten werde, die auf nicht-demokratischen Wegen an die Macht gekommen waren. »Diejenigen Regimes, die die Menschenrechte nicht respektieren, die die Freiheit ihrer Bürger mit Füßen treten und eine Tyrannei mit Hilfe einer totalitären Politik errichten, sollten mit einem rigorosen *cordon sanitaire* isoliert und aus der Internationalen Gemeinschaft ausgeschlossen werden.« Diese fortan »Betancourt-Doktrin« genannte Politik führte zum Abbruch der diplomatischen Beziehungen mit Spanien, der Dominikanischen Republik, Kuba, Argentinien, Peru, Ecuador, Guatemala, Honduras und Haiti.

Betancourt nahm großzügig die Verfolgten aus Diktaturen auf und gewährte ihnen politisches Asyl. Er wurde ein unermüdlicher Verfechter demokratischer Grundwerte und setzte in seiner Präsidentschaft vor allem auf den dauerhaften Erhalt der parlamentarischen Ordnung. Er brachte die Vertreter der wichtigsten Parteien zusammen, um gemeinsam den Schutz der gerade erst errungenen demokratischen Rechte zu sichern. Der damals vereinbarte *Pacto de Puntofijo* sollte vier Jahrzehnte halten. Konkret verabredeten die Acción Democrática von Betancourt, die christdemokratische COPEI und die Liberale Unión Republicana Democrática drei Grundsätze:

- Verteidigung der Verfassung und strikte Respektierung der Ergebnisse der Wahlen;
- Bildung von Koalitionsregierungen der nationalen Einheit;
- gemeinsame Regierungsprogramme mit den vordringlichsten Zielen vor Wahlen.

Es war das erste Mal in der Geschichte des Landes, dass man eine Koalition als Regierungsform vereinbarte. Doch der Pakt hatte einen Schönheitsfehler: Er bedeutete faktisch den Ausschluss der Kommunisten von künftigen Regierungen. Dabei war es gerade ihre Partei gewesen, die besonders aktiv gegen die Diktatur gekämpft hatte.

Ungeachtet dessen setzte nach Betancourts Regierungsantritt erst einmal eine spürbare Kapitalflucht ein, die Devisenreserven sanken und die Auslandsverschuldung, die schon in den Jahren der letzten Diktatur wieder kräftig zugenommen hatte, nahm beängstigende Ausmaße an. Die ausländischen Ölkonzerne stoppten ihre Investitionen, und schon 1960 war die demokratische Regierung gezwungen, den Devisenverkehr zu kontrollieren, um Spekulationen mit der Landeswährung vorzubeugen. Betancourt brachte die Lage auf einen kurzen Nenner: »Unsere Probleme wurden uns von den Diktaturen hinterlassen. Es sind mehr oder weniger die gleichen Probleme der anderen Länder Südamerikas: eine Bevölkerung, die mit übermäßigem Tempo wächst, eine schlechte Verteilung des Bodenbesitzes, eine ungenügende industrielle Entwicklung, ein sehr schwacher Markt, eine übertriebene Konzentration auf die Städte zum Nachteil des Landes, das anormal unterbevölkert ist.«

Ein besonders delikates Feld war das Erdöl. Für den neuen Ölminister Pérez Alfonzo war es das reine »Teufelszeug«, denn er ahnte voraus: »In zehn oder zwanzig Jahren werden wir sehen, dass uns das Öl ruinieren wird.« Er war besonders gefordert, weil die USA Importrestriktionen für venezolanisches Öl verhängt hatten, um der Rezession im eigenen Land zu begegnen. Pérez Alfonzo versuchte gar nicht erst, an diesem Zustand etwas zu ändern, sondern nahm stattdessen Geheimverhandlungen mit Saudi-Arabien, Kuwait, Iran und Irak auf. Er schlug vor, staatliche Ölgesellschaften zu schaffen, die Gewinnverteilung auf 60 zu 40 Prozent zugunsten des Staates zu verändern und geheime Preisabsprachen zu etablieren. 1960 unterzeichneten diese Staaten die Gründungsurkunde der OPEC.

Seinen größten Erfolg erlebte Betancourt 1963 zum Ende seiner Amtszeit: Er trat zu keiner Wiederwahl an und übergab die Macht an seinen, ebenfalls aus freien und geheimen Wahlen hervorgegangenen Nachfolger Raúl Leoni von der AD. Das hatte es in den 133 Jahren der Existenz als Republik noch nie gegeben.

Damit hatte sich der *Puntofijo*-Pakt bewährt. Doch zugleich zeigten sich schon die Schattenseiten dieser paktierten Demokratie. Aus dem politischen Kartell mit ursprünglich drei Beteiligten wurde bald ein Duopol aus der sozialdemokratischen AD und der christdemokratischen COPEI. Wie vereinbart, gingen die beiden Parteien außerordentlich pfleglich miteinander um, was auch darin zum Ausdruck kam, dass nicht eine Administration die vorangegangene ablöste, sondern beide – dank der Petro-Dollars – außerordentlich kreativ daran gingen, die Abgelösten in neugeschaffenen Institutionen unterzubringen. Man kann sich vorstellen, dass nur zwei, drei Machtwechsel reichten, bis sich endgültig ein undurchdringlicher politischer Filz gebildet hatte.

Im Dezember 1973 fanden wieder Wahlen statt, und mittlerweile zweifelte kaum jemand noch, dass sie wie geplant über die Bühne gehen würden. Ein Dutzend Kandidaten stellte sich zur Wahl, es siegte der 49-jährige Carlos Andrés Pérez – kurz CAP genannt – von der sozialdemokratischen Acción Democrática. Der frühere Büroleiter von Präsident Betancourt hatte sich Hilfe bei US-Wahlkampfstrategen geholt und den Sieg nicht zuletzt durch eine teure Fernsehkampagne errungen. Sein Wahlprogramm enthielt Lohnerhöhungen auf breiter Front, die Stärkung der daniederliegenden heimischen Landwirtschaft und der mittelständischen Industrie. Vor allem versprach er ein »Gran Venezuela« – ein großes Venezuela – sowie den Anschluss an die »Erste Welt«. Er siegte mit einer halben Million Stimmen vor dem Kandidaten der COPEI, seine AD holte 28 der 49 Senatorensitze und 102 Abgeordnetenmandate. So eindeutig hatte vor ihm noch niemand gewonnen.

Als er im März des Folgejahres den Präsidentenpalast übernahm, war wieder einmal das Konjunkturbarometer auf ein Hoch gewechselt. Im Nahen Osten hatten sich die arabischen Nachbarn aufgemacht, um die Schmach des Sechs-Tage-Krieges von 1967 zu tilgen und waren mit dreitausend Panzern der ägyptischen und syrischen Armee, unterstützt von Luftwaffenverbänden beider Länder zum Angriff auf Israel übergegangen. Nach zwei Wochen war der Kampf beendet, die Israelis hatten die Angreifer zurückgeschlagen und am 22. Oktober verkündeten die Vereinten Nationen einen Waffenstillstand.

Die Unterlegenen suchten nun, den Krieg mit anderen Mitteln fortzusetzen und verhängten über die USA, die Israel unterstützt hatten, und Europa, das die arabische Seite nicht unterstützt hatte, einen Erdölboykott. Er dauerte fünf Monate und hob den Weltmarktpreis für Rohöl in bis dahin unbekannte Höhen. Venezuela erzielte 1974 Mehreinnahmen von 260 Prozent gegenüber dem Vorjahr. In »normalen« Staaten waren derartige Sprünge der Staatseinnahmen unbekannt. Das Finanzministerium verdreifachte auf einen Schlag seine Einnahmen und das weckte Begehrlichkeiten.

Der ewige Mahner, Warner und Gründer der OPEC, Pérez Alfonzo, schlug vor, die Produktion zu drosseln und diese riesigen Gewinnsprünge dauerhaft und nachhaltig zu verwenden. Er machte sich Sorgen darum, dass Venezuela in einen wirtschaftlichen Notstand wegen *zu viel* Geld geriet. Es gab nämlich keine Strukturen, die diesen Geldfluss in produktive Bahnen lenkten, keine Planungsvorarbeiten, und über allem schwebte zudem die Angst, dass sich angesichts der Geldmassen die Preise für Waren und Dienstleistungen verteuerten und alles in einer großen Inflation münden würde.

Der Präsident, der zugleich Vizepräsident der Sozialistischen Internationale war, begann, den neuen Reichtum mit vollen Händen auszugeben. In den ersten 100 Tagen der Regierung jagte ein Dekret von Andrés Pérez das nächste. 193 exekutive Anweisun-

Der zweimalige Präsident
Carlos Andrés Pérez
(1922 – 2010)

gen wurden in dieser Zeit erlassen. Die Löhne und Gehälter wurden kräftig angehoben, es wurde viel Geld in die bestehenden Sozialsysteme gepumpt. Die Hauptaufgabe der Regierung war es in jener Zeit, neue Arbeitsplätze zu schaffen. Massenentlassungen wurden per Dekret verboten. Weil man keine Arbeit einfach aus dem Boden stampfen konnte, gab Präsident Andrés Pérez kurzerhand die Weisung, dass alle Aufzüge im Land ab sofort durch einen Liftboy zu bedienen seien und alle öffentlichen Toiletten eine »Klofrau« einzustellen hätten.

Zum 1. Januar 1975 wurde die Eisen- und Stahlindustrie nationalisiert. Die Arbeiter und Angestellten setzten sofort zum Sturm auf die Staatskasse an und riefen drei Wochen später den Generalstreik aus, um ihren Teil vom Dollarregen abzubekommen. Mit Erfolg: Die Regierung erhöhte die Löhne, erweiterte die Sozialleistungen bei Arbeitsunfähigkeit, Teilinvalidität, im Todesfall sowie die Altersrente. Als Sahnebonbon gab es ein staatliches Geschenk für jedes Brautpaar. Doch diese Maßnahmen wurden noch nicht als ausreichend angesehen, vier Wochen später folgte der nächste Generalstreik.

Die Verfassung von 1961 räumte dem Präsidenten eine außerordentliche Machtfülle ein: Er ernannte alle Gouverneure, alle Leiter staatlicher Unternehmen und war Oberbefehlshaber der Streitkräfte. Das reichte Carlos Andrés Pérez nicht aus. Er ließ sich zudem vom Parlament alle Vollmachten bei der Mittelverwendung geben. Das 1974 verabschiedete Gesetz gab ihm freie Hand bei der Verwaltung des Staatshaushalts. Das Parlament gab damit eine seiner Kernaufgaben, die Kontrolle des Haushalts der Regierung, bereitwillig preis. Zusätzlich angefeuert wurde der Geldfluss durch die freigiebige Vergabe von langfristigen Krediten zu günstigen Zinsen. Die Zahl der Anleihen stieg massiv an. Nach einem Jahr war eingetreten, was zu befürchten war: Die Preise stiegen, die Inflation verdoppelte sich und überstieg die Höhe der Zinsen für Bankeinlagen. Die Regierung steuerte mit neuen Maßnahmen gegen den zunehmenden Unmut in der Bevölkerung an: Preiskontrollen, Subventionen für Lebensmittel und Medikamente, kostenlose medizinische Behandlung und Krankenhausaufenthalte, Preissenkungen von sozialen Dienstleistungen aller Art für Bezieher kleinerer Einkommen, Steigerung der Löhne und Gehälter.

Auch sich selbst bedachte die Regierung: 1977 wurden auf einen Schlag sieben neue Ministerien geschaffen: Stadtentwicklung, Umwelt, erneuerbare Naturressourcen, Information, Tourismus, Transport und Kommunikation. Die Präsidialkanzlei erhielt den Status eines Ministeriums. Doch ein Jahr später war schon wieder Schluss mit dem Stellenaufwuchs: Angesichts schwindender Einnahmen wurde ein Einstellungsstopp verkündet.

Für die enorm erstarkten Mittelschichten und die kleine Oberklasse begann die Zeit der Verschwendung, in der das Land zum viel zitierten »Saudi-Venezuela« mutierte. Sie gaben das Geld mit vollen Händen aus. Das Pro-Kopf-Einkommen erreichte das Niveau des Wunderwirtschaftslandes Westdeutschland. Aber 1978 war der Rausch auch schon wieder vorbei und der Import von 500 Luxusgütern wurde verboten.

Die neuen Reichen in Venezuela wussten, wie ein gehobener Lebensstandard aussieht. Sie hatten ihn bei den ausländischen Ölexperten beobachtet, die hochbezahlt in eigenen Siedlungen ihr gewohntes westliches Leben führten. Diese waren zwar mit Zäunen umgeben und von sogenannten *guachimanes* (die spanische Verballhornung des englischen *watchman*) gesichert. Hier gab es aber spezielle Läden mit Importgütern, Tennisplätze, Baseballfelder, Swimmingpools, Kinos, Golf-Anlagen und modern eingerichtete Krankenstationen und Schulen. In diesen Siedlungen traf man sich beim Baseball, im Country-Club oder bei Schönheitswettbewerben.

Der Erdölmarkt veränderte sich derweil. In Mexiko war man auf riesige Vorkommen gestoßen, 1975 floss das erste Öl aus der Nordsee durch die Pipelines, und in Alaska stieg die Produktion auf zwei Millionen Barrel pro Tag. Hinzu kam, dass die neuen Förderer keine OPEC-Mitglieder und demzufolge nicht an deren Preisabsprachen gebunden waren. In dieser Zeit verkündete der venezolanische Präsident 1975 die Verstaatlichung der Erdölförderung. Fünf Jahre zuvor hatte der Staat bereits die Kontrolle über die Vermarktung des Öls übernommen. Die Reaktion auf diese radikal anmutende Enteignung von ausländischem Besitz blieb moderat, weil die Ölmultis seit Jahren nicht mehr in ihre Felder investiert hatten und viele auch ihren Erschöpfungsgrad erreicht hatten, neue Bohrungen aber immer teurer wurden.

Wieder einmal erfüllten sich die düsteren Prognosen des Öl-Weisen Pérez Alfonzo: Am Ende der fünfjährigen Amtsperiode des Präsidenten hatten sich die Beschäftigtenzahlen im staatlichen Sektor verdoppelt, war ein kaum noch zu durchschauendes Netz staatlicher Betriebe und Institutionen entstanden, die vor allem eins produzierten: ein unbeherrschbares Chaos. Milliarden Dollar verschwanden, ohne dass jemand genau sagen konnte, wo sie geblieben waren. Viel Geld wurde schlicht für Luxus und nicht enden wollende Importe ausgegeben. Der Nebeneffekt war, dass die einheimische Lebensmittelindustrie erneut geschwächt wurde.

In diesen Jahren des ungebremsten Ausgebens wurde deutlich, dass auch sehr, sehr viel Geld nicht ausreicht, um alle Wünsche zu befriedigen. Schon 1977 überstiegen die Staatsausgaben die Einnahmen in einem Umfang von 8,7 Prozent des Bruttoinlandsprodukts. Das Entwicklungstempo wurde scharf abgebremst durch das Fehlen qualifizierter Arbeitskräfte. Die Inbetriebnahme Hunderter neuer Betriebe war ohne eine begleitende Erhöhung der Energieproduktion geschehen und führte zu Stromabschaltungen. Die nationalen Unternehmen produzierten nicht in ausreichender Qualität, sodass zusätzlich zu den Waren, die nur in den USA und Europa zu bekommen waren, auch Dinge des täglichen Bedarfs im Ausland eingekauft wurden, was die einheimische Industrie zusätzlich unter Druck setzte und die negative Handelsbilanz weiter verschärfte. Die Steuerung der Wirtschaft glitt der Regierung zusehends aus den Händen. Die staatliche Telefongesellschaft CANTV fror ihre Preise beim Stand von 1969 ein, die staatliche Agentur für Landwirtschaft kaufte Lebensmittel im Ausland und setzte sie zu staatlich verordneten niedrigeren Preisen im Inland wieder ab; viele staatliche Unternehmen nahmen Kredite auf, ohne dass dies irgendwo vermerkt wurde.

Ursprünglich sollten die Überschüsse aus den Erdöleinnahmen in einen staatlichen »Venezolanischen Investmentfonds« fließen, um die Abhängigkeit des Landes von diesem Monoprodukt zu verringern. Angedacht war, die Hälfte der Überschusseinnahmen an den Fonds zu überweisen. Doch dieses Geld kam dort so gut wie nie an, und die Mittel, die sich dort befanden, dienten letztlich dem Staatspräsidenten als unkontrollierbarer Verfügungsfonds. (Etwa zur gleichen Zeit legte Norwegen seinen Staatsfonds auf – er ist weltweit der größte geworden und hat heute ein Volumen von über einer Billion Dollar.)

Es wurde in der damaligen Wahrnehmung auch nicht etwa als ein persönliches Fehlverhalten von Carlos Andrés Pérez gewertet, auch sein Nachfolger Luis Herrera Campins, den der Rückgang der Weltmarktpreise für Rohöl mit voller Wucht traf, plünderte die Kasse des staatlichen Ölkonzerns PDVSA weiter und leitete die Rücklagen von sechs Milliarden Dollar in die Staatskasse um. Die Korruption wurde in den 80er Jahren zu einer kaum noch beherrschbaren Erscheinung des Alltags. Bei der PDVSA, mittlerweile Lateinamerikas größtem Unternehmen, versagten die Kontrollinstanzen reihenweise. Einer ihrer Generaldirektoren gründete ein Unternehmen, das genau die Pumpen und Ventile produzierte, die das Staatsunternehmen benötigte – und zu Monopolpreisen ankaufte. Ein anderer Generaldirektor beteiligte sich an einem privatisierten Unternehmen, das die Bücher der PDVSA kontrollieren sollte. Überall wurde die Hand aufgehalten, jeder versuchte, seinen Schnitt zu machen. Die »paktierte Demokratie« der beiden großen Parteien führte immer mehr dazu, dass sich die Eliten nur noch scheinbar an der Macht abwechselten und sich zwischen den Wahlen die Taschen gegenseitig füllten.

Am 18. Februar 1983 war die Fiesta vorüber. An diesem Tag – seither als der »schwarze Freitag« im kollektiven Gedächtnis verankert – platzte die Blase und der seit 20 Jahren feste Wechselkurs von 4,30 Bolívares zum Dollar wurde aufgegeben. Die Abwertung war dringend geboten, um weitere Schäden von der Volkswirtschaft des Erdöllandes abzuwenden. In den Wochen und Monaten zuvor hatten vermögende Venezolaner das Geld säckeweise ins Ausland geschafft. Damals schätzte man, dass täglich fast eine Milliarde der überbewerteten Landeswährung in Dollar umgetauscht und auf US-Banken deponiert wurde.

Präsident Herrera Campins oblag es, seinen konsumfreudigen Landsleuten die Lust am Luxus zu vermiesen, indem er – erstmalig in der Geschichte – die freie Konvertierbarkeit des Bolívars einschränkte und ein Zuteilungssystem für Devisen einführte. Dieses System – RECADI genannt – wurde jedoch erneut zum Füllhorn für Schwarzmarktgeschäfte aller Art. Staatliche Beamte wurden bestochen, um Luftimporte zu bestätigen und mit diesem Zertifikat verbilligt Dollars eintauschen zu können. Der Zweck, notwendige Importe zu subventionieren, wurde nicht erreicht.

Dafür wollten die Vorwürfe nicht mehr verstummen, dass der Präsident Freunden und Familienangehörigen zuvor einen Wink hatte zukommen lassen, ihre Gelder in Sicherheit zu bringen.

Herrera Campins verlor den Rückhalt in der Bevölkerung, und auch die USA gingen auf Distanz. Das führte zu einigen außenpolitischen Volten. So war Venezuela eines der wenigen Länder, die Argentiniens Anspruch auf die Falkland-Inseln gegenüber Großbritannien unterstützten. Zum Zeichen ihrer Solidarität untersagte die Regierung, dass bei offiziellen Anlässen schottischer Whisky ausgeschenkt wurde.

Jaime Lusinchi, Präsident von 1984 bis 1989, rückte das in eine Schieflage geratene Verhältnis zu den USA wieder gerade und kaufte sich 1986 in die US-Tankstellenkette CITGO ein. Damit erhielt Venezuela Zugang zur Direktvermarktung seines Rohöls auf seinem Hauptabnehmermarkt, den Vereinigten Staaten, und erhielt eigene Verarbeitungskapazitäten. Doch die Raffinerieanlagen mussten erst einmal aufwändig umgebaut werden, denn sie waren nicht für das schwere venezolanische Rohöl ausgelegt.

In seiner Amtsführung setzte Lusinchi die Art seiner Vorgänger fort und konnte weder Korruption noch Vetternwirtschaft überwinden. Seine kolumbianische Geliebte und persönliche Sekretärin Blanca Ibáñez wurde zum Symbol des Nepotismus im Miraflores-Palast. Sie soll damals über die Ernennung von Ministern ebenso entschieden haben, wie über die Beförderung hoher Offiziere und Generäle. Sie unterzeichnete freihändig Verträge und Erlasse, ohne dafür autorisiert zu sein. Lusinchi kümmerten die Vorwürfe nicht im Mindesten, er verlieh ihr sogar noch den »Orden des Befreiers«, die höchste zivile Auszeichnung des Landes.

Ende 1988 wurden wieder Wahlen abgehalten, und Carlos Andrés Pérez trat noch einmal an, wobei er gezielt an die »guten Zeiten« seiner ersten Präsidentschaft erinnerte. Die Mittelschichten glaubten noch immer, dass der Ölboom langfristig ihren Lebensstandard erhalten würde. Aber auch Arbeiter und

Angestellte hofften auf eine Wiederholung der schönen Jahre mit Subventionen, niedrigen Preisen für die täglichen Dienstleistungen und Zugang zu Bildung mit dem Ziel des sozialen Aufstiegs. Carlos Andrés Pérez siegte.

Zur Amtseinführung erschienen zahlreiche Staatsmänner, unter ihnen auch Fidel Castro. Eine Woche später war er wieder da, diesmal unter Ausschluss der Öffentlichkeit auf dem Marinestützpunkt La Orchila, einer nördlich von Caracas gelegenen Insel. Hier unterbreitete er Andrés Pérez den Vorschlag, dass Venezuela die Erdölversorgung der sozialistischen Insel übernehme und die Sowjetunion dafür die Lieferverpflichtungen Venezuelas in Europa besorge. Das Einsparpotential beim Transport läge auf der Hand. Doch das Geschäft kam nicht zustande, und Castro reiste wieder einmal verärgert aus Venezuela ab.

Am 16. Februar 1989 stellte Andrés Pérez sein Regierungsprogramm vor, mit dem er der schwierigen Wirtschaftslage begegnen wollte. Seine Wähler fielen vor Schreck fast vom Stuhl: ein Katalog von Maßnahmen, wie sie im Regelfall der Internationale Währungsfonds (IWF) in Not geratenen Ländern zwangsverordnete. Eine Schockwelle jagte die nächste: Verdopplung der Benzinpreise und damit der Preise für den öffentlichen Nahverkehr, Beendigung der Subventionen für Nahrungsmittel, drastische Preissteigerungen für Strom, Wasser, Gas, Telefon. Freigabe des Wechselkurses des Bolívars. Der *paquetazo* (das Maßnahmenpaket) schlug sofort auf die Inflation durch, die um 40 Prozent anstieg und damit die Bevölkerung noch einmal belastete.

Elf Tage später brach der Protest los: Am Nuevo Circo, dem zentralen Busbahnhof, begannen die Demonstrationen, angeführt von Studenten. Binnen kurzer Zeit sperrten sie Straßen und Schnellstraßen. In den angrenzenden Vierteln wurden Barrikaden errichtet, Autoreifen in Brand gesteckt. Hilflos musste die städtische Polizei mitansehen, wie Geschäfte geplündert wurden. Aus dem neuerrichteten Shopping Center wurden ganze Wohnungseinrichtungen heraus getragen. Der *Caracazo* hatte

Der Aufstand in Caracas 1989 forderte beinahe 4000 Tote.

begonnen. Damit hatte die Unzufriedenheit mit den korrupten Clientelverhältnissen seit dem *Pacto de Puntofijo* ihren ersten Höhepunkt erreicht. Der Präsident suspendierte die verfassungsmäßigen Rechte und schickte die Armee in die Unruheviertel. Es gab Berichte, dass die Soldaten bis zu 4000 Menschen ermordeten und in Massengräbern verscharrten. Dieser ungeheuerliche Angriff auf die Bürgerrechte sorgte vorübergehend für Ruhe. Es wurde totenstill.

* * *

Doch damit war die wirtschaftliche Rosskur noch lange nicht beendet. Viele staatlich subventionierte Betriebe mussten aufgeben, und Massenentlassungen waren an der Tagesordnung. Die Inflation wuchs Woche um Woche weiter an. Die Preise für Nahrungsmittel stiegen dreistellig, die Reallöhne sanken unter das Niveau von 1955. Die Armut grassierte, die Gewaltkriminalität stieg explosionsartig an. Sicherheitsfirmen schossen wie Pilze aus dem Boden, die Villen der Oberschicht wurden mit hohen Mauern umgeben, ein *guachiman* mit einer Pumpgun in den Händen galt bald als Standardmaßnahme. Auf den Straßen im Zentrum von Caracas war niemand mehr sicher. »Express Kidnapping« ging um: Die entführte Person wurde solange festgehalten, bis ihr Konto mit der Kreditkarte am Geldautomaten »abgemolken« war.

Am frühen Morgen des 4. Februar 1992 schreckten Schüsse aus automatischen Waffen die Bewohner von Caracas auf. Sie konnten nicht von den üblichen Überfällen stammen. 43 Jahre lang war Venezuela von Staatsstreichen verschont geblieben. Diesmal hatten jüngere Offiziere der Panzertruppen und Fallschirmjäger die Initiative ergriffen, um Präsident Andrés Pérez festzunehmen, ihn vor ein Militärtribunal zu stellen und wegen Korruption anzuklagen. Die Gruppe nannte sich Movimiento Bolivariano Revolucionário 200 (MBR 200) und wollte das Werk Simón Bolívars zu Ende bringen, eine provisorische Regierung aus Militärs und unbelasteten Zivilisten bilden und eine Verfassunggebende Versammlung einberufen. An der Spitze der Putschisten stand Oberstleutnant Hugo Chávez.

Mit dem Kommunismus war Chávez als 13-Jähriger in Berührung gekommen. Er war mit seiner Großmutter und seinem Bruder Adán aus der Kleinstadt Sabanetas im Westen des Landes in die Provinzhauptstadt Barinas gezogen, wo er neue Freunde aus der Nachbarschaft kennenlernte: Vladimir (nach Lenin) und Federico (nach Friedrich Engels) Ruiz Guevara. Er erhielt aufgrund seiner Ungelenkigkeit beim Fußballspielen den Namen »Tribilín« – die spanische Version für die Comic-Figur Goofy. Der Vater seiner neuen Freunde, José Esteban Ruiz Guevara, war ein überzeugter Kommunist, der die drei Jungs zunächst mit Büchern von Rousseau oder Macchiavelli versorgte. Er unterwies sie auch in venezolanischer Geschichte. Später folgte die Lektüre von Karl Marx und anderen Theoretikern. Einmal geweckt, ließ der Lesehunger des jungen Chávez nicht mehr nach. Er las sich systematisch durch die Bibliothek seines Mentors.

Das erste Vorbild des jungen Chávez war – Chávez – Nestor Chávez, genannt »El Latigo« (Die Peitsche), ein venezolanischer

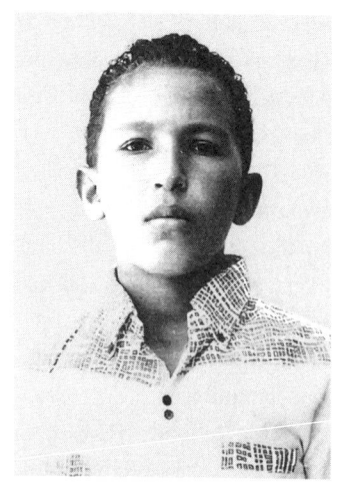

Der junge Hugo Chávez Frías (1954 – 2013)

Baseballspieler, der in seinen besten Zeiten bei den San Francisco Giants spielte. Er kam 1969 bei einem Flugzeugabsturz ums Leben. Wie der spätere Präsident selbst berichtete, besuchte er als 17-Jähriger die Grabstätte seines Idols, um ihn um Vergebung zu bitten, weil er nun seine Vorbilder hatte: Ernesto »Che« Guevara und Fidel Castro. Doch dabei blieb es zunächst. Er nahm an keiner politischen Aktion teil und trat keiner der außerordentlich zahlreichen kommunistischen Organisationen des Landes bei. Eines Tages hielt ein Offizier von der Militärakademie einen Vortrag an seiner Schule. Dies war der Impuls, der Chávez veranlasste, sich in der Militärakademie in Caracas zu bewerben. Als er eintrat, hatte er in seinem leichten Gepäck ein Buch: Das »Bolivianische Tagebuch« von Ernesto »Che« Guevara.

Präsident Rafael Caldera von der christdemokratischen COPEI hatte zum Zwecke der Professionalisierung der Streitkräfte eingeführt, dass die künftigen Offiziere nicht nur eine militärische Ausbildung, sondern auch ein ziviles Studium abschließen mussten. Chávez' Jahrgang an der Militärakademie war der erste mit einem dualen Diplom. Er studierte also neben Militärstrategie auch die Politik und Geschichte seines Landes. 1975 erhielt er aus den Händen des Staatspräsidenten Carlos Andrés Peréz den Offizierssäbel. Sein erster Einsatz brachte ihn als Chef einer Funkeinheit zurück in seine Heimat. Dort begann er, eine Radioshow aufzubauen und Artikel für Zeitungen zu schreiben. Trotzdem langweilte er sich auf dem Posten. Einem Freund vertraute er an: »Noch vor dem Jahr 2000 werde ich General sein, und ich werde etwas Großes für mein Land geleistet haben.«

Während sein älterer Bruder Adán für die linksradikale MIR kämpfte, bekam Chávez Kontakt zum Ex-Guerrillero Douglas Bravo, der sich von den Kommunisten abgewandt hatte. 1981 bis 1984 unterrichtete er an der Militärakademie Venezuelas Militärgeschichte und hinterließ mit seinen antiimperialistischen Ideen bei Chávez einen tiefen Eindruck. Dann wurde Bravo verdächtigt, illegale politische Aktivitäten zu unterstützen, und an die entfernte Grenze zu Kolumbien strafversetzt. Doch dort betrieb er umso energischer die Schaffung eines Netzwerks vertrauenswürdiger Offiziere, mit denen er die verdeckt agierenden »Bolivarianischen Revolutionären Streitkräfte« bildete. Mehrere Jahre bereiteten sie sich für die entscheidende Aktion vor. Chávez war derweil zum Major befördert und 1987 nach Caracas in den Präsidentenpalast Miraflores abkommandiert worden, wo er Adjutant des Chefs des Nationalen Sicherheits- und Verteidigungsrates wurde. Später übernahm er als Oberstleutnant den Geheimdienststab eines Fallschirmjägerregiments.

Als es dann im Februar 1992 zum Putsch kam, scheiterte dieser nicht zuletzt an der dilettantischen Vorbereitung. Die Einheiten, die den Präsidentenpalast besetzen sollten, kannten den Weg nicht und verirrten sich. Die Panzer, die dort endlich Stellung bezogen, verfügten über keine Munition, weil die sich auf einem Lastwagen befand, der in einem Vorort steckengeblieben war. Die Ansprache von Hugo Chávez ans Volk war zuvor auf Band aufgenommen worden und sollte von einem Fernsehsender ausgestrahlt werden – doch es war das falsche Videoformat.

Putsch gegen die Regierung am 4. Februar 1992

Präsident Andrés Pérez kam gerade aus dem Schweizerischen Davos zurück und konnte auf dem Weg zu seiner Residenz einer Verhaftung entgehen. Er ließ sich zum Präsidentenpalast Miraflores fahren und nutzte dort einen unterirdischen Tunnel. Dann hielt er eine Fernsehansprache, in der er die übrigen Streitkräfte zu Hilfe rief. Die Aufständischen blieben isoliert und wurden von regulären Einheiten eingekreist und verhaftet. Hugo Chávez gab unter der Bedingung auf, dass er sich noch einmal über das Fernsehen an sein Volk wenden könne. Es wurde ihm gewährt. Er räumte seine Niederlage ein – »*por ahora*« – für dieses Mal.

Während Chávez im Gefängnis saß, startete nur neun Monate später der nächste Putschversuch unter Führung des Konteradmirals Hernán Grüber Odremán. Er hatte seine militärische Laufbahn im Kampf gegen die kommunistische Guerrilla begonnen und war zum Generalinspekteur der Marine aufgestiegen. Der Staatsstreich scheiterte aber ebenso, und er wurde zu den anderen Aufrührern ins Gefängnis San Carlos in Caracas gesteckt. Nach der späteren Regierungsübernahme durch Hugo Chávez beförderte dieser ihn zum Gouverneur der Hauptstadt.

Nach schweren Korruptionsvorwürfen zog er sich dann aus der Politik zurück.

Carlos Andrés Pérez überstand diese zwei Staatsstreichversuche, doch aus dem Amt kippte ihn der Generalstaatsanwalt der Republik 1993 mit einer Anklage wegen Korruption. Während des Prozesses kam heraus, dass er 17 Millionen Dollar aus der Staatskasse abgezweigt hatte – zur Unterstützung der nicaraguanischen Präsidentin Violeta Barrios de Chamorro. Bei den vorgezogenen Neuwahlen siegte Ex-Präsident Rafael Caldera (1969–1974), der seine Partei COPEI verlassen hatte und ein breites Wahlbündnis anführte. Die Convergencia bekam 31 Prozent der Stimmen, die Altparteien AD und COPEI landeten abgeschlagen bei 20 Prozent. Das war Ausdruck dafür, dass das drei Jahrzehnte alte System der Parteien des *Pacto de Puntofijo* sein Ende erreicht hatte.

Doch auch der neuen Regierung war kein Glück beschieden. Die Erdölpreise verharrten auf niedrigem Niveau, und wenige Monate nach Übernahme der Regierung, in der Ex-Guerrillero Teodoro Petkoff das wirtschaftlich entscheidende Planungsministerium übernommen hatte, brach eine Bankenkrise aus. Die Sparer hatten das Vertrauen in die nationalen Finanzinstitute verloren und wollten an ihre Einlagen. Dadurch geriet die Banco Latino in eine Schieflage. Kurz darauf ging das zweitgrößte Bankhaus Venezuelas pleite. Daraufhin wurden auch andere Banken in den Abgrund gerissen. 60 Prozent aller Einlagen gingen verloren. Die Kapitalflucht nahm gefährliche Dimensionen an, die Inflation stieg rapide, Kredite wurden so gut wie nicht mehr gewährt, und wenn, dann mit Zinsforderungen von 60 Prozent. Die Armut grassierte im ganzen Land, und Hoffnungslosigkeit machte sich breit.

Die Zeit war reif für einen politischen Neuanfang.

Machtfaktor Kuba

> »*Fidel Castro ist Marxist, aber ein empirischer Marxist,*
> *der den Kommunismus nach dem Gehör spielt und nicht nach Noten.*«
> Graham Greene

Kaum war Hugo Chávez 1994 vorzeitig aus dem Gefängnis entlassen, machte er sich auf die Reise nach Havanna. Das Bemühen um ein Treffen war beiderseitig. Der junge Venezolaner wollte sein Idol treffen. Kuba steckte in einer furchtbaren Krise, und Fidel Castro wollte die Chance ergreifen, mit Hilfe Venezuelas einen Ausweg zu finden.

Das sozialistische Kuba, ein Kind des Kalten Krieges zwischen der Sowjetunion und den USA, war politisch zur Vollwaise geworden. Seine Verbündeten hatten im Wettlauf der Systeme aufgegeben. Mit dem Ende des sozialistischen Wirtschaftsblocks verlor die Insel ihre lebenswichtigen Import- und Exportmärkte. Der Durchschnittslohn eines Kubaners betrug 2 Dollar – im Monat.

In dieser Lage empfing Fidel Castro den gescheiterten Putschisten Hugo Chávez wie einen Staatsgast mit allen protokollarischen Ehren. Er holte ihn persönlich am Flugzeug ab. Chávez war glücklich und versprach: »Ich verdiene diese Ehre nicht, aber ich trachte danach, sie in den kommenden Monaten und Jahren zu verdienen.« In seiner Rede vor Studenten der Universität von Havanna sagte er am 14. Dezember 1994 dem politischen System in seinem Heimatland unverhohlen den Kampf an: »Die Mango reift, wenn sie grün ist. Aber eine faule Mango wird niemals reifen, von einer faulen Mango muss man den Kern herausnehmen und ihn einpflanzen, damit eine neue Pflanze daraus entsteht. Das ist, was heute in Venezuela geschieht, weil das System nicht in der Lage ist, sich selbst zu regenerieren.« Dabei seien alle Mit-

Hugo Chávez mit Fidel Castro bei seinem ersten Besuch in Kuba 1994

tel recht: »Wir schließen den bewaffneten Weg in Venezuela nicht aus; wir würden die Waffen des Volkes, die in den Kasernen sind, benutzen. Um den Ausweg zu finden, verlangen wir eine Verfassunggebende Versammlung.«

Und zum Schluss seiner Rede kamen endlich die Worte, auf die Fidel Castro seit seinem missglückten Besuch in Caracas im Januar 1959 gewartet hatte: »Wir wollen nicht weiterhin eine Kolonialwirtschaft sein, ein ergänzendes Wirtschaftsmodell. Venezuela hat immense energetische Ressourcen. Zum Beispiel sollte kein Land in der Karibik oder in Lateinamerika aus Europa Treibstoff importieren. Wenn doch Venezuela mit seinen immensen energetischen Ressourcen zu Lateinamerika gehört, warum sollte Venezuela dann weiterhin 2,5 Millionen Fässer Rohöl täglich in die entwickelten Länder exportieren?« Von diesem Tag an hoffte Fidel Castro auf die Übernahme der Macht in Venezuela durch seinen neuen Verbündeten.

* * *

Fidel Castros erste Reise nach dem Sieg der Revolution hatte ihn 1959 nach Venezuela geführt. Seine Ankunft in Caracas war ein Volksfest, Tausende Venezolaner bereiteten ihm einen stürmischen Empfang. Doch es war niemand von der Regierung da, denn Castro war zu diesem Zeitpunkt weder Staats- noch Regierungschef. Betancourt begab sich demonstrativ auf eine Reise ins Landesinnere und ließ den Kubaner warten. Castro hatte kein besonders enges Verhältnis zum neuen Staatspräsidenten, obwohl er ihn aus dessen Exilzeit in Kuba kannte. Über den Sekretär des neuen Präsidenten, Carlos Andrés Pérez, den späteren zweimaligen Präsidenten, beschaffte er sich einen Termin. Dieser hatte auch die Bereitstellung eines Flugzeugs veranlasst, das die Kubaner nach Caracas holte.

Betancourt war nicht besonders erpicht, Castro zu treffen. Nach dem Sieg seiner Bewegung war es in Havanna zu Massenerschießungen ehemaliger Batista-Leute gekommen. Zudem war ihm zugetragen worden, dass die neuen Machthaber in Kuba die Nähe zur Sowjetunion suchten. Er selbst hatte sich von den kommunistischen Ideen angesichts der Verbrechen Stalins und der zentralistischen Führung der kommunistischen Parteien durch Moskau abgewandt. Betancourt unterhielt Kontakte zur Führung der Kommunistischen Partei Kubas, die weder den Aufstand und

Zehntausende Venezolaner bereiten Fidel Castro bei seinem ersten Auslandsbesuch 1959 einen begeisterten Empfang.

Fidel Castro bei Rómulo Betancourt (Mitte)

die Bewegung Castros unterstützt hatte, noch zu diesem Zeitpunkt auf Tuchfühlung mit der neuen Führung gegangen war. Im Moment seiner Begegnung mit dem jungen Fidel Castro war Betancourt bereits zu einem Reformer gereift, dessen Politik auf demokratischen Konsens ausgerichtet war.

Schließlich kam eine Begegnung zustande, die als »privates Treffen« deklariert wurde. Gleich am Eingang stellte sich heraus, dass Fidel mit einer Pistole im Halfter erschienen war. Die Sicherheitsleute verlangten die Herausgabe der Waffe, Fidel weigerte sich, übergab sie schließlich seinen eigenen Leibwächtern. Fidel fiel gleich mit der Tür ins Haus: Er brauche 300 Millionen Dollar Finanzhilfe (nach heutigem Geld 2,5 Milliarden), Erdöl und Waffen. Ferner forderte er den gewählten Präsidenten auf, mit ihm zusammen den Diktator der Dominikanischen Republik, Rafael Trujillo, zu stürzen. Betancourt lehnte die Forderungen rundheraus ab. Als er dem jungen Castro auch noch den Rat auf den Weg gab, ein gutes Verhältnis zu den USA anzustreben, war die Unterhaltung beendet.

Fidel verließ wütend die Residenz und befahl seiner Leibwache, mit ihm sofort zum Flugplatz zu fahren und den Heimflug anzutreten. Die ergebnislose Reise nach Caracas endete mit einer Katastrophe: Castro verlor kurz vor dem Rückflug nach Havanna auch noch seinen Vertrauten und Chef seiner Leibwache, *Comandante* Paco Cabrera. Der war schon auf der Gangway, als er bemerkte, dass seine Waffe noch im Abfertigungsgebäude lag. Er kürzte den Weg ab, lief unter der linken Tragfläche durch, an der bereits der Propeller rotierte und war sofort tot. Castro war äußerst unzufrieden mit dem Ausgang seiner ersten Auslandsreise.

Venezuela blieb im Zentrum seiner Aufmerksamkeit. Schon lange vor dem militärischen Sieg hatte Castro die Entwicklungen in dem erdölreichen südamerikanischen Land im Blick gehabt. Sein Beauftragter für das Land war eine der Schlüsselfiguren in der Zeit des Kampfes gegen die Batista-Diktatur, der spätere Vize von Raúl Castro als Armeechef und mehrfache Minister, *Comandante de le Revolución*, Pedro Miret. Er hatte 1953 beim Sturm auf die Moncada-Kaserne teilgenommen, war verwundet worden und nach Mexiko emigriert, wo er auch an den Vorbereitungen zum Landungsunternehmen mit der Yacht »Granma« teilgenommen hatte. Doch er wurde von Fidel Castro nicht mitgenommen, sondern beauftragt, künftig in Venezuela für die Unterstützung der kubanischen Revolution zu sorgen.

Pedro Miret (links) mit Fidel Castro 1956 in Mexiko

Gustavo Machado, einer der Führer der Kommunistischen Partei Venezuelas, der sich ebenfalls im Exil in Mexiko befand, verabschiedete Fidel Castro mit einem besonderen Geschenk: zwei leistungsstarken Kurzwellensendern aus sowjetischer Produktion, mit dem der Revolutionsführer mit seinem Abgesandten Pedro Miret in ständigem Kontakt bleiben konnte. Außerdem gab er ihm eine wichtige Information weiter, die er vom Marineattaché der venezolanischen Botschaft in Mexiko-Stadt erhalten hatte, der mit den Kommunisten sympathisierte. Danach befanden sich in den Waffenarsenalen der venezolanischen Marine überschüssige Bestände aus dem 2. Weltkrieg, die sie von den USA erhalten hatte. Es war klar, dass sie in der künftigen Planung keine Rolle mehr spielen würden, weil moderne Waffen beschafft wurden, und damit gab es eine gute Möglichkeit, Castros Rebellen mit Waffen zu versorgen.

Die Kommunistische Partei Venezuelas kämpfte zu dieser Zeit in der Illegalität gegen die Diktatur von General Pérez Jiménez, ihre Führer lebten im Exil. Dennoch war sie eine der stärksten Organisationen in Venezuela, denn sie verfügte über einen starken Einfluss in den Streitkräften, was nicht zuletzt auf das Geschick des Leiters ihrer Militärabteilung, Douglas Bravo, zurückzuführen war. Im Oktober 1957 erfuhr Castro, dass Teile der Armee und der Marine in Venezuela einen Putsch planten. Er wies seine Zelle in Caracas an, Kontakte zur illegalen Unión Patriótica aufzunehmen, der militanten Bewegung gegen den Diktator Pérez Jiménez. Ihr Auftrag lautete, junge Kämpfer mit Perspektive ausfindig zu machen und an sich zu binden.

Als Miret illegal nach Kuba zurückkehrte, schickte Fidel Castro seinen engen Vertrauten, Dr. Luis Buch Rodríguez, nach Caracas. Er war der Koordinator für Auswärtige Beziehungen und Öffentlichkeitsarbeit der kubanischen Revolutionsbewegung und nach dem Sieg der Revolution Chef der Präsidialkanzlei von Fidel. Er organisierte in Venezuela die Unterstützung des bewaffneten Kampfes in Kuba, denn er hatte hervorragende Kontakte zum

Militär, insbesondere zu Admiral Wolfgang (die Eltern hatten eine Schwäche für Mozart) Larrazábal, der auch den Putsch gegen den Diktator Pérez Jiménez anführte und sich bei den darauffolgenden Wahlen als Kandidat der Kommunistischen Partei Venezuelas aufstellen ließ. Sein Bruder Carlos Larrazábal war 1957 zum Konteradmiral befördert und zum Chef der Rückwärtigen Dienste der Marine Venezuelas ernannt worden. In dieser Position öffnete er den Kubanern die Waffenarsenale und händigte ihnen fünftausend US-Gewehre sowie Mörser, Granaten und Minen aus. Da auch die kubanischen Streitkräfte unter Batista von den USA mit diesen Waffen aus Weltkriegsbeständen bedacht worden waren, fielen sie nicht weiter auf.

Parallel startete die M-26-Zelle eine Kampagne zur finanziellen Unterstützung der kubanischen Revolution. Vor allem an den Universitäten Venezuelas war sie außerordentlich erfolgreich. Zum Kassenwart der Spenden wurde Alí Rodríguez Araque ernannt, der heute als Botschafter Venezuelas in Kuba auf eine lange politische Karriere als Guerrilla-Kommandant und Vertrauter von Hugo Chávez, als Minister für die Schlüsselbereiche Äußeres, Finanzen, Bergbau und Energie sowie als Chef der staatlichen Erdölfirma PDVSA zurückblicken kann. Er war einer von drei Vertrauten der Kubaner in der damaligen Zeit.

Zentrum der kubanischen Propagandaarbeit war die Botschaft in Caracas. Diplomaten führten prokubanische Demonstrationen an oder wurden mit Geldern für Regierungsgegner ertappt. Auch der kubanische Geheimdienst war in Venezuela aktiv. Im November 1960 wurden die Agenten Francisco Chacón und Natalio Pernas festgenommen. Auf einem verlassenen Flugfeld fanden die Behörden eine Waffenladung aus Kuba, später eine weitere Lieferung tschechoslowakischer Maschinenpistolen AK-47 im Bundesstaat Zulia. Am 21. Januar 1961 schloss die Organisation Amerikanischer Staaten (OAS) Kuba auf Antrag Venezuelas unter anderem wegen dieser Interventionspolitik aus. Nur ein Staat votierte dagegen: Kuba.

Vor allem in der Jugendorganisation der Acción Democrática fanden sich viele Anhänger der kubanischen Revolution. Sie waren unzufrieden mit der Politik Betancourts und erhielten viel Zuspruch aus Havanna. So entstand 1960 die Bewegung der revolutionären Linken (MIR), die in ihrer Ausrichtung bereits den bewaffneten Kampf in ländlichen Regionen befürwortete. Doch fehlten dafür eigentlich alle Voraussetzungen: es gab keine Ausbildung, keine Waffen, keine Geländekenntnisse, kein Geld. Erfolgreicher agierten die »Taktischen Kampfeinheiten« (UTC), die vor allem in den Städten operierten. Sie bestanden vor allem aus Angehörigen der kommunistischen Jugend und radikalisierten Studenten. Doch auch ihre politische Reichweite blieb minimal. 1962 nahm eine Guerrilla-Einheit unter Führung des Kommunisten Douglas Bravo in den Bergen des Bundesstaates Falcón den Kampf auf. Ihr gehörten spätere Prominente wie Teodoro Petkoff und der bereits erwähnte Alí Rodriguez Araque an. Im Jahr darauf wurden die »Bewaffneten Streitkräfte zur nationalen Befreiung« FALN gegründet. Auch die Kommunistische Partei ging zum bewaffneten Kampf über: Am 29. September 1963 überfiel ein FALN-Kommando auf Befehl des Militärsekretariats der KP einen Zug. Reisende wurden getötet und verletzt, worauf die Regierung Betancourt anordnete, die Führer von Kommunistischer Partei und MIR ohne Rücksicht auf parlamentarische Immunitäten zu verhaften.

Fidel Castro war mit den Aktionen seiner venezolanischen Partner unzufrieden, insbesondere mit der Führung. Deshalb bot er 1963 an, Ernesto »Che« Guevara zum Oberkommandierenden aller Guerrilla-Aktionen in Venezuela zu ernennen. Gleichzeitig versprach er, mehr Geld und Waffen zu schicken. Doch die KP lehnte das Ansinnen ab, schickte aber Politbüromitglied Rafael Elino Martínez nach Havanna, um die Lage zu beruhigen. Er sprach mit den Castros, mit Geheimdienstchef Manuel Piñeiro sowie mit den Militärs Arnaldo Ochoa und den de la Guardia-Zwillingen. (1989 wurden Tony de la Guardia, Oberst im Innen-

Comandante Douglas Bravo (links) mit Alí Rodríguez

ministerium, und Divisionsgeneral Ochoa standrechtlich erschossen; der zweite de la Guardia, General und Chef der Spezialtruppen des Innenministeriums, erhielt in diesem innerkubanischen Machtkampf 30 Jahren Haft).

Martínez brachte den Ärger der venezolanischen Kommunisten zum Ausdruck, dass Fidel Castro mit der sowjetischen Führung hinter ihrem Rücken verabredet hatte, dass alle künftigen Gelder aus Moskau über ihn zu laufen hatten und er die Zustimmung erhielt, die Verantwortung für die revolutionären Aktionen in Venezuela zu übernehmen. Erneut lehnte der Abgesandte den Vorschlag ab, Guevara nach Venezuela zu schicken. Die Gespräche endeten frustrierend für beide Seiten.

Waren die kubanischen Einmischungen bis dahin nur Vermutungen, änderte sich dies im gleichen Jahr, als man auf der venezolanischen Halbinsel Paraguaná im Bundesstaat Falcón ein kubanisches Waffendepot entdeckte. Die drei Tonnen schwere Ausrüstung war Teil des »Plan Caracas«, mit dem man die Wahlen stören wollte. 1964 bot »Che« Guevara noch einmal selbst dem führenden Funktionär der KP Venezuelas Eduardo Gallegos an, am Kampf teilzunehmen. Doch der erklärte, dass dies keine gute Idee sei, weil andernfalls bald darauf die US-Marineinfanterie in Venezuela landen würde. Aber Fidel hatte noch einige Asse im Ärmel. Alí Rodriguez Araque, den die Zelle der M-26 Ende der 50er Jahre in Caracas rekrutiert hatte, wurde von Fidel zur FALN von Douglas Bravo mit der Empfehlung entsandt, ihn zu seinem Stellvertreter zu ernennen.

* * *

In der Sowjetunion wurde Nikita Chruschtschow 1964 entmachtet, und im Jahr darauf beschloss die KP Venezuelas, den bewaffneten Kampf einzustellen und zu einem taktischen »demokratischen Frieden« überzugehen. Wer sich der neuen Linie widersetzte, wie FALN-Comandante Douglas Bravo, wurde ausgeschlossen. Dies kam einem faktischen Bruch mit den Kubanern gleich. Aus Moskau erhielt Castro die Nachricht, dass man seinen Revolutionsexport endgültig nicht weiter finanzieren werde. In dem Abkommen zum Abzug der sowjetischen Atomraketen aus Kuba hatte sich die UdSSR 1962 in einem nicht öffentlichen Zusatzabkommen verpflichtet, die Interventionsbemühungen Fidel Castros in Südamerika nicht länger aktiv zu unterstützen. Dafür gaben die Amerikaner die Zusicherung ab, in Kuba nicht zu intervenieren. Nun bestand der neue Parteichef Leonid Breshnew auf der Einhaltung dieser Zusage.

Die trotzige Reaktion Castros erfolgte in Form der Trikont-Konferenz, die 1966 in Havanna abgehalten wurde und auf der die Kubaner auf dem Recht zum bewaffneten Widerstand in den Ländern Asiens, Afrikas und Lateinamerikas beharrten. »Che« Guevara verfasste eigens aus diesem Anlass eine seiner letzten Botschaften (»Schaffen wir zwei, drei, viele Vietnam«). Fidel Castro nahm sich wenig später seine widerborstigen Genossen in Caracas vor und bezeichnete sie öffentlich als »reaktionäre Rechte, Feiglinge, Opportunisten, Verräter, Wankelmütige und Kapitulanten«. Und auch der KP Venezuelas platzte öffentlich der Kragen: »Wir dulden nicht länger die Einmischung Castros, ungeachtet seiner revolutionären Verdienste. Wir sind nicht die

Agenten Kubas.« Dies wiederum nahmen die Kubaner zum Anlass, dem ausgeschlossenen Politbüromitglied der KP Venezuelas, Douglas Bravo, in der Parteizeitung *Granma* die Möglichkeit zu geben, wüste Beschimpfungen in Richtung der KP Venezuelas und der Sowjetunion auszustoßen. Und Castro legte noch einmal nach: »Gewiss sind wir in den Augen einiger ›hervorragender revolutionärer Denker‹ nichts anderes als kleinbürgerliche Abenteurer, denen es an Reife mangelt. Wie gut, dass *erst* die Revolution kam und erst *dann* die Reife! Denn: Schließlich und endlich sind diese Superreifen so lange gereift, bis sie am Ende verfaulten!«

Fidel Castro setzte die militärische Einmischung in Venezuela fort. Im Sommer 1966 landete eine Gruppe von Kämpfern aus Kuba kommend in Tucucacas an. Und ein Jahr später erfolgte die größte kubanische Aktion: Die Invasion von Machurucuto. Aus Erinnerungen von Teilnehmern geht hervor, dass Fidel Castro die ganze Nacht vor dem Beginn der Operation bei den Kämpfern war und ihnen von seinen Erlebnissen während der Kämpfe in der Sierra Maestra erzählte und Anweisungen für die Operationen in Venezuela erteilte. Abschließend erhielt jeder Teilnehmer von ihm eine Rolex Submariner – »die beste Uhr für einen Guerrillero«, so Fidel. Doch ein Fischer beobachtete das Landungsmanöver in Venezuela und meldete dies den Behörden. Die Armee griff die 15-köpfige Gruppe an, tötete acht von ihnen

Der kubanische General Raúl Menéndez Tomasevich mit Raúl Castro im Kampf gegen die Batista-Diktatur (1956 – 1959)

Kubas populärster General Arnaldo Ochoa mit Fidel Castro bei einem Militärmanöver

und verhaftete zwei weitere Mitglieder des Kommandos. Den übrigen gelang der Weg ins Inland. Es waren Kubaner – Oberleutnant Manuel Gil Castellanos und der Milizionär Pedro Cabrera Torres. Ihre Sturmgewehre entstammten ausweislich ihrer Registriernummer einer Lieferung AK-47 der Regierung der ČSSR an die kubanischen Streitkräfte.

Unter den toten Kubanern befand sich Tony Briones Montoto. Er hatte am Kampf gegen den Diktator Batista teilgenommen, war in Mexiko in Sabotagetechniken ausgebildet worden und nach dem Sieg zunächst in verantwortungsvollen Funktionen im Regierungsapparat in Havanna tätig gewesen, ehe er zu den Spezialtruppen des kubanischen Innenministeriums kam und schließlich bei der persönlichen Leibwache Fidel Castros eine führende Rolle übernahm.

In Venezuela kämpften auch weitere führende kubanische Militärs: General Raúl Menéndez Tomasevich war zunächst Chef der kubanischen Verkehrspolizei, danach Kommandeur der Einheiten, die 1961–1963 gegen anticastristische Truppen im Escambray-Gebirge eingesetzt wurden, und operierte dann laut offiziellen kubanischen Angaben ein Jahr lang im venezolanischen Untergrund. Später übernahm er das Kommando über die kubanischen Truppen in Angola und wurde mit dem höchsten Orden »Held Kubas« ausgezeichnet. Das Kommando des Landeunternehmens in Tucucacas hatte der später berühmteste General der kubanischen Armee: Arnaldo Ochoa, den Fidel Castro 1989 wegen angeblicher Drogengeschäfte nach einem Schauprozess erschießen ließ. Sein Stellvertreter beim Venezuela-Einsatz war der spätere General Ulises Rosales del Toro, der 1982 Chef des Generalstabes der kubanischen Streitkräfte und stellvertretender Verteidigungsminister wurde und 1986 zum Kandidaten des Politbüros der Kommunistischen Partei Kubas aufstieg.

Man stelle sich einen Moment lang den umgekehrten Fall vor, dass führende Politiker und Militärs der damaligen demokratisch gewählten Regierung Venezuelas Kommandounternehmen gegen das sozialistische Kuba gestartet und im Land kämpfende Gegner Fidel Castros mit Waffen unterstützt hätten: Eine »imperialistische Aggression gegen das friedliebende kubanische Volk« wäre vielerorts die empörte Reaktion gewesen.

Wie gewohnt befreite sich Fidel Castro aus der unangenehmen Situation mit seinem Lebensmotto »Angriff ist die beste Verteidigung«: »Man beschuldigt uns, revolutionären Bewegungen Hilfe zu leisten. In der Tat: Wir leisten Beistand, und wir werden das weiter tun, wenn es sich um Bewegungen handelt, die gegen den Imperialismus kämpfen – so oft man uns fragt und in welchem Teil der Welt auch immer.«

Schließlich sah Fidel Castro jedoch ein, dass er – nicht zuletzt angesichts der desaströsen Wirtschaftslage Kubas nach der nicht erreichten Rekordernte des Hauptexportguts Zucker – langfristig auf die Hilfe der Sowjetunion angewiesen sein würde und beendete sein venezolanisches Abenteuer. Das kubanische Kommando wurde ausgeflogen und die Einsätze wurden beendet. Douglas Bravo schickte 1969 noch einen Brief mit dem Aufruf an Fidel Castro, die Guerrilla nicht im Stich zu lassen, doch die kubanische Führung verweigerte die Annahme.

Kuba war endgültig im sozialistischen Lager angekommen. Am deutlichsten wurde dies durch die Billigung des Einmarsches der Warschauer-Pakt-Staaten in die ČSSR am 21. August 1968. »Wir sind der Auffassung, dass die Tschechoslowakei auf dem

Wege zur Konterrevolution war, auf dem Wege zum Kapitalismus, auf dem Wege in die Arme des Imperialismus«, sagte Castro in einer vierstündigen Rede am 23. August. »Wir sind der Meinung, dass dies nicht gestattet werden kann und dass das sozialistische Lager ein Recht hat, derartiges auf die eine oder andere Weise zu verhindern.« Diese Rede verriet einiges mehr über seine Haltung, als er bis dahin zu erkennen gegeben hatte. »Ein solcher Fall wird in unserem Lande niemals eintreten. Zunächst einmal, weil wir überzeugt sind, dass es zu den grundlegenden Pflichten und Verantwortlichkeiten derjenigen, die eine Revolution leiten, gehört, derartige Deformationen, die zu solchen Fällen führen können, zu verhindern.«

Die venezolanische Regierung erließ im gleichen Jahr eine Amnestie für ehemalige Kämpfer und förderte deren Wiedereingliederung in die Gesellschaft. Am Ende fielen in den Kämpfen des siebenjährigen Guerrillakrieges geschätzt 6000 vor allem junge Menschen. Moisés Moleiro, politischer Sekretär der MIR, Guerrilla-*Comandante* in den Bergen von Miranda, und später bis zu seinem Tod 2002 Professor für Philosophie und Geschichte an der Universidad Central de Venezuela, zog eine ernüchternde Bilanz: »Ich musste rückblickend feststellen, dass das alles ausgemachter Wahnsinn gewesen war. Das alles hatte nichts mit dem Kampf des Volkes zu tun.«

Die Kommunistische Partei Venezuelas verspielte mit ihrem Guerrilla-Abenteuer ihren Einfluss in der Bevölkerung nahezu vollständig. Bei den Wahlen 1968 nahm sie unter der Bezeichnung »Union para Avanzar« (UPA) teil und erhielt 2,8 Prozent der Stimmen. Bei den nächsten Wahlen 1973, diesmal unter eigenem Namen, entfielen nur noch 1,19 Prozent auf sie. Und es ging so weiter: 1,04 Prozent 1978, 1,78 Prozent 1983 und schließlich 0,8 Prozent im Jahr 1988.

Kubas Gewährsmann Alí Rodriguez Araque alias *Comandante Fausto* kämpfte indes unverdrossen weiter. In seine Verantwortung fiel auch die Entführung des US-Amerikaners William F. Niehous 1976 durch ein Guerrilla-Kommando. Der Entführte war der lokale Manager einer amerikanischen Glasfabrik. Er wurde beschuldigt, mit der Regierung Carlos Andrés Pérez krumme Geschäfte gemacht zu haben und blieb 40 Monate Gefangener des »Commando Argimiro Gabaldón«. Einer der Teilnehmer der Aktion, der Soziologe Carlos Lanz Rodríguez, brachte es unter Chávez dann zum Erziehungsminister. Und noch jemand wurde – von der Polizei – als ein Teilnehmer der Entführung identifiziert: der Vater des heutigen Präsidenten Venezuelas, Nicolás Maduro sen. Der 1962 geborene Maduro jr., der inzwischen Präsident Venezuelas ist, soll damals als Kurier für den Untergrundkämpfer Alí Rodriguez tätig gewesen sein. Das fand 1979 auch die Polizei heraus, weshalb seine Verhaftung unmittelbar bevorstand. Damals soll *Comandante Fausto* sich mit der Bitte an Pedro Miret, seinen Verbindungsmann im ZK der KP Kubas, gewandt haben, den Jungen auf schnellstem Wege nach Kuba zu bringen.

Was dann geschah, ist nicht abschließend geklärt. Die offizielle Biografie Maduros ist ohnehin außerordentlich karg und voller Lücken. Nicht einmal sein Geburtsort und sein genaues Geburtsdatum sind gesichert, was später zu vielerlei Spekulationen führte. Weder sein Vater, noch seine Mutter besaßen venezolanische Identitätspapiere. Seine Mutter Teresa meldete den kleinen Nicolás erst zwei Jahre nach seiner Geburt beim Standesamt von La Candelária in Caracas an, ein damals üblicher Vorgang, wenn Kolumbianer nach Venezuela emigrierten, wo die Lebensverhältnisse deutlich besser waren. Ihren eigenen Geburtsort gab sie mit Cúcuta in Kolumbien an, wo auch ihr Sohn bis zur Einschulung lebte. Doch sie wurde nie in Venezuela eingebürgert. Auch von ihrem Mann, Nicolás Maduro García, fehlte eine venezolanische Geburtsurkunde. Er soll ungesicherten Angaben zufolge aus der niederländischen Karibikinsel Curaçao gekommen sein. Wäre sein Sohn Kolumbianer von Geburt oder besäße er eine doppelte Staatsbürgerschaft, hätte Nicolás Maduro nicht Staatspräsident

Nicolás Maduro während seines einjährigen Besuchs der Parteihochschule der KP Kubas (2. von links)

Venezuelas werden können. Nicht zuletzt deswegen sind biografische Details über ihn kaum zu finden.

Und es gibt noch einen anderen Grund. Erst 2013 enthüllte ein desertierter kubanischer Geheimdienstoffizier, dass Maduro lange Zeit in Kuba gelebt habe und dort umfassend ausgebildet worden sei. Die Aussagen lassen sich naturgemäß nur schwer überprüfen. Quellen, die der Opposition nahestehen, geben an, dass Maduro wenige Tage nach dem Hilferuf von Alí Rodriguez in einer nächtlichen Aktion von La Vela de Coro aus mit einem Boot von Venezuela ins nahegelegene Aruba geschafft worden sei und von dort mit einem falschen Pass zunächst in die Niederlande geflogen sei, um dann über Prag nach Kuba zu gelangen. Dort soll er zunächst die Kadettenanstalt »Camilo Cienfuegos« besucht haben, später die Eliteschule »Vladimir Illich Lenin« in Havanna, gemeinsam mit den Söhnen von Politbüromitglied Pedro Miret und auch von Fidel Castro. Danach folgte 1986/1987 der Besuch der Hochschule der Kommunistischen Partei Kubas. In offiziellen Biografien (auch der in Kuba veröffentlichten) fehlen alle Hinweise auf diese Zeit in Kuba.

Die revolutionäre Phase

»Erst dann, wenn die ›Unterschichten‹ das Alte nicht mehr wollen und die ›Oberschichten‹ in der alten Weise nicht mehr können, erst dann kann die Revolution siegen.«
Wladimir Iljitsch Lenin

Die Machtbasis, über die der gescheiterte Putschist Hugo Chávez nach seiner vorzeitigen Freilassung aus dem Gefängnis 1994 verfügte, war denkbar klein. Sie bestand lediglich aus der von ihm initiierten Bolivarianischen Revolutionsbewegung 200 (MBR-200), die er gemeinsam mit Offizierskameraden 1983 gegründet hatte. Schon zwei Jahre später begannen interne Querelen. Ein Teil der Organisation widersetzte sich einer engeren Verflechtung mit der linken Bewegung Causa R (R für Radical) und der Partei der venezolanischen Revolution (PVR) des ausgeschlossenen Kommunisten und Ex-Guerrilleros Douglas Bravo, mit dem Chávez engen Kontakt hielt, und der auch am Putsch vom 4. Februar 1992 beteiligt war.

Eine wichtige Rolle in der MBR-200 spielte eine Frau: Herma Marksman. Die Historikerin war die Geliebte von Hugo Chávez. Sie hatten sich im April 1984 kennengelernt. Ihr Vater, ein deutscher Auswanderer, war Gewerkschaftsführer in einer Eisenerzmine am Orinoco und hatte ihr seine Ideale vermittelt: Gleichheit, Freiheit und Kampf für die sozial Benachteiligten. Chávez, damals schon verheirateter Familienvater mit drei Kindern, verließ sich ganz auf das Organisationstalent der Geliebten, erinnerte sich später Douglas Bravo und berichtete: »Die hat nie nur Kaffee gekocht oder Papiere hin- und hergeschickt, die hat immer mitgedacht und mitdiskutiert.« Das belegen auch ihre zahlreichen Kampfnamen in der illegalen Arbeit: »Comandante Pedro« oder »Pedro Luis«.

Vom Verschwörer Hugo Chávez erhielt sie Liebesgedichte:
»*Und in die Brise, die die Kerzenflammen des Tempels erzittern lässt mischt sich dein Streicheln und in diesem weißen, riesigen Heiligtum sehe ich dich*
in der grünblauen Landschaft dort, links von dir, meine Herma
sehe ich deine leuchtenden Augen aus Angostura die mich zum Kämpfen rufen
gesegnet seiest du Herma Weiß, Herma Schwarz
Herma mein, wie der Christus von Esquipulas.«

Herma Marksman war beteiligt an der Planung des Putsches vom Februar 1992, entging aber der Verhaftung. Im Gefängnis wurde ihr Geliebter mit Jubel empfangen, prozessionsartig kamen seine Anhänger zu den Besuchszeiten, nur um ihm die Hand zu schütteln und zu sagen, wie sehr sie ihn bewunderten und verehrten. Er dachte zunehmend in Machtkategorien und bezog sich immer mehr auf sich selbst. Im Gefängnis fand er zur Esoterik, ließ sich aus der Hand lesen, glaubte an Schicksal und Vorbestimmtheit. In spiritistischen Sitzungen nahm er Kontakt zu seinem Idol Bolí-

Hugo Chávez wird 1994 vorzeitig aus der Haft entlassen und bejubelt empfangen.

var auf. Fortan sollte Chávez vor jeder Reise, vor wichtigen Treffen oder Entscheidungen die Karten befragen.

Es war die Schwester seiner Geliebten, Cristina Marksman, die ihm voraussagte, dass er Präsident werde – aber auch, dass er noch vor seinem 60. Geburtstag sterben werde. Beides trat ein. Helma Marksman wurde Chávez dagegen immer fremder: »Er bekam so ein messianisches Glänzen in die Augen«, stellte sie fest. Dann trat das ein, wovor er sie immer gewarnt hatte: »*Todo lo que toco lo destruyo*« – alles, was ich berühre, zerstöre ich. Immer mehr Freunde wandten sich von ihm ab, er witterte überall Verrat, ließ auch Helma beschatten, bis die schließlich aufgab und sich von ihm und der Revolution verabschiedete. Ein Buch bleibt aus diesen Jahren: »Der andere Chávez«. Und noch etwas: Seine Tagebücher, Briefe und seine Arbeiten aus seiner Zeit an der Militärakademie. Sie bot ihm nach seiner Wahl zum Präsidenten 1999 an, sie zurückzugeben, doch Chávez schrieb ihr zurück: »Sie sind in den allerbesten Händen und gehören Dir.«

»Ich habe ihn immer noch in bester Erinnerung«, sagte sie später einmal. »Er ist ein Typ Mann, der dich mit Blumen und Schokolade überschüttet, der dir unter deinem Fenster romantische Lieder darbietet und auch niemals deinen Geburtstag vergisst.« Doch mit der Macht habe er sich vom Rotkäppchen in den Wolf verwandelt. Und sie benannte auch den Zeitpunkt der Verwandlung: Es habe einen Chávez vor seiner Begegnung mit Fidel Castro 1994 gegeben und einen anderen danach. Angesprochen darauf, dass er zunehmend die Rolle eines Messias annehme, antwortete Chávez: »Ich weiß nicht, ob es so ist, vielleicht ist ein bisschen davon in mir ...« Nach seinem Putsch von 1992 trennte er sich nach 18-jähriger Ehe von seiner Frau.

Es war sein engster Vertrauter und späterer Verteidigungsminister, General Raúl Baduel, der den Hinweis gab, dass Fidel Castro den Aberglauben des Präsidenten und dessen spiritistische Neigungen gezielt ausgenutzt und ihn sogar mit der *Santería* vertraut gemacht habe. Diese afrokubanische Religion, in Kuba stark verbreitet, gilt als »Weg zu den Heiligen und zur Erleuchtung«. Viele Kubaner befragen selbst vor kleinen Entscheidungen ihres Lebens die Medizinmänner, gehen zum Santero, den Orishas oder einem Babalao. In Chávez' Amtszeit kamen aus Kuba nicht nur Lehrer, Mediziner, Militärs und Geheimdienstexperten nach Venezuela, sondern auch Santeros, die an prominenten Stellen der Regierung platziert wurden. General Baduel ist noch heute überzeugt, dass sie den Auftrag hatten, Entscheidungshilfen im Sinne der kubanischen Interessen zu geben und anschließend Rapport zu erstatten.

Durch den Putsch, seinen Fernsehauftritt und seine Gefangenschaft war Chávez unzweifelhaft populär geworden. Das konnte man auch daran erkennen, dass die Tarnfleckuniform mit der roten Baskenmütze, mit der der Fallschirmjäger im Fernsehen aufgetreten war, zum beliebtesten Kostüm beim Kinderkarneval avancierte. Bekanntheit allein nutzte Chávez jedoch nichts, er brauchte eine Organisation, die ihn bis ins Präsidentenamt bringen würde. Grundbedingung dabei war, dass sich jedermann seiner Führung unterwarf. Dazu ausersehen wurde als Kern das Militär. Unter seiner Führung sollte es die reinigende Kraft zum Neubeginn darstellen. Chávez verwies später auf die Urzelle seiner MBR: »Diese Bewegung ist in den Kasernen geboren worden, das darf niemals vergessen werden.«

Sehr bald stellten sich begeisterte Anhänger von überall vor, um dem neuen Messias bei seinem Werk behilflich zu sein. Ein prominenter Berater war der argentinische Soziologe Norberto Ceresole, den Chávez nach seiner Haftentlassung 1994 traf. Mit ihm reiste er durch ganz Venezuela, um ihm die Schönheiten, aber auch die Probleme seines Landes zu zeigen. Ceresole (1943–2003) war eine zwiespältige Erscheinung: Er war bekennender Anhänger des autoritären argentinischen Ex-Präsidenten Juan Domingo Perón und sein Sprecher im spanischen Exil, Mitglied der sowjetischen Akademie der Wissenschaften, Vertreter der schiitischen Hisbollah in Madrid, und er war zugleich ein

Arm in Arm: Hugo Chávez mit dem Neonazi Norberto Ceresole

Neonazi und Holocaust-Leugner. Er selbst breitete dies in seinem 1996 erschienenen Werk *Terrorismo fundamentalista judio* (Der jüdische fundamentalistische Terror) in all seiner Widersprüchlichkeit aus.

In seiner Zeit als Berater von Chávez stellte er die These von der jüdischen Verschwörung mit dem Ziel der Herrschaft über Lateinamerika auf, fabulierte von einem bevorstehenden Krieg des Iran gegen die Achse Washington – London – Tel Aviv und verstieg sich zu der Behauptung, dass sich den Mullahs in Teheran ein mächtiger Staat zur Seite stellen werde: Deutschland. »Berlin wird aus seiner Asche als Phönix emporsteigen …« Lateinamerika sei auserkoren, sich von der »anglo-amerikanischen Herrschaft« und dem »globalisierten Judentum« zu befreien, die alle Bereiche der Gesellschaften unterwandert hätten. Unterstützt durch eine »euroasische Allianz« aus Deutschland, Russland, Japan und den islamischen Ländern werde Lateinamerika mit einer vereinigten überregionalen Armee seine Souveränität zurückerlangen. Chávez war davon durchaus angetan und erklärte 1995, man werde den politischen Ansatz von Norberto Ceresole gründlich prüfen.

Über die Zusammenarbeit mit Chávez veröffentlichte Ceresole 1999 ein Buch: *Caudillo, ejército, pueblo: La Venezuela del Comandante Chávez* (Führer, Armee und Volk: Das Venezuela des Comandante Chávez). »In Venezuela wird die Wende durch einen Mann herbeigeführt, eine physische Person, keine abstrakte Idee und keine Partei«, schrieb er dort. »Der Kern der Macht befindet sich heute genau in der Beziehung zwischen Führer und Massen.«

Fidel Castro soll Chávez die Beziehung zu Ceresole nach seiner Regierungsübernahme ausgeredet haben. Es blieben in seinen Reden – dank eines ungewöhnlichen Gedächtnisses, über das Chávez verfügte –, Zitate von Clausewitz, Nietzsche, des umstrittenen deutschen Staatsrechtlers Carl Schmitt sowie immer wieder des Geopolitikers Karl Haushofer, der in der Nazizeit den Volksbund für das Deutschtum im Ausland leitete, als Erinnerungen an die einst enge Verbindung von Chávez zum rechtsradikalen Soziologen aus Argentinien.

Wie sollte Chávez die Macht auf politischem Wege erringen? Seine MBR-200 war lediglich eine der zahllosen linken Splittergruppen und ungeeignet, die Mehrheit der Bevölkerung Venezuelas für den Präsidentschaftskandidaten zu gewinnen. Aus diesem Grund nahm Chávez auch nicht an den Regionalwahlen 1995 teil, stellte aber erstmalig die Grundzüge seines politischen Programms öffentlich vor. Erstaunlich daran war, wie unkonkret und inhaltsleer die Forderungen anmuteten: Ein neuer Staat, eine neue Demokratie, gegen Korruption – den Rest sollte eine Verfassunggebende Versammlung, die Constituyente, herausarbeiten.

Statt klarer Programmatik konzentrierte Chávez seine Kräfte auf die Präsidentschaftswahlen im Dezember 1998. Er hatte ein glückliches Händchen bei der Berufung seines Wahlkampfleiters: Luís Miquilena, der sich nach 30-jähriger Abstinenz wieder der Politik zugewandt hatte. In seiner Biografie widerspiegelte sich die venezolanische Politik der vergangenen Jahrzehnte. Er war Mitglied der Kommunistischen Partei gewesen, Generalsekretär der Gewerkschaft der Busfahrer in den 40er Jahren, kämpfte gegen den Diktator Pérez Jiménez, war dafür im Gefängnis, gehörte zu den Gründervätern des *Pacto de Puntofijo* und unterzeichnete als Senator des dritten Pakt-Koalitionärs, der URD, 1961 die Verfassung. Dann protestierte er gegen den Abbruch der Beziehungen zum revolutionären Kuba, trat aus der Partei aus und wandte sich von der Politik ab.

Miquilena löste zunächst einmal das Problem, dass die Partei Movimiento Bolivariano Revolucionário 200 nicht nur unbedeutend war, sondern auch gar nicht zur Wahl zugelassen worden wäre und auf behördliche Anweisung ihren Namen ändern musste. Die Nutzung des Namens des Befreiers war – wie auch der direkte Bezug zur Religion – gesetzlich untersagt. So entstand die Movimiento Quinta República, die Partei der 5. Republik, mit Hugo Chávez als Vorsitzendem. Das war eine gelungene Namensgebung, denn sie symbolisierte einerseits einen Neuanfang und schloss andererseits in der historischen Kontinuität an die Ursprünge der Befreiungsbewegung von Simón Bolívar an.

Miquilena erhielt die Unterstützung der Linken, so vom Movimiento Al Socialismo (MAS), dem Movimiento Electoral del Pueblo (MEP), der Bewegung Patria Para Todos (PPT), der Kommunistischen Partei (PCV) und kleinen Linksparteien. Daraus entstand das Parteienbündnis Polo Patriótico (PP). Gleichzeitig knüpfte er Allianzen mit bürgerlichen Kräften und riet Chávez zur Heirat mit Marisabel Rodríguez Oropeza, einer weißen Journalistin, um der weißen Mittel- und Oberschicht die Angst vor dem neuen starken Mann zu nehmen und auch, um die notwendigen Finanzmittel für den Wahlkampf zu beschaffen.

Und siehe da: Das Geld floss in Strömen. Die ganz großen Unternehmen des Landes, wie Grupo Cisneros, Grupo Polar, Finanzmagnaten wie Ignacio Salvatierra von der Banco Unión, Aristides Meza Tirado von der Banco Caroní und bekannte Industrielle öffneten freigiebig ihre Schatullen, da sie sich gute Geschäfte über die neuen Staatsprogramme erhofften. Auch ausländische Geldgeber unterstützten den Wahlkampf von Chávez, so die spanische Großbank BBVA. Gustavo Cisneros, Multimilliardär mit weltweit über 70 Unternehmen, öffnete Chávez die Türen zu Venevisión, dem größten privaten Medienverbund Venezuelas. Andere private Fernsehkanäle wie Canal 10 folgten seinem Beispiel. Mit *El Nacional* erhielt der Kandidat Unterstützung von einer der auflagenstärksten Zeitungen des Landes.

Seine Konkurrenten im Wahlkampf waren Irene Sáez, »Miss Universe 1981«, die als unabhängige Kandidatin antrat, und Henrique Salas Römer, ein Provinzgouverneur, der mit der neugegründeten Partei Projecto Venezuela ins Rennen ging. Die Schönheitskönigin führte zunächst mit fast 70 Prozent in den Umfragen, strauchelte aber, als sie sich von der korrupten Traditionspartei COPEI unterstützen ließ. Im gleichen Maß, wie sie an Zustimmung verlor, nahmen die Werte für Chávez zu. Vor allem die landesweit ausgestrahlten Fernsehauftritte verschafften ihm den Vorsprung. Er sprach wie die einfachen Leute, hatte die richtigen Botschaften, und er brachte sie geschickt an den Mann und an die Frau, ganz so, wie er als junger Offizier seine Kameraden in der Funkeinheit witzig unterhalten hatte. Sein zentrales Versprechen: Ein Ende der Armut. Die Begeisterung in den Elendsvierteln kannte kaum noch Grenzen.

Der Kandidat hatte seine Rolle gefunden: Für die armen Venezolaner – und das war zu diesem Zeitpunkt die Mehrheit – war Chávez nicht einfach ein Politiker wie die anderen. Seine direkte Ansprache, sein Aussehen, die Ziele seiner Politik vermittelten ihnen die Botschaft: Dieser Mann wird sich persönlich um mich kümmern. Ein erster Test waren die Regionalwahlen einen Monat vor der Abstimmung über den nächsten Präsidenten. Chávez' Bündnis siegte in 17 von 23 Bundesstaaten. Am 8. Dezember 1998 gewann die Sammelbewegung Polo Patriótico mit ihrem Spitzenkandidaten die Präsidentschaftswahl mit 56,2 Prozent der Stimmen. Der erste Schritt zur Macht war getan. In den nächsten drei Jahren blieben von den Unterstützern, den Wahlbündnissen und ihren handelnden Personen wenig übrig.

Noch vor seiner Amtseinführung flog der frisch Gewählte wieder einmal nach Havanna. Auf dem Rückflug saß neben ihm der kolumbianische Literatur-Nobelpreisträger Gabriel García Márquez – nicht ganz zufällig, denn Fidel Castro persönlich hatte seinen engen Freund neben seinen künftigen Ölversorger platziert. Der Literat hielt nach dieser mehrstündigen Unterhaltung fest: »Ich schauderte bei der Vorstellung, dass ich mit zwei gegensätzlichen Männern gereist und geplaudert haben könnte. Dem einen bot das Schicksal die Möglichkeit, sein Land zu retten. Und der andere war ein Illusionist, der nur als ein weiterer Despot in die Geschichte eingehen könnte.« Danach äußerte er sich nie wieder über den Präsidenten, noch betrat er jemals wieder venezolanischen Boden.

2004 berichtete der Nobelpreisträger dem venezolanischen Journalisten Nelson Bocaranda, dass Chávez später noch einmal versucht habe, ihn in seinem Haus in Cartagena zu besuchen. Er habe die Tür nicht aufgemacht, woraufhin die Leibwächter gegen die Haustür trommelten und seine Frau sich geängstigt habe. In seiner Not habe er Fidel Castro angerufen. Der habe Chávez mit dem Hinweis beruhigt, der Schriftsteller befinde sich im Ausland.

Bei seiner Vereidigung als neuer Präsident am 2. Februar 1999 machte Chávez sogleich klar, dass eine neue Zeit angebrochen war. Während ihm die Eidesformel »Ich schwöre« vorgelesen wurde, legte er seine Hand auf die Verfassung und sprach vor den anwesenden Parlamentariern und den Fernsehzuschauern im ganzen Land die legendären Worte: »Ich schwöre vor Gott, vor dem Vaterland und vor meinem Volke auf diese todgeweihte Verfassung, dass ich die nötigen demokratischen Änderungen vollziehen lassen werde, um der neuen Republik ein Grundgesetz im Einklang mit der neuen Zeit zu geben.«

Fast wie dem Handbuch militärischer Strategie und Taktik entnommen, nutzte Chávez den Sieg und stieß sofort weiter vor. Während sich die Opposition noch mit den neuen Machtverhältnissen auseinandersetzte, befand er sich schon auf dem Vormarsch: Wahlen zur Verfassunggebenden Versammlung, Abstimmung über die neue Verfassung, Bestätigung des Präsidenten, des veränderten Parlaments und der kommunalen Vertretungen in erneuten Wahlen – und das alles binnen eines Jahres. (Das Vorgehen war übrigens identisch mit dem des Diktator Marcos Pérez Jiménez im Jahr 1952.)

Die neue Verfassung änderte den Staatsnamen in »Bolivarianische Republik von Venezuela«, verlängerte die Amtszeit des Präsidenten von fünf auf sechs Jahre, gestattete die einmalige Wiederwahl und schuf die Funktion eines Vizepräsidenten. Das alte Zwei-Kammer-System aus Senat und Kongress wurde abgeschafft und an seine Stelle die Nationalversammlung gestellt. Ferner gestattete die neue Verfassung, dass sich Militärs zur Wahl stellen und auch politische Führungsaufgaben übernehmen konnten. Beförderungen, die zuvor vom Kongress bestätigt werden mussten, nahm künftig der Präsident selbst vor.

In der Zwischenzeit bearbeitete Chávez ununterbrochen seine Wählerschaft. Nachdem er das Geheimnis seiner Popularität dechiffriert hatte, verging kaum noch ein Tag, ohne dass sich der Präsident nicht direkt an seine Wähler wandte. Schon nach drei Monaten war das endgültige Format gefunden. Am 23. Mai 1999 startete die erste Sendung »Aló Presidente« über das landesweite Netz des staatlichen Rundfunks – zunächst nur im Radio, rund eine Stunde und moderiert vom Journalisten Freddy Balzán. Später kam die Übertragung im Fernsehen dazu. Jeden Sonntag begann Chávez fortan seine Talkshow um 11 Uhr vormittags, wann sie endete, war offen. Die vorgesehene Sendezeit war mit sechs Stunden angegeben. Chávez nutzte dieses Podium unter anderem, um neue soziale Programme für die Armen zu verkünden. Bis zu seinem Tod wurden 378 Shows aufgezeichnet, verbrachte er nach einer Studie 2370 Stunden und damit 59 Wochen vor den Fernsehkameras.

Der Erfolg gab ihm Recht: Fast 88 Prozent stimmten für die Einberufung einer Verfassunggebenden Versammlung – allerdings beteiligten sich nur 38 Prozent der Wahlberechtigten an der Ab-

Hugo Chávez' volksnahe Machtausübung über die Massenmedien

stimmung. Knapp 72 Prozent der Wähler stimmten Ende 1999 der neuen Verfassung zu – 55 Prozent blieben wieder der Abstimmung fern. Auf dieser Grundlage unterstellte Präsident Chávez das Oberste Gericht der Kontrolle durch die Regierung und erklärte das erst im Jahr zuvor gewählte Parlament für überflüssig. Die Legislative hatte ihm die dafür notwendige Handlungsfreiheit erteilt, um per Dekret tiefgreifende Veränderungen im politischen System des Landes vornehmen zu können.

Damit hatte Chávez den Staat unter Kontrolle. »Schon mit 19 wollte er Präsident werden«, fasste sein Biograf Alberto Barrera Tyszka zusammen. »Einmal an der Macht, stellte er den Staat in den Dienst seines persönlichen Projekts.« Die einmalige Wiederwahlmöglichkeit verschaffte ihm die Chance zum Durchregieren bis zum Jahr 2012 – vorausgesetzt, dass alles glatt lief. Doch schon bei der vorgezogenen Präsidentschaftswahl kam es zu einer überraschenden Konstellation: Francisco Arias Cárdenas, Berufsoffizier, Mitbegründer der MBR-200, sein Mitverschwörer beim Putschversuch, der mit ihm ins Gefängnis gegangen war und der bei den Regionalwahlen 1995 für die linke Causa R den Gouverneurssitz im wichtigen Bundesstaat Zulia errungen hatte, trat gegen ihn an. Er kritisierte sein autoritäres Machtstreben und bezeichnete seine Maßnahmen als wenig nachhaltig. »Er ist als Adler gestartet und als Papagei gelandet«, so der Gegenkandidat. Er rief Chávez zu: »Mach mal los, Junge, wenigstens einmal in Deinem Leben.« Arias Cárdenas errang aus dem Stand fast 38 Prozent der Stimmen, doch unterlag er Chávez, der mit knapp 60 Prozent souverän siegte. Auch im Parlament, in den Provinzvertretungen und bei den Gouverneuren verfügte der Präsident nun über eine absolute Mehrheit. Die Opposition lag am Boden und war auf absehbare Zeit nicht mehr in der Lage, Chávez auf legalem Wege etwas entgegenzusetzen. In den »Mega-Wahlen« vom Juli 2000 hatte Chávez nur anderthalb Jahre nach seinem Amtsantritt alle Gremien des Staates – einschließlich des Präsidenten – neu wählen lassen.

Es war schwierig, den mächtigen neuen Mann ideologisch einzuordnen. »Ich bin kein Marxist, ich bin aber auch kein Anti-Marxist«, wich er der Zuordnung aus. Keinen Zweifel ließ er indes an seiner Bewunderung für die sozialistische Insel Kuba und deren Führer Fidel Castro. Im November 1999 sagte er auf einer Konferenz in Havanna: »Uns eint das Meer mit Kuba, das Meer des Glücks, der wahren sozialen Gerechtigkeit und des Friedens.«

Als Fidel Castro im Oktober 2000 zum fünften Mal die venezolanische Hauptstadt besuchte, empfing ihn – anders als bei den vorangegangenen Visiten – nicht nur Jubel, sondern auch heftiger Protest. Das Meinungsforschungsinstitut CECA fand bei repräsentativen Befragungen in acht Städten heraus, dass mit 44 Prozent eine Mehrheit der Venezolaner den Besuch ablehnte, da nur 35 Prozent ihn begrüßten. Der Rest war unentschieden. Nachdenklich musste die Regierung stimmen, dass die Ablehnung besonders groß unter den Ärmsten (62 Prozent) und unter der Jugend (40 Prozent) war.

Seinem Gastgeber machte Castro artige Komplimente: »Es gibt in Venezuela nur einen einzigen, der imstande ist, einen so komplexen Prozess zu steuern. Sein Tod würde ins Chaos führen.« Prophetische Worte. Zum Abschluss vereinbarten beide Staatsführer einen Vertrag über Wirtschaftshilfe. Hauptpunkt aus Castros Sicht: Sein Land erhielt Erdöl zu Vorzugskonditionen. Für die Opposition war unklar, wie das krisengeschüttelte Kuba die Rechnung überhaupt bezahlen wollte. Castro antwortete öffentlich, das Öl werde »rigoros bezahlt«. Womit, das stand im Kleingedruckten: mit der Entsendung von »Spezialisten«, Medikamenten und im Zuge von Tauschgeschäften, z. B. mit Zuckerlieferungen.

Kaum war Castro abgeflogen, stürmte Chávez mit dem nächsten Angriff voran. Im Staatsanzeiger Nr. 37.076 vom 13. November 2000 wurden auf einen Schlag 49 Gesetze im Paket per Erlass verkündet. Chávez wurde damit ermächtigt, innerhalb von sechs Monaten den Staatshaushalt zu sanieren. Im November 2000 ermächtigte ihn das neugewählte Parlament, Dekrete in der Wirtschafts- und Industriepolitik sowie zur Reform der öffentlichen Verwaltung ohne Zustimmung der Legislative zu erlassen. Kern des Maßnahmenpakets waren eine Agrarreform und ein Erdölgesetz, das die vollständige Nationalisierung festlegte, denn Chávez argwöhnte, dass die PDVSA-Führung seine Wirtschaftspolitik nicht nachhaltig genug unterstützte.

Natürlich kannte Chávez die Lehren aus der Vergangenheit: Das Öl hatte das Land in regelmäßigen Abständen in tiefe Krisen geführt, die Inflation befeuert, die einheimische Industrie ruiniert und das Land vollständig abhängig von Importen werden lassen. Ein Ausweg wäre es gewesen, die einheimische Industrie und Landwirtschaft zu entwickeln. Doch der neue Präsident brauchte einfach Geld, um seine umworbene Wählerschaft zu unterstützen und wollte dafür die Quellen der PDVSA anzapfen.

Der selbstbewusste Staatskonzern wiederum wollte sich die Einmischung der Politik vom Leibe halten, was insofern schwierig war, als er direkt dem Ministerium für Energie und Bergbau unterstellt war, das die Strategie der Energiepolitik vorgab und die Leitung für die betriebswirtschaftliche Umsetzung bestellte.

Schon bald setzten die Spannungen zwischen den Ministeriumsbeamten und den Managern ein. Die Politik forderte Geld, was die Erlöse nicht hergaben, und am Ende musste das Öl-Unternehmen Kredite am Kapitalmarkt aufnehmen, um die Vorgaben bei den Abführungen zu erfüllen. Dafür blieb kein Geld mehr übrig für die notwendigen Wartungsarbeiten, um die Förderkapazitäten zu erhalten. Mittel für die Erschließung neuer Ölfelder standen schon gar nicht mehr zur Verfügung. Also sanken die Einnahmen erneut bei gleichbleibenden Kosten. Das (vorläufige) Ende vom Lied war, dass sich der Staat an den bewusst geschaffenen Rücklagen vergriff. Noch kurz vor dem Regierungswechsel hatte die Regierung von Präsident Rafael Caldera einen Erdöl-Stabilisierungsfond per Gesetz eingerichtet. Der Staatsanteil daran war bereits nach zwei Jahren von Chávez wieder entnommen worden, es blieben aber noch die Anteile der PDVSA und der Provinzen.

Machtsicherung in höchster Not

»Diejenigen, die ihre Stimme abgeben, entscheiden nichts.
Diejenigen, die die Stimmen zählen, entscheiden alles.«
Josef W. Stalin

Das war die Ausgangssituation am Vorabend des 11. April 2002: Chávez saß vermeintlich politisch fest im Sattel, hatte die Institutionen des Staates zu seinen Zwecken umgebaut, verfügte über ein Wählerpotenzial, das ihn anhaltend unterstützte und besaß alle Vollmachten zur Umgestaltung der Wirtschaft. Er hatte sich bislang die Ideen des Befreiers Simón Bolívar auf die Fahnen geschrieben und war damit einer Festlegung auf ein bestimmtes Gesellschaftsmodell ausgewichen.

Der Oligarchie und den starken Mittelschichten reichte aber die wiederholt sichtbar gewordene Zielvorstellung, dass Venezuela so ähnlich wie Kuba werden sollte, um das Gespenst des Kommunismus schon im eigenen Vorgarten zu sehen. Zudem standen sie auch den sozialen Programmen für die arme Bevölkerungsmehrheit desinteressiert bis ablehnend gegenüber.

Der Gegenwind kam für Chávez völlig überraschend aus der eigenen Kaste: dem Militär. Drei Monate zuvor hatte sich eine Gruppe von Offizieren mit einem *Manifiesto Militar de Caracas* zu Wort gemeldet, gefolgt von einem weiteren Aufruf zwei Wochen später, der von mehr als 3000 Militärs unterzeichnet wurde und in dem sie ihren Unmut über die politischen Verhältnisse im Land zum Ausdruck brachten. Doch der Präsident wiegelte ab: »Das sind Individualisten. In den Reihen der Militärs gibt es niemanden, der gegen die Regierung oder die Revolution ist.« Umgehend forderte Oberst Pedro Vicente Soto Fuentes den Präsidenten öffentlich zum Rücktritt auf. Dem schlossen sich Ende

März der Botschafter in Griechenland, Konteradmiral Carlos Molina Tamayo, sowie die Generäle Nestor González und General Román Gómez an.

Der Versuch des Präsidenten, die Kontrolle über die PDVSA zu übernehmen, um so an deren Rücklagen zu gelangen, schlug fehl und endete in einem Aufruf des Managements der staatlichen Erdölfirma zum Streik gegen die Einmischung der Regierung in die Unternehmenspolitik. Chávez reagierte mit der Entlassung von sieben Top-Managern. Am 9. April rief der Gewerkschaftsdachverband, der mit dem alten politischen System verbunden war, zum Generalstreik auf. Dem schloss sich der Unternehmerverband Fedecámaras an.

Am Tag des Putsches demonstrierten Hunderttausende in Caracas. Chávez bot der Opposition einen »Nationalen Dialog« an, doch die rief zum Sturm des Präsidentenpalastes Miraflores auf. Dort fielen später Schüsse, 19 Personen wurden getötet, 180 verletzt – vor allem Anhänger des Präsidenten. Die Militärführung forderte Chávez auf, sich zu ergeben, andernfalls werde der Präsidentenpalast bombardiert. Er kam der Forderung nach und wurde auf den Marinestützpunkt auf der Insel La Orchila gebracht. Der Präsident des Unternehmerverbandes Pedro Carmona kündigte baldige Neuwahlen an.

Zwei Tage später lief der Gegenputsch an. In Caracas demonstrierten am 13. April Anhänger des gestürzten Präsidenten, und der Kommandeur einer Fallschirmjägerbrigade, General Raúl Baduel, erklärte seine Parteinahme für Chávez. Die IV. Panzerdivision in Maracay und Truppenteile in der Hauptstadt folgten der Erklärung des Generals. Chávez Vizepräsident, Hauptmann Diosdado Cabello, gab bekannt, dass er die Regierungsgeschäfte in der Abwesenheit seines Präsidenten wahrnehme. Der Interimspräsident trat zurück, noch in der Nacht kehrte Chávez nach Caracas zurück. Doch er dankte seinem Retter nicht: Fünf Jahre später ließ er General Baduel unter Vorwänden ins Gefängnis bringen, wo er bis heute einsitzt.

»Sie haben mich einmal überrascht, ein zweites Mal werden sie es nicht schaffen«, erklärte Chávez und ließ sogleich Taten folgen. Er entließ 40 Prozent der gesamten Führung von Heer und Marine und besetzte die Schlüsselpositionen mit seinen Gewährsleuten. Seine Leibwache verstärkte er mit kubanischem Sicherheitspersonal, den Militärischen Geheimdienst ließ er in Kuba ausbilden und die Zuverlässigkeit der Mitarbeiter durch kubanische Instrukteure prüfen. Sich selbst versetzte der gewählte Präsident zurück in den aktiven Militärdienst und erhob sich zum *Comandante en Jefe* – den gleichen Rang des Chefkommandanten hatte auch Fidel Castro inne. Und darum verwunderte es nicht, dass die Insignien dieses neu geschaffenen Dienstgrades denen des kubanischen Vorbilds entsprachen: Zwei Lorbeerzweige, die einen großen Stern umkränzen. (Das war auch schon 1979 nach dem Sieg der Sandinisten bei den neun regierenden *Comandantes* so gewesen: Sie wollten unbedingt die gleiche Uniform wie Castro, aus dem gleichen Stoff und vom gleichen Schneider in Havanna.) Damit einher gingen die Angleichungen der militärischen Ausbildung, der Ausrüstung und Bewaffnung der Streitkräfte beider Länder. Venezuela übernahm die kubanischen Gefechtsuniformen ebenso wie das russische Sturmgewehr AK-103 als Standardwaffe – eine Weiterentwicklung der Kalaschnikow – sowie deren 7,62-mm-Munition.

Um die Lage zu beruhigen, ging Chávez ausgesprochen milde mit den gescheiterten Putschisten um. Nur gegen fünf der 30 beteiligten Generäle wurde nur gegen fünf von ihnen ein Ermittlungsverfahren durch die Generalstaatsanwaltschaft eingeleitet. Interimspräsident Carmona durfte nach Hausarrest ins benachbarte Kolumbien ausreisen, die beteiligten Gewerkschaftsführer blieben im Amt.

Chávez musste allerdings das Zugeständnis machen, dass im Folgejahr über seine »bolivarianische Revolution« und über seinen Verbleib im Präsidentenamt in einem Referendum abgestimmt werde. So hatten es dreieinhalb Millionen mit ihren

Unterschriften gefordert, wovon die Wahlbehörde allerdings nur zwei Millionen anerkannte. Intern veranlasste Umfragen sahen Chávez bei knapp 30 Prozent Wählerzustimmung. In seiner Not rief er Castro um Hilfe, und der entsandte eine persönliche Bevollmächtigte: Marta Harnecker, eine chilenische Soziologin, die nach dem Putsch gegen die gewählte sozialistische Regierung von Präsident Salvador Allende am 11. September 1973 außer Landes gehen musste und das Exil in Kuba wählte. Dort heiratete sie Manuel Piñeiro, bekannt und berüchtigt unter seinem Kampfnamen *Comandante Barba Roja* (Kommandant Rotbart, 1933–1998), Kubas Geheimdienstchef und Verantwortlichen für die Guerrilla-Aktivitäten außerhalb der Insel. Das war eine typische Geste Fidel Castros: Er schickte dem Präsidenten die Witwe jenes Mannes, der die verschiedenen Landungsmanöver, Waffenlieferungen und Sabotageakte in Venezuela geleitet und verantwortet hatte. Harnecker blieb bis 2009 als persönliche Beraterin bei Hugo Chávez. Dann ertrug sie die Machtallüren des Präsidenten nicht mehr und kehrte nach Kuba zurück.

Harnecker brachte eine wichtige Botschaft Fidel Castros: Chávez sollte a) auf Zeit spielen und das Referendum hinauszögern und b) in der Zwischenzeit ein Feuerwerk sozialer Programme abbrennen, bei denen Kuba behilflich sein würde. So geschah es dann auch:

- Anfang 2003 startete die *Misión Barrio Adentro,* um die Gesundheitsversorgung in den Elendsvierteln zu verbessern. Es meldeten sich aber nur 50 venezolanische Ärzte, von denen 30 wieder absprangen, nachdem sie erfahren hatten, dass sie auch vor Ort ihren Wohnsitz nehmen sollten. Die restlichen 20 waren Spezialisten, die ohnehin nicht in den Armensiedlungen, sondern in hochtechnisierten medizinischen Zentren praktizierten und auch nicht verpflichtet werden konnten umzuziehen. Im Februar trafen sodann die ersten kubanischen Ärzte ein, um das Programm umzusetzen.

Sozialprogramme wie die 2003 gegründete »Misión Robinson« zur Alphabetisierung sollten die Machtverhältnisse sichern.

- Im April 2003 wurde die *Misión Mercal* ins Leben gerufen. Über die staatseigenen Läden der *Mercados de Alimentos* (MERCAL) gab es fortan subventionierte Lebensmittel für Bedürftige, bald kamen Suppenküchen hinzu. Die Verkaufsstellen befanden sich vor allem in sozialen Brennpunktgebieten.
- Im Juli 2003 startete die *Misión Robinson* zur Alphabetisierung.
- Im Oktober 2003 begann die *Misión Guaicaipuro* mit dem Ziel, der indigenen Bevölkerung Landrechte zu verschaffen und sie stärker gegen Übergriffe von außen zu schützen.
- Die 2001 verfügte Agrarreform wurde zur *Misión Zamora*, und 2003 gab die Regierung bekannt, dass 50 000 Quadratkilometer Land an 60 000 Landlose vergeben werden.
- Im November 2003 begann die *Misión Ribas* für die Heranführung von Schulabbrechern an die Mittlere Reife. An ihr nahmen 600 000 Jugendliche teil.
- Einen Monat später lief die *Mision Sucre* an, mit der eine Art Volkshochschule geschaffen wurde.
- Über die *Misión Nevado* (benannt nach Bolívars Hund) sollte künftig das Tierwohl gefördert werden.
- Angekündigt wurde die *Misión Habitat*, mit der ab 2006 für 150 000 Bedürftige neue Häuser entstehen sollten.

Im September 2004 vereinbarten Kuba und Venezuela weitere 166 neue Projekte in 15 Bereichen.

Das alles waren Schritte, die der Regierung Chávez international viel Anerkennung einbrachten. Für den Soziologen Luis Pedro España, der die Langzeitstudie »Projekt Armut« der Katholischen Universität Andrés Bello koordinierte, waren die sozialen Aktionen von Chávez aber zugleich auch Instrumente des Machterhalts, denn sie kamen vor allem den Parteigängern der Regierung zugute, waren nicht nachhaltig angelegt und ohne eine effektive Prüfung der Mittelverwendung. Alles in allem betrugen die Sozialausgaben 2006 nur etwa zehn Prozent des Bruttosozialprodukts, die Hälfte davon gingen an die Programme von Chávez. Der Soziologe España fand bei seinen späteren Untersuchungen heraus, dass die Hälfte der 2,5 Millionen Venezolaner, die bis 2014 in den Genuss sozialer Unterstützung gekommen waren, gar nicht arm war. Im sozialen Wohnungsbau waren es sogar 90 Prozent der Empfänger, die nach sozialen Kriterien nicht als arm galten, dafür aber Anhänger der Revolution waren.

Parallel zu den *Misiónes* entstanden zahlreiche Basisorganisationen. Sie waren nicht etwa ein Ergebnis von Eigeninitiative, sondern von der Regierung dekretiert, um die ganzen Programme umzusetzen. Mit diesen verschwanden sie dann zumeist auch wieder. Deshalb sind die ersten Gründungen aus dieser Zeit, etwa die »Bolivarianischen Zirkel« heute ohne Bedeutung. Es folgte eine Welle der Gründung von Kooperativen, die sich mit mindestens fünf Mitgliedern als selbstverwaltete Unternehmen dem Staat als Partner zur Lösung lokaler Probleme anboten. Es war die venezolanische Melange der deutschen Arbeitsbeschaffungsmaßnahme (ABM) und der Ich-AG. Wenig nachhaltig blieben auch die Gemeinderäte, die die Basisorganisationen kontrollieren oder die Arbeiterräte, die den Platz der oppositionellen Gewerkschaften einnehmen sollten.

Es wiederholte sich der Aktionismus der Mitte der 70er Jahre. Es fehlte erneut eine langfristige Planung, Ressourcen wurden nicht aufeinander abgestimmt, und durch die gezielte Koppelung mit politischem Wohlverhalten wurden langfristige Probleme der armen Bevölkerung, die nicht schnell gelöst und somit in Zustimmungsverhalten umgesetzt werden konnten, nicht angegangen und weiterhin ausgeblendet. So war etwa die Wasserversorgung seit Jahrzehnten vernachlässigt worden. Und obwohl Venezuela über eine der größten Süßwasserreserven der Welt verfügt, ist vor allem in den großen Städten die Wassernot ein gravierendes Problem des Alltags. Die sechs Wasserreservoire von Caracas sind nicht erweitert worden und haben mit der Bevölkerungsexplosion nicht Schritt gehalten. Überall kann man an den vielen Lecks erkennen, dass die Leitungen überaltert sind und dringend erneuert werden müssten. Pumpen sind so verschlissen, dass sie kaum noch zu reparieren sind. 40 Prozent der Venezolaner im ganzen Land leiden Mangel an sauberen Trinkwasser.

Nicht anders ist die Lage in der Stromversorgung. Die Leitungen sind den gestiegenen Ansprüchen nicht mehr gewachsen, die Elektrizitätserzeugung wurde sträflich vernachlässigt. Schon lange sind die Stauseen nicht mehr ausreichend gefüllt, um die Wasserkraftwerke, die die Hälfte des landesweiten Stroms erzeugen, zu versorgen. Doch die staatlich verordneten billigen Strompreise reichen zum einen nicht aus, die Investitionen zu finanzieren und fördern andererseits einen ungehemmten Stromverbrauch, der dem Netz den letzten Rest gibt.

Chávez forcierte mit der Mobilisierung auch die Militarisierung der Gesellschaft. Er bezeichnete sich selbst als *Comandantepresidente* und seine Anhänger als »Bürger-Soldaten«, denen er den Befehl erteilte, den »inneren Feind« auszumachen und zu bekämpfen. Militärs wurden in Ministerien, Gouverneursämter, staatlichen Institute und Unternehmen entsandt. Wahlen wurden zu historischen Schlachten erklärt, die Kampagnen generalstabsmäßig organisiert. Zur Unterstützung wurden sogenannte *Unidades de Batalla Electoral* – Einheiten zur Wahlschlacht – gegründet. Überall in der venezolanischen Gesellschaft sind bis heute

»Milizen«, »Bataillone« und »Patrouillen« im Einsatz für die »Bolivarianische Revolution«.

Die *Misión Florentino* hatte nur ein Ziel: dem Präsidenten die notwendigen Stimmen gegen eine vorzeitige Abberufung im Rahmen des ausstehenden Referendums zu verschaffen. Die regionalen Zentren wurden *Comando Maisanta* getauft. (Es war der Spitzname von Chávez' Urgroßvater, der als lokaler Caudillo gegen den Diktator General Juan Vicente Gómez gekämpft hatte, der die Macht der örtlichen Herrscher gebrochen und sie zentral in Caracas unter seiner Führung vereinigt hatte.)

Das mit Spannung erwartete Referendum am 15. August 2004 wurde mit neuen – eigens dafür angeschafften – elektronischen Wahlcomputern durchgeführt. Schon 1987 warnte Professor David Dill von der Stanford University, dass »sich ein Wahlcomputer zum besten Freund eines autoritären Regimes entwickeln werde«. Die Niederlande verboten explizit den Einsatz von Wahlcomputern, und auch Spanien und Italien kehrten nach Versuchen zum herkömmlichen System zurück. In Deutschland dürfen Wahlcomputer seit einem Urteil des Bundesverfassungsgerichts von 2009 nicht mehr verwendet werden.

Aus gutem Grund: 2017 stellten die Veranstalter auf der Hackerkonferenz Def Con in Las Vegas 30 Wahlcomputer und Systeme zur elektronischen Wählerregistrierung auf. Alle werden in den USA für Wahlen auf kommunaler oder auch Bundesebene genutzt. Alle 30 wurden von den Def-Con-Teilnehmern gehackt. Carsten Schürmann von der IT-Universität Kopenhagen konnte über eine WLAN-Schnittstelle Administratorenrechte auf einem Wahlcomputer, der 2004, 2008 und 2012 in Virginia eingesetzt worden war, erlangen und die Zahl der über das Gerät abgegebenen Stimmen sehen und verändern.

In einem Konsortium mit dem staatlichen venezolanischen Telekommunikationskonzern CANTV und einer kleinen Firma, der Bizta Corp., hatte sich die Firma SmartMatic um den Auftrag zur Ausrichtung der Abstimmung beworben. Die Firma war erstmalig im Handelsregister des US-Bundesstaates Delaware am 11. April 2000 aufgetaucht. Ihre Eigentümer waren Venezolaner. 2003 erfolgte eine weitere Registrierung, diesmal in der niederländischen Übersee-Exklave Curaçao, vor der venezolanischen Küste gelegen. Die Gründer – Absolventen der Universität Simón Bolívar in Caracas – arbeiteten für mehrere staatliche Institutionen der neuen Regierung in Venezuela, darunter für die Generalstaatsanwaltschaft. Wahlen hatte die Firma noch nie zuvor organisiert.

Der Verantwortliche für die Organisation des Referendums war Jorge Rodríguez, Sohn des 1976 in Polizeihaft ums Leben gekommenen Gründers der Liga Socialista und Mitorganisators der Geiselnahme des US-Bürgers Niehous, Jorge António Rodríguez. Er machte unter Chávez Karriere als Präsident der Wahlkommission und später als Vizepräsident. Wenige Monate vor dem Referendum erhielt das SmartMatic-Konsortium von der Chávez-Regierung den Zuschlag, obwohl die Mitbewerber, die spanische Indra und die Election Systems & Software aus den USA, bereits über Erfahrungen auf diesem Gebiet verfügten. Für 128 Millionen US-Dollar sollte in allergrößter Eile ein neues elektronisches Wahlsystem aufgebaut werden. Die Regierung war bereits zuvor diskret über die Bizta Corp, die den gleichen Eigentümern wie SmartMatic gehörte, Teil des Konsortiums geworden. Im Handelsregister von Caracas wurde als Miteigentümerin Gisela Rangel D'Armas eingetragen. Sie ist die Tochter des damaligen Vizepräsidenten José Vicente Rangel. SmartMatic stellte die Hardware mit Touchscreens bereit, Bizta die Software und CANTV sorgte für die Datenübertragung.

SmartMatic kaufte für 58 Millionen Dollar 20 000 elektronische Abstimmungsmaschinen bei der italienischen Firma Olivetti Tecnost Sistemi. Recherchen ergaben, dass die Firma das von SmartMatic angegebene Modell AES300 gar nicht in ihrer Produktpalette führte. Es war ein für diesen Auftrag modifiziertes

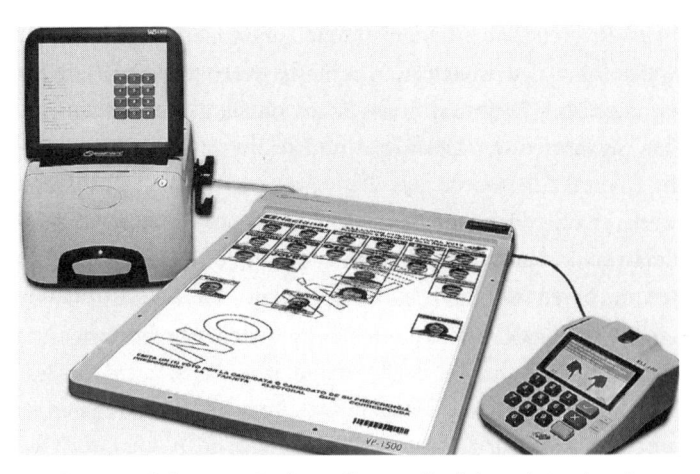

Von SmartMatic besorgte Rechner, die ursprünglich zur Lotto-Annahme gedacht waren und zu Wahlcomputern umfunktioniert wurden

Gerät der Serie MAEL 205, das normalerweise für die Abbuchung und Verarbeitung von Lotteriescheinen verwandt und als »Multi Service Terminal« beschrieben wurde. Nun sind die Sicherheitsanforderungen für einen Wahlcomputer gewiss andere als für eine Servicestation von Lottoscheinen. Ersteres System darf nicht mit dem Netz verbunden sein, um Manipulationen von außen zu verhindern, letzteres ist permanent mit einem Zentralrechner verbunden und verfügt über einen Rückkanal, mit dem auf die Datensätze des Terminals zugegriffen werden kann und das, mit einer eigenen IP-Adresse versehen, einzeln identifizierbar ist.

Chávez schaffte es, mit der neuen Technik einen riesigen Rückstand in den Umfragen aufzuholen und verdoppelte seinen Stimmanteil: Am 15. August 2004 stimmten 59 Prozent für ihn und 41 Prozent gegen ihn. Knapp 70 Prozent der 10 Millionen Wahlberechtigten beteiligten sich nach offiziellen Angaben an der Abstimmung. In den Wikileaks-Papieren liest man die Einschätzung des US-Botschafters in einem geheimen Bericht vom 10. Juli 2006: »Die venezolanische Opposition ist überzeugt, dass ihnen durch den Einsatz der SmartMatic-Maschinen der Sieg beim Referendum im August 2004 genommen wurde. Seither wurden mit den Ergebnissen acht statistische Untersuchungen durchgeführt. Die meisten verglichen sie mit den Auszählungen, den Signaturen der Laufwerke und früheren Wahlergebnissen. In einer Studie wurde das Datenprotokoll des CANTV-Netzwerks veröffentlicht, mit dem angeblich bewiesen wurde, dass die SmartMatic-Maschinen über einen Hin- und Rückkanal verfügten und bereits während des Abstimmungsverlaufs die Ergebnisse an das Nationale Wahlregister übermittelten. (Anmerkung: Das verdächtigste Indiz war der Umstand, dass das SmartMatic-System den Zentralserver bereits kontaktierte, bevor die Ergebnisse ausgedruckt worden waren.)«

Schon kurz nach Bekanntgabe der angeblichen Aufholjagd von Chávez kamen erste Zweifel auf. Die US-Beratungsfirma Penn, Schoen & Bertland hatte in 200 Wahlkreisen Stimmproben bei 20 000 Wählern erhoben und einen Sieg der Gegner von Chávez mit 59 Prozent ermittelt. Die Anhänger des amtierenden Präsidenten wären danach nur auf 41 Prozent gekommen. Auch die Wissenschaftler Ricardo Hausmann von der Harvard University und Roberto Rigobón vom renommierten Massachusetts Institute of Technology (MIT) kamen nach eingehenden mathematischen Wahrscheinlichkeitsberechnungen zu dem Schluss, dass die Ergebnisse zu 99 Prozent gefälscht waren und zwar vermutlich durch Eingriffe auf die Wahlcomputer durch das zentrale Rechenzentrum über den Rückkanal. Diese Vermutung wurde auch durch eine Untersuchung des Ex-Rektors der Universität Simón Bolívar in Caracas, Freddy Malpica, erhärtet, der nachweisen konnte, dass kurz vor Schließung der Wahllokale ein ungewöhnlich hohes Datenaufkommen zwischen Wahlcomputern und Rechenzentrum in beiden Richtungen stattgefunden hatte.

In dieser Lage informierte SmartMatic, dass sich das Unternehmen um die Ausschreibung für Wahlen in den Vereinigten Staaten beworben hatte. Zeitgleich erschien eine ganzseitige Anzeige in der *New York Times,* in der die Technologie von Smart-

Matic als »Null Fehler Toleranz« beworben wurde, als »das transparenteste, sicherste, nachprüfbarste elektronische Wahlsystem der Welt«. Am 8. März 2005 erwarb SmartMatic mit Sequoia Voting Systems im kalifornischen Oakland das älteste Unternehmen der USA im Bereich der Wahlmaschinen mit über 100 Jahren Erfahrung. Im Ergebnis des Erwerbs erhielt SmartMatic den Zuschlag für zwei Wahlen im Bundesstaat Illinois, eine davon in Chicago. Doch als die Wahlbüros am 21. März 2006 schlossen war nur eines klar: Der Ausrichter hatte ein vollständiges Chaos angerichtet. Es dauerte noch Tage, bis ein Wahlergebnis zustande kam. In 252 Wahlcomputern waren die Ergebnisse gelöscht worden und aus weiteren 162 die Ergebnisse verlorengegangen. Maßgeblich verantwortlich dafür war die als revolutionär gepriesene Übermittlung der Daten per Mobilfunk. Das Finanzministerium in Washington setzte daraufhin eine Untersuchung der Übernahme von Sequoia durch SmartMatic ein. Ende 2006 musste SmartMatic alle Geschäftsaktivitäten in den USA einstellen. Doch Sequoia setzte die Software von SmartMatic weiter bei Wahlen in 17 Bundesstaaten der USA ein.

Genau ein Jahr nach dem Referendum trafen sich Präsident Chávez, der Präsident des Wahlrates Rodríguez und Vizepräsident José Rangel (dessen Tochter offiziell Anteilseignerin der SmartMatic-Tochter war) in der Festung Tiuna, dem Sitz des Verteidigungsministeriums, wo auch die Führung der kubanischen Militär- und Sicherheitsberater untergebracht ist, zur Planung der nächsten Präsidentschaftswahlen. Das Ziel war allen Beteiligten klar: Die Herrschaft von Hugo Chávez musste dauerhaft gesichert werden. Das Mittel: manipulierbare Wahlergebnisse. Die technische Basis dafür existierte bereits durch die SmartMatic-Wahlcomputer. Jetzt musste das System verfeinert werden.

2003 war in einem ersten Schritt das Wahlregister neu geordnet worden, mit der Folge, dass die Bevölkerung im wahlfähigen Alter (über 18 Jahre), deren Zahl noch in den 90er Jahren rückläufig gewesen war, ab diesem Zeitpunkt steil anstieg, und einen

Zuwachs von 98 Prozent bis 2012 verzeichnete. (Die Bevölkerung nahm von 2005 mit 25 Millionen auf 30 Millionen Einwohner 2015 zu, davon abzuziehen sind eine Million Venezolaner, die in diesem Zeitraum das Land verließen.) Parallel dazu verschwanden Millionen Wähler aus ihren alten Wahlkreisen und tauchten an anderer Stelle neu auf, auffällig oft in jenen Wahlkreisen, in denen die Opposition vordem starke Stimmenanteile besaß. Durch das vorherrschende Mehrheitswahlrecht fielen diese Wahlkreise den Regierungsparteien zu. Nach 2003 weigerte sich die Oberste Wahlbehörde, anderen Parteien Einblick in das Wahlregister zu geben.

Zur weiteren Absicherung künftiger Wahlergebnisse initiierte Chávez die *Misión Identidad*, die nach offizieller Lesart das Ziel hatte, mit Hilfe neuer Ausweispapiere mehr Menschen den Zugang zu den Sozialprogrammen zu ermöglichen. Die Ausweise wurden im Scheckkartenformat ausgegeben und waren computerlesbar. Ohne diese neuen Ausweise konnte auch niemand an Wahlen und anderen Abstimmungen teilnehmen.

* * *

Es dauerte Jahre, bis herauskam, was bei der *Misión Identidad* eigentlich geschah. Am 17. Juli 2011 veröffentlichte *El Nacional* die Hintergründe. Danach gelangten durch den Ausweisumtausch alle sensiblen venezolanischen Personaldaten in die Hände der kubanischen Seite, die ab 2005 die Regie bei der Erstellung neuer Identifikationspapiere für alle Venezolaner übernahm. Eigens hierfür war die Firma ALBET Ingeneria y Servicios S. A. gegründet worden, offiziell ein Unternehmen der Universität für Informationswissenschaften von Havanna, die dem Ministerium für Informatik und Kommunikation Kubas unterstellt ist und erst drei Jahre zuvor gegründet worden war. Als Geschäftsführer fungierte der Vizerektor José Lavandero García. Er war seit 2001 regelmäßig in Venezuela.

Anthony Daquin, Ex-Berater des venezolanischen Innenministeriums für elektronische Identitätsfeststellung, sagte später

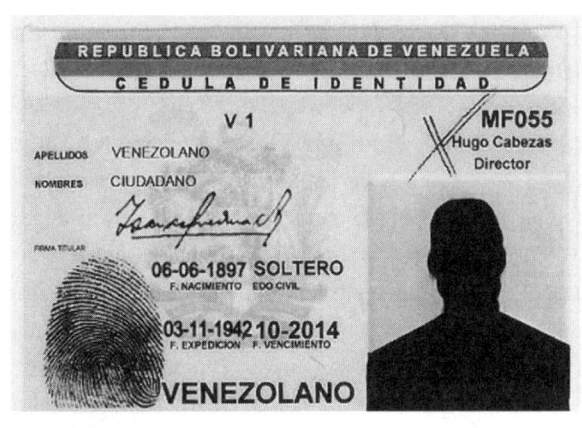

Kuba liefert Venezuela neue Identitätspapiere.

aus: »Er war der erste Kubaner, mit dem ich konferierte. Er interessierte sich vor allem für die Register aller Art.« Er erlebte García über einen längeren Zeitraum und war überzeugt, dass er für den kubanischen Geheimdienst tätig war. Besonders habe sich der Kubaner nach der Erfassung der Wahlergebnisse, der Erstellung von Prognosen sowie der Zusammensetzung der Wählerschaft nach sozialen und demografischen Kriterien erkundigt. Später war er Teil einer Gruppe von zehn bis 15 Technikern und Statistikern, die im Präsidentenpalast Miraflores ein Lagezentrum errichtete und im Vorfeld von Wahlen die venezolanische Führung laufend über die Entwicklungen unterrichtete.

Parallel zur Gründung von ALBET wurde ein neuer Kommunikationsminister in Kuba ernannt: Ramíro Valdés, historischer *Comandante de la Revolución*, Teilnehmer am Sturm auf die Monacada 1953, Guerrillero der ersten Stunde, »Held Kubas« und Mitglied des Politbüros der KP Kubas. Nur eines war er nicht: ein Fachmann für Computer oder digitale Technologien. Das war auch nicht nötig, denn Valdés wurde aus einem ganz anderen Grund berufen, denn er war der Gründer des kubanischen Geheimdienstes und zweimaliger Innenminister. Dieser außerordentlich prominente Politiker erhielt die zentrale Aufgabe der kubanischen Politik: Sicherung der Macht des venezolanischen Präsidenten und damit des wirtschaftlichen Überlebens der Insel.

Zunächst übernahm Kuba die Ausstellung neuer, computerlesbarer Ausweise für alle Venezolaner. Die Technologie dafür entwickelte ALBET mit chinesischer Hilfe. Die Ausweise wurden mit einem hoch gesicherten Speicherchip versehen, auf dem jede Art von persönlichen Daten speicherbar war. Der Zugang zu den Informationen war den kubanischen Partnern und wenigen venezolanischen Beamten vorbehalten. Das sah der Geheimvertrag zur *Misión Identidad* vor, den weniger als zwei Dutzend Personen kannten.

Für die Entwicklung und Produktion erhielt Kuba zunächst 172 Millionen US-Dollar. Doch für die Herstellung der Ausweise gab es in Kuba gar keine Voraussetzungen. Deshalb kontaktierte ALBET zunächst ein Unternehmen, das dafür eine weltweite Reputation besaß: die damals noch private Bundesdruckerei in Berlin. Erst die Veröffentlichung der »Panama-Papers« 2016 ermöglichte es, die verschlungenen Wege dieser Geschäftsanbahnung nachzuvollziehen. Wegen der Besorgnisse, mit dem Geschäft das geltende US-Embargo zu verletzen, wurde eine Briefkastenfirma zwischengeschaltet, die Billingsley Global Corporation. Im Zuge der Übernahme der Bundesdruckerei durch den Bund ließ man dann von dem Geschäft allerdings ab. Am Ende kam die mexikanische Tochterfirma der Firma Gemalto zum Zug.

Die unabhängige Pass- und Meldestelle Venezuelas – die Oficina de Identificación ONIDEX – wurde abgeschafft. Kuba entwickelte die Nachfolgeorganisation des bis dahin existierenden Pass- und Meldewesens, und es entstand der Servicio Administrativo de Identificación, Migración y Extranjería (SAIME). Auch hier übernahm die Firma ALBET die Federführung. Nach und nach gewannen die Kubaner auch die Kontrolle über das Geburtsregister, das Zivilregister, das Handelsregister, das Strafregister, die Überwachung der Erdölförderung der PDVSA, die Datenverarbeitung der Nationalpolizei und der Krankenhausverwaltung, das Einwanderungsregister, das Hotelmelderegister sowie die Datenkommunikation des Präsidentenpalastes. Kuba kontrollierte damit nahezu alle sensiblen Daten des südamerikanischen Landes.

Das politisch wichtigste Material war zweifellos das Wahlregister. Es wies 2006 nach Angaben des Wahlrates exakt 14 849 127 Wahlberechtigte aus. Das war fast ein Viertel mehr (23 Prozent) als drei Jahre zuvor. Der Zuwachs war damit mehr als das Elffache im Vergleich zum Zeitraum 2000 bis 2003, wo er 1,9 Prozent betragen hatte. Auffällig war ferner, dass insbesondere die Zahl der über 100-Jährigen signifikant zugenommen hatte und nun bei 39 000 lag – in den USA leben 49 000 Hundertjährige, doch ist die Bevölkerung dort auch zehnmal so groß – und die durchschnittliche Lebenserwartung beträgt zehn Jahre mehr.

Josefa Molina Lanz brachte es nach dem neuen Wahlregister Venezuelas auf das biblische Alter von 175 Jahren, der Zehntälteste, Paolo Capello Caruso immerhin noch auf 147. Israel Kristal aus Haifa ist laut Guiness-Buch der Rekorde von 2016 mit 122 Jahren der am längsten lebende Mensch der Welt. Merkwürdig war ferner, das viele dieser Uralten offiziell am 1.1.1890 geboren wurden. Noch obskurer waren die zahlreichen Personen mit dem Geburtsdatum 00.00.0000. Viele Ausweisnummern wurden zudem doppelt ausgewiesen. Ebenso tauchten häufig Personen mit gleichlautenden Namen und Geburtsdaten im Wahlregister

Wahlregister mit den ältesten Menschen der Welt

1	MOLINA LANTZ JOSEFA	1831-04-30	V-4256486	50207008	EDO. BARINAS
2	ALNARZA YANES CARMEN DOLORES	1842-11-21	V-629492	10119012	DTTO. CAPITAL
3	BARBARA ROMANO VITO	1859-01-28	E-98547	120811003	EDO. MERIDA
4	DA SILVA FREITAS MARGARITA ZELIA	1859-02-03	E-384211	130301015	EDO. MIRANDA
5	PEREZ GONZALEZ JOSE DAGOBERTO	1859-02-13	E-583985	10108011	DTTO. CAPITAL
6	DAVID ACOSTA DIEGO ALBERTO	1859-02-19	E-992734	40105001	EDO. ARAGUA
7	PEREIRA MARIA LEONETE	1859-03-20	E-992460	10121008	DTTO. CAPITAL
8	RIOS HERNANDEZ PABLO SEBASTIAN	1859-04-28	E-401867	50601009	EDO. BARINAS
9	CAZZADORE VALERA DIANA	1859-05-01	E-866714	130901040	EDO. MIRANDA
10	CAPELLO CARUSO PAOLO	1859-06-07	E-218141	50902001	EDO. BARINAS

1	ABREU DE ABREU MARIA	0000-00-00	E-81307446	10113035	DTTO. CAPITAL
2	ACOSTA DE SAAVED SUSANA	0000-00-00	E-217228	50207010	EDO. BARINAS
3	ADAMO DE RUTA GRAZIA	0000-00-00	E-880702	70901005	EDO. CARABOBO
4	ALHAZIM SABER	0000-00-00	E-80402892	100101018	EDO. GUARICO
5	ALMANZA SERPA ORLANDO ANTONIO	0000-00-00	E-81606673	190903001	EDO. TRUJILLO
6	ALMENTERO SUAREZ GABRIEL SEGUNDO	0000-00-00	E-81765918	130701003	EDO. MIRANDA
7	ALVAREZ CASAL MARIA	0000-00-00	E-515572	10121005	DTTO. CAPITAL
8	ALVAREZ DE DOMING SALADINA	0000-00-00	E-806204	50202004	EDO. BARINAS
9	AMBROSINO FELICE	0000-00-00	E-346499	70907006	EDO. CARABOBO
10	AMIRANTE BARONE DOMENICO	0000-00-00	E-216865	70906016	EDO. CARABOBO

Auffällig viele Wähler hatten das Geburtsdatum 00.00.0000.

auf. Tausende waren mit mehreren Ausweisnummern an unterschiedlichen Wahlorten registriert. Dies alles wurde erst Jahre später bekannt.

Angesichts der Machenschaften zur Verhinderung der Abwahl von Chávez im Referendum 2004 boykottierte die Opposition die regulären Parlamentswahlen Ende 2005 sowie die Präsidentschaftswahlen 2006. Damit war der Weg endgültig frei für die Hegemonie der Chávisten über die Institutionen des Landes. Chávez nutzte diese Ausgangslage, um in Venezuela nunmehr offiziell mit dem Aufbau des »Sozialismus des 21. Jahrhunderts« zu beginnen. Gleich nach den ungefährdeten Siegen setzte er für Ende 2007 ein Verfassungsreferendum an, das unter anderem eine unbegrenzte Wiederwahl des Präsidenten sowie die Vereinigung von Kuba und Venezuela ermöglicht hätte.

Der Durchmarsch der vorangegangenen Abstimmungen hatte die Führung wie auch die Basis der Chávisten in eine unheimliche Siegesgewissheit versetzt. Die Umfragen sahen die Zustimmung für die Verfassungsänderungen mit einem Mindestabstand von zehn Prozent vorn. Das Ziel einer stabilen Mehrheit bei den Wählern war durch die sozialen Veränderungen erreicht worden: Die Regierungsparteien besaßen 5,6 Millionen Mitglieder, hinzu kamen 3,3 Millionen Zuwendungsempfänger aus den sozialen

Regierungsprogrammen sowie 2,4 Millionen Staatsangestellte, deren Anzahl sich unter Chávez verdoppelt hatte. Dabei hätte sie bereits die hohe Zahl der Nichtwähler auf das kommende Geschehen aufmerksam machen müssen: Bei den Parlamentswahlen 2005 beteiligten sich nur ein Viertel der Wahlberechtigten (25,26 %). Doch bei den Präsidentschaftswahlen 2006 war die Beteiligung mit fast drei Vierteln der Wählerschaft (74,7 %) wieder sehr hoch. Hugo Chávez erhielt 7,3 Millionen Stimmen. Wie trügerisch diese Sicherheit war, machte das Ergebnis des Verfassungsreferendums deutlich: 4,5 Millionen Venezolaner stimmten gegen sein Projekt, 4,3 Millionen dafür. Glatte drei Millionen Stimmen aus den Wahlen im Vorjahr fehlten und konnten auch nicht mehr aufgefüllt werden.

Die sozialen Projekte richteten sich vorrangig an die Bewohner der Elendsviertel, die mit ihrer zahlenmäßigen Größe von über 50 Prozent eine numerische Gewähr für die Wahlsiege boten. Doch ist es eine der charakteristischen Eigenschaften dieser Marginalisierten, dass sie genügend mit dem Überleben am Tag zu tun haben und sich nur außerordentlich schwer für langfristige Ziele gewinnen lassen. Die klassische Zielgruppe des Sozialismus, die Lohnempfänger, standen hingegen nicht im Mittelpunkt der Politik von Chávez. Tarifverträge wurden nicht verlängert, so dass sich die Kaufkraft mittlerweile atomisiert hatte. Sie waren zahlenmäßig nicht so stark wie die Marginalisierten und wurden in der Propaganda gern den Besitzenden zugerechnet, was sie mittelfristig ins Lager der Opposition wechseln ließ.

»Vielleicht sind wir nicht reif genug, um ohne Furcht mit dem sozialistischen Projekt zu beginnen. Wir sind nicht bereit für eine offen sozialistische Regierung«, sagte Chávez. Kurze Zeit später kam sein berühmtes »*por ahora*«, wie schon nach seinem gescheiterten Staatsstreich von 1992 – das »für dieses Mal«. Und in der Tat: Das etwas abgeänderte Referendum wurde zwei Jahre später noch einmal abgehalten und dieses Mal mit dem gewünschten Ergebnis absolviert.

Von der Krebserkrankung gezeichneter Hugo Chávez

Die Übernahme der Datensouveränität verschaffte Kuba nicht nur einen einmaligen Zugang und Einblick in die internen Behördenabläufe, sondern entwickelte sich darüber hinaus auch noch zu einer lukrativen Geldquelle. Nach Schätzungen soll die venezolanische Regierung an ALBET zwischen 2004 und 2011 eine dreiviertel Milliarde US-Dollar überwiesen haben. Bis 2014 belaufen sich die Schätzungen gar auf 1,4 Milliarden Dollar.

Die Präsidentschaftswahlen von 2012, bei denen der todkranke Chávez noch einmal siegte, waren weniger entscheidend, als die Frage, wie die Venezolaner auf den Nachfolger nach Chávez Tod im März 2013 reagieren würden. Bei den Präsidentschaftswahlen vom 14. April 2013 sollte sich erweisen, ob das Geld gut angelegt war. Damals wiesen die abendlichen Hochrechnungen aus, dass der Kandidat der Opposition Henrique Capriles Radonski klar vorn lag. Der amtierende Nachfolger des einen Monat zuvor verstorbenen Hugo Chávez, Vizepräsident Nicolás Maduro, hatte die Abstimmung verloren. Das Ergebnis erfuhr die Regierung aber nicht erst um 18 Uhr nach Schließung der Wahllokale. Ein paralleles Computernetz hatte die Ergebnisse im ganzen Land erfasst und sie in Echtzeit – Folge des Einsatzes von Computern für den Lotteriebetrieb mit Rückkanal und Zentralcomputer – übermittelt. Das parallele Wahlzentrum der Regierenden befand sich im Bürgermeisteramt in Caracas auf der Etage des Stadtoberhauptes, des früheren Präsidenten des Obersten Wahlrates und Verantwortlichen für das manipulierte Referendum von 2004, Jorge Rodríguez. Dort versammelten sich bereits zu Beginn des Wahlsonntags auch der Parlamentspräsident, die Nummer zwei des Staates, Diosdado Cabello, sowie die Schwester des Bürgermeisters und spätere Außenministerin und heutige Präsidentin der Verfassunggebenden Versammlung, Delcy Rodríguez. Woher weiß man das? Der Chef der Leibwache von Cabello, Leamsy Salazar, setzte sich in die USA ab und berichtete ausführlich über die Machenschaften seines früheren Dienstherrn.

In dem hochgeheimen Raum standen 24 Computer – für jeden Bundesstaat einer, sowie ein Zentralrechner, in dem die Ergebnisse des ganzen Landes zusammengeführt wurden. Um 11.30 Uhr vormittags führte der Kandidat der Opposition bereits mit einem Vorsprung von 400 000 Stimmen. Salazar schilderte genau den Fortgang der Ereignisse. »Verfluchter Mist«, soll Cabello ausgerufen haben, »wollen wir etwa, dass dieser Scheißer die Wahl gewinnt?« Er berief eine Dringlichkeitssitzung ein. Am Nachmittag hatte sich der Vorsprung der Opposition bereits halbiert. Dann wurde die Datenübertragung unterbrochen, das Internet im Land blockiert. Offiziell wurde mitgeteilt, dass es technische Probleme gebe, an deren Beseitigung fieberhaft gearbeitet werde. Als die Übertragung wieder stand, hatte sich das Blatt wie von Geisterhand zugunsten des amtierenden Präsidenten gewendet. Am Ende des Tages gab der Oberste Wahlrat bekannt, dass Maduro mit einem Stimmenvorsprung von 223 599 Stimmen die Wahl gewonnen hatte.

Was war passiert?

Der Überläufer gab an, dass das Internet unterbrochen wurde, um binnen kurzer Zeit riesige Datenmengen kreuz und quer im ganzen Land zu verteilen. Es wurden falsche Stimmen ins System eingespeist und man wollte sichergehen, dass die Übermittlung nicht durch anderweitigen Datenverkehr behindert würde. Und dennoch brauchte diese Operation mehr Zeit als gedacht. Der Wahlrat verlängerte daher die Öffnung der Wahllokale von 18 auf 20 Uhr. Später wurde ermittelt, dass gerade in dieser Verlängerungsperiode die Stimmen für Maduro in die Höhe schnellten – besonders extrem zwischen 19.30 und 20 Uhr, um fast 600 000 Stimmen.

Was der Leibwächter des Parlamentspräsidenten nicht wusste, war die Antwort auf die Frage, woher diese Stimmen kamen. Das fanden zwei venezolanische Informatiker heraus. Anthony Daquin hatte früher im – 2005 aufgelösten – Pass- und Meldewesen als Techniker gearbeitet, Christopher Bello hatte schon 2011 und 2012 gravierende Unregelmäßigkeiten im Wahlregister festgestellt. Danach waren dort 1 878 000 Wähler mehr verzeichnet, als das Land Wahlberechtigte über 18 Jahre hatte, was im alten Meldewesen erfasst und ausgewiesen war. Bello fand zudem heraus, dass die Wahlcomputer eine außerordentlich komplexe Softwarearchitektur aufweisen. Statt einem BIOS (Basis Input Output System) fand er gleich vier verschiedene.

Nach der Wahl brachen innerhalb der Führung heftige Auseinandersetzungen zwischen Maduro und Cabellos aus, dem nach der Verfassung als Parlamentspräsident eigentlich die Nachfolge von Chávez zugestanden hätte. Doch in Havanna hatte man vorgesorgt und der todkranke Präsident hatte Maduro zum Nachfolger bestimmt. Im Zuge der Streitigkeiten wurden immer mehr Details bekannt, wie die Wahl wirklich abgelaufen ist. Es sind Stimmen »hinzugefügt worden«. Der Richter am Obersten Gericht, Eladio Aponte Aponte, der 2012 in die USA geflüchtet war, hatte dort ausgesagt, dass das Wahlsystem komplett unter der Kontrolle der Regierung und der Kubaner gestanden habe. Er habe es als verantwortlicher Justiziar der Wahlen von 2006 persönlich erleben können. Damals habe sich das illegale parallele Wahlzentrum der Regierung in einem unauffälligen Wohnviertel in der Nähe der Festung Tiuna befunden, wo die offiziellen Wahlergebnisse eingingen. »Von außen wirkte das Gebäude wie ein Bunker, stark gesichert. Niemand konnte einsehen, was dort wirklich geschah«, so Aponte. »Alle paar Stunden wurde das Ergebnis der jeweiligen Kandidaten aktualisiert und festgelegt, in welcher Weise die Ergebnisse verändert werden mussten.«

Wie genau das System funktionierte, kam auch heraus. Das Kontrollzentrum für die Wahlen befand sich in Kuba, das auf Wunsch von Hugo Chávez mit einem Unterseekabel elektronisch verbunden worden war. Der venezolanische Knotenpunkt wurde im 9. Stock des Banesco-Tower in Caracas untergebracht und die Zentralrechner des Wahlsystems im 2. Stock des nahegelegenen, von Chávez wieder verstaatlichten Telekomunternehmens CANTV. Das Gegenstück in Kuba befand sich in der Provinz Pinar del Rio, präziser: auf dem Militärgelände El Cacho in Los Palacios. Das sagte der übergelaufene kubanische Geheimdienstagent Uberto Mario aus, der zeitweilig auch in Venezuela seinen Dienst versehen hatte. El Cacho wurde nach der Schließung der sowjetischen Abhörstation in Lourdes zur geheimen Kommandostation für den Cyberkrieg aufgerüstet. Für die Manipulation der venezolanischen Wahlen gab der Überläufer an, sei der Kubaner Ernesto Raciel García (»*agente segundo*«) verantwortlich gewesen. In El Cacho wurden durch Auswertung der Wahlregister und des realen Wahlverhaltens in einem ersten Schritt notorische Nichtwähler identifiziert und deren Identität geklont, indem ihre Ausweise dupliziert wurden, so Uberto Mario, der diese Arbeit bei den Präsidentschaftswahlen 2006 verrichtete. Auf diese Weise wurden bereits Hunderttausende Stimmen generiert.

In einem zweiten Schritt wurden die Identitäten von Verstorbenen reaktiviert, was jedoch auch die Gefahr in sich barg, dass diese Manipulation entdeckt werden konnte. Deshalb entschied man sich in der finalen Phase, neue Identitäten zu kreieren und sie in das ebenfalls von Kuba verwaltete Wahlregister einzupflegen. Um die virtuellen »Nachbarn« nicht auffliegen zu lassen, veränderte man in großem Stil die Wahlkreise, mussten die fingierten Wähler weite Wege in teils unbekannte Ortschaften unternehmen, wo sie naturgemäß nicht bekannt waren. Zudem wurde die Praxis, die elektronische Abstimmung parallel in Papierausdrucken aufzubewahren, abgeschafft und Stichproben wurden auf unter 5 Prozent reduziert. Da das Ziel einzig in einer Mehrheit für den Regierungskandidaten bestand, fielen die Ergebnisse in sich naturgemäß unstimmig aus. In einem Wahllokal im Bundesstaat Yaracuy konnten die 2008 gegründete Sozialistische Einheitspartei Venezuelas (PSUV) und ihre Verbündeten ihren Stimmenanteil um fast 1000 Prozent erhöhen, im Bundesstaat Trujillo zählte man bei den Stichproben angefertigter Papierausdrucke schon 717 Stimmen, doch hatte es in dem Wahllokal nur 536 Stimmberechtigte gegeben.

Immer neue Zusammenstellungen der Wahlkreise sichern der Regierung den Sieg.

Die nachfolgenden Parlamentswahlen vom Dezember 2015 waren für Maduro eigentlich schon vor dem Wahltag verloren: Das Land befand sich in einer tiefen Wirtschaftskrise, die Armut hatte sprunghaft zugenommen, sodass auch die alte Basis wegzubrechen begann. Dennoch wollten sich die Regierenden nicht geschlagen geben. Vier Tage vor dem Wahltag versammelte Maduro in der Festung Tiuna noch einmal die Verantwortlichen für Armee, Sicherheit und den Ablauf der Wahl. Verteidigungsminister Vladimir Padrino López gab die letzten Umfragen bekannt, wonach die Opposition mit einem Vorsprung von 35 Prozent eigentlich uneinholbar führte. Er warnte auch davor, das Ergebnis massiv zu verändern, weil sich dadurch die Sicherheitslage noch einmal nachhaltig verschlechtern würde. Der Minister hatte zudem klare Warnungen aus dem Weißen Haus in Washington erhalten, die Wahlen erneut zu fälschen.

Dennoch versuchte der Nationale Wahlrat, das Ergebnis zu schönen. Die Wahllokale blieben wieder einmal länger geöffnet. Doch dieses Mal reichte der Vorrat von bis zu zwei Millionen falscher Wähleridentitäten nicht mehr, um die Lücke zu füllen. Selbst die Verdreifachung der ungültigen Stimmen gegenüber den letzten Parlamentswahlen auf einen international völlig unüblichen Wert von fast 5 Prozent (exakt 697 947), half nicht mehr. Das Oppositionsbündnis MUD siegte mit 7,7 Millionen gegen 5,6 Millionen Stimmen für die Chávisten. Zudem erwies sich, dass Parlamentswahlen mit der riesigen Menge an Kandidaten, die zur Wahl standen, schwerer zu manipulieren waren, als ein »Ja« oder »Nein« bei Referenden oder der Wahl zwischen zwei Präsidentschaftskandidaten. Es war erneut der Verteidigungsminister, der dringend bat, das amtliche Endergebnis zu veröffentlichen und die Niederlage einzugestehen. Parlamentspräsident Diosdado Cabello zischte zwar in seine Richtung »Die Ratten verlassen als erste das sinkende Schiff«, doch am Ende setzte sich die Erkenntnis durch, dass die Niederlage unvermeidlich war.

Eine reale Gegenmacht konnte das von der Opposition maßgeblich gestellte neue Parlament allerdings nicht werden. Präsident Maduro regiert per Dekret und durch seinen vollständigen Zugriff auf die Armee und Sicherheitskräfte blieb die Exekutive nahezu unbehelligt. Dennoch lag den Chavisten die Wahlniederlage schwer im Magen, und so besannen sie sich des alten Rezepts von Chávez nach seinem Wahlsieg von 1998, als er das Parlament kurzerhand auflöste und durch eine Verfassunggebende Versammlung ersetzte. So auch 2017: Wieder sollte eine derartige Versammlung (Constituyente) eine neue Verfassung erarbeiten und hierfür umfassende legislative Vollmachten bekommen. Der nunmehrige Vizepräsident der Regierungspartei PSUV, Diosdado Cabello, machte offenherzig klar, worum es ging: »Die Constituyente wird das Parlament abschaffen, die Immunität seiner Mitglieder aufheben, die Generalstaatsanwaltschaft auf den Kopf stellen und die Regierungsinstitutionen hinter Nicolás Maduro versammeln.«

Die Opposition, die seit Monaten mit Massendemonstrationen gegen die Regierung protestiert hatte, boykottierte die Abstimmung, bei der aus 6000 Kandidaten 545 Mitglieder gewählt werden sollten. Am 16. Juli 2017 hatte die Opposition ein Referendum abgehalten, bei dem sich 7,5 Millionen gegen die Constituyente ausgesprochen hatten. Für die Regierung war es das Ziel, diese Zahl unbedingt zu übertreffen. Die Nicht-Teilnahme war also das entscheidende Kriterium. Der Oberste Wahlrat CNE gab wunschgemäß an, dass 8,1 Millionen Venezolaner zur Wahl gekommen waren, das habe einer Beteiligung von 41,53 Prozent entsprochen. Die Opposition wiederum sprach von lediglich 2,5 Millionen Wählern, die Nachrichtenagentur Reuters berichtete, sie habe Unterlagen in ihrem Besitz, wonach bis 17.30 Uhr lediglich 3,7 Millionen Venezolaner zur Wahl gegangen waren.

In London trat der Gründer der Firma SmartMatic, António Mugica, vor die Presse und erklärte: »Wir glauben, dass die Ergebnisse der Wahl manipuliert wurden.« Die Büros von Smart-

Matic in Caracas wurden in aller Eile geleert, die Mitarbeiter »bis auf Weiteres« in den Zwangsurlaub geschickt. Die Geschäftsleitung hatte das Land bereits verlassen. Die Regierung in Caracas war zunächst vollkommen konsterniert über den Wandel ihres langjährigen Partners. Dann erklärte der Wahlrat die Zusammenarbeit für beendet, und die offiziellen Medien machten für den Sinneswandel den US-Milliardär George Soros verantwortlich. In der Tat hatte sich 2014 Mark Malloch-Brown, ehemaliger stellvertretender Generalsekretär der Vereinten Nationen, an SmartMatic finanziell beteiligt. Er hatte in seiner Zeit bei der UNO versucht, zwischen Chávez und der venezolanischen Opposition zu vermitteln. Und es stimmt, der Ex-Vizepräsident der Weltbank sitzt tatsächlich im Aufsichtsgremium der Soros-Stiftung. Doch die Begründung, warum diese Tätigkeit die Aussage von SmartMatic-Chef Mugica in ein Zwielicht rücken sollte, mutet seltsam an: Die russische Regierung habe die Soros-Stiftung zur »unerwünschten Organisation« erklärt.

Der Generalsekretär der Organisation Amerikanischer Staaten (OAS), Luis Almagro, bezeichnete die Abstimmung über die Constituyente als »größten Wahlbetrug in der Geschichte Lateinamerikas«. Die seit 2007 amtierende Generalstaatsanwältin Venezuelas, Luisa Ortega, leitete Ermittlungen wegen des Verdachts der Wahlfälschung ein. Wenige Tage später wurde sie ihres Amtes enthoben und Mitte August floh sie mit ihrem Mann, einem Parlamentsabgeordneten, ins benachbarte Kolumbien. »Ich habe um unser Leben gefürchtet«, gab sie vor Journalisten an.

Angesichts dieser Lage war für die Opposition jede weitere Wahl eine Entscheidung zwischen Pest und Cholera. Nahm sie teil, musste sie fürchten, dass sie durch Manipulation um ihre Stimmen gebracht wurde. Nahm sie nicht teil, überließ sie den Regierenden kampflos das Feld. So auch wieder bei den verspätet durchgeführten Regionalwahlen vom 15. Oktober 2017, die eigentlich Ende 2016 abgehalten werden sollten.

Übersicht: Die politische Opposition

Innerhalb der Allianz Mesa de la Unidad Democrática (MUD)

Accion Democrática AD	sozialdemokratisch, Mitglied der Sozialistischen Internationale (SI)
Alianza Bravo Pueblo ABP	sozialdemokratisch
Avanzada Progresista AP	linkszentristisch
Convergencia	christdemokratisch
COPEI	christdemokratisch
Cuentas Claras CC	zentristisch
Fuerza Liberal FL	sozialliberal
Gente Emergente GE	linkszentristisch
La Causa Radikal LCR	sozialistisch
Movimiento Progresista	demokratisch-sozialistisch
MOVERSE	Umweltbewegung
Primero Justicia PJ	humanistisch-progressiv
Proyecto Venezuela	christdemokratisch
Unídos para Venezuela	pluralistisch
Un Nuevo Tiempo	sozialdemokratisch, Mitglied der SI
Voluntad Popular VP	sozialdemokratisch, Mitglied der SI
Unidad Visión Venezuela	liberal
Partido Progreso	zentrisch

Nicht in der MUD

MINUNIDAD	liberal-konservativ
Movimiento Laborista	syndikalistisch
Movimiento Republicano	republikanisch
Democracia Renovadora	sozialdemokratisch
Solidaridad Inmdependiente	christlich-humanistisch
Unión Rep. Dem. URD	national-progressistisch
Bandera Roja	marxistisch-leninistisch
Moviemiento Ecológico	ökologisch
Vanguardia Popular	links
Movimiento al Socialismo	demokratisch-sozialistisch
Electores Libres	föderal
Opinión Nacional	zentrisch
Patria para Todos	links
PODEMOS	sozialdemokratisch
VENTE	liberal

Das Oppositionsbündnis MUD nahm nach Gesprächen mit der Regierung in der Dominikanischen Republik an den Regionalwahlen vom 15. Oktober 2017 teil, nicht zuletzt, weil es sich durch nahezu alle Umfragen gute Chancen ausrechnen konnte, in der Mehrheit der Bundesstaaten siegreich zu sein. Und in der Tat bestätigten sich diese Hoffnungen durch Nachbefragungen der Wähler. 15 der 23 Gouverneure könnte die Opposition stellen. Doch nur Stunden später gab die Oberste Wahlkommission das genaue Gegenteil bekannt: Die Regierung habe in 17 Bundesstaaten (später kam noch einer hinzu) gesiegt. Einmal mehr hatte sich gezeigt, wer an den Schalthebeln der Macht saß.

Parlamentspräsident Julio Borges beklagte, dass nach seinen Informationen aus Kreisen der Wahlaufsicht eine Überprüfung ergeben habe, dass 1 624 000 Fingerabdrücke, mit denen in Venezuela gewählt wird, nicht mit den digital gespeicherten Fingerabdrücken der Wähler übereingestimmt hätten. Und dass diese Ungereimtheiten insbesondere in den Provinzen Barinas, Bolívar, Cojedes, Falcón, Monegas sowie Vargas aufgetreten seien, in denen die Opposition gute Chancen auf den Wahlsieg gehabt hätte.

Die oppositionelle Bewegung Marea Socialista, bestehend aus Chavisten, die gegen die Regierung Maduro sind, analysierte die Wahlen und fand die Tatsache, dass die Opposition nach den offiziellen Ergebnissen 2,5 Millionen Wähler verloren haben sollte – und dies vor dem Hintergrund der schlimmsten wirtschaftlichen Lage seit Jahrzehnten – mehr als befremdlich. Wochenlang seien Millionen Venezolaner gegen die Regierung im Frühjahr 2017 auf die Straße gegangen, 156 Demonstranten seien getötet, 1000 verletzt, 3000 verhaftet worden – und dann ein Sieg der Regierenden? Dieses »geschönte« Wahlergebnis zeige, dass Maduro ein neues politisches System einer »gelenkten Demokratie« mit klarem autoritärem Profil errichte, so die offizielle Analyse.

Freddy Guevara, Vizepräsident der von der Opposition dominierten Nationalversammlung, wurde noch deutlicher. Nicht Wahlmüdigkeit der Anhänger der Opposition habe zu diesem

Ergebnis geführt, sondern dieses sei erneut die Folge von Manipulationen und Fälschungen. Die Koordinatorin der oppositionellen Allianz MUD, Liliana Hernández, erklärte den gerade erst begonnenen Prozess der Annäherung mit der Regierung vorerst für beendet. Voraussetzung einer Wiederaufnahme seien Vereinbarungen, wie künftig in Venezuela Wahlen abgehalten werden, um die fortwährenden Eingriffe in den Verlauf und die Ergebnisse zu verhindern. Eine erste Reaktion darauf waren die Ankündigungen zahlreicher Oppositionsparteien, bei den Kommunalwahlen im Dezember 2017 nicht mehr teilzunehmen.

Elf Tage nach der Regionalwahl zeichnete das Europaparlament die Opposition in Venezuela mit dem diesjährigen Sacharow-Preis für Meinungsfreiheit aus. In der Begründung hieß es, die Regierung von Präsident Maduro schränke die Rechtsstaatlichkeit und die verfassungsmäßige Ordnung im Land ein und hebele die demokratischen Institutionen aus. Die Entscheidung für die venezolanische Opposition fiel in einem mehrstufigen Prozess: Zunächst hatten die Abgeordneten und ihre Fraktionen Kandidaten vorgeschlagen, dann trafen der Außen- und der Entwicklungsausschuss eine Auswahl von drei Finalisten und schließlich traf die Konferenz der Präsidenten, bestehend aus den Vorsitzenden der Fraktionen und dem Parlamentspräsidenten, die Entscheidung.

Die Freude darüber wurde getrübt durch die Tatsache, dass es der Regierung mit einem Kniff gelungen war, einen Keil in die oppositionelle Allianz zu treiben. Sie hatte von den siegreichen Gouverneuren der Opposition verlangt, sich von der regierungsnahen Verfassunggebenden Versammlung vereidigen zu lassen. Andernfalls drohte ihnen die Absetzung. Die vier Gouverneure der sozialdemokratischen AD folgten, der Gouverneur des Bundesstaates Zúlia, Juan Pablo Guanipa, von der oppositionellen Zentrumspartei Primero Justicia, weigerte sich und wurde von der Constituyente mit sofortiger Wirkung entmachtet. Daraufhin erklärte der Chef der Zentrumspartei, Henrique Capriles, den Austritt aus dem Oppositionsbündnis.

Der Kotau der AD vor der Regierung ist aber nicht zufällig. Schon seit zwei Jahren wird in Venezuela eine Wandlung des Generalsekretärs der Traditionspartei, Henry Ramos Allup, beobachtet. Einige werfen dem 2015 gewählten ersten Präsidenten des Parlaments bereits Kollaboration vor. Bis 2015 stand die AD eher im Schatten der anderen Oppositionsparteien wie der Primero Justicia (PJ) oder Voluntad Popular (VP). Im Vorfeld der Parlamentswahlen Ende 2015 schlossen sich AD und Primero Justicia zu einem Wahlbündnis innerhalb der Opposition zusammen und gewannen damit die Mehrheit der oppositionellen Parlamentarier. Die PJ hatte allerdings mehr Sitze als die AD und hätte so auch den Parlamentspräsidenten stellen können. Doch kaum waren die Parlamentarier zur konstituierenden Sitzung zusammengekommen, hatte Henry Ramos Allup die Koalition bereits wieder verlassen und mit einem Hinterzimmerdeal eine neue Allianz mit der radikalen Opposition geschlossen, mit deren Hilfe er auch zum Präsidenten gewählt wurde.

Seine Reden wurden in der Folgezeit zunächst härter. Er versprach, Maduro innerhalb der nächsten sechs Monate von der Macht zu verdrängen, womit er gleichzeitig jeder Verhandlungslösung mit der Regierung einen Riegel vorgeschoben hatte. Gleich nach seinem Amtsantritt ließ Ramos Allup die Bilder des verstorbenen Hugo Chávez im Parlament abhängen. Als die Regierung den Anführer der rechten Oppositionspartei Primero Justicia, Leopoldo López, im Juli nach drei Jahren Haft in den Hausarrest entließ, suchte ihn sofort Ramos Allup zu einem Gespräch auf. Wochen später überraschte er das Oppositionsbündnis MUD mit der Ankündigung, dass seine Partei an den Regionalwahlen vom 15. Oktober 2017 auf jeden Fall teilnehmen werde – unabhängig von der Teilnahme der anderen Oppositionsparteien. Danach gelang es der AD durch informelle Bündnisse innerhalb der Allianz die Mehrheit der Kandidaten für die Gouverneure der Regionen zu stellen und sich damit auch als die führende Kraft innerhalb der Opposition zu präsentieren. Manch einer in den Reihen der Opposition vermutete dahinter bereits, dass sich die Acción Democrática für die Zeit nach der Revolution in Stellung bringen will.

Nachdem die überraschenden Siege der Regierungskräfte bei den Regionalwahlen verkündet wurden, erklärte der AD-Generalsekretär, Ursache der Niederlage der Opposition seien die wahlmüden Nichtwähler gewesen. Zu diesem Zeitpunkt gab es aber bereits Hinweise auf massive Beeinträchtigungen und Manipulationen. Auch die in alle früheren Wahlfälschungsvorwürfe involvierte Firma SmartMatic äußerte sich. Man habe bei diesen Wahlen außer Software keinen Anteil mehr gehabt, ließ das Unternehmen mitteilen, weder an der Programmierung der Wahlcomputer, noch am Prozess der Auszählung sei man beteiligt gewesen.

Höhepunkt der diversen Volten von Ramos Allup war schließlich die Ankündigung, dass sich die vier Gouverneure der AD faktisch selbst aus der Partei ausgeschlossen hätten, weil sie sich von der Constituyente hatten vereidigen lassen. Das bezeichnete sein Gegenspieler Henrique Capriles als reines taktisches Manöver und erklärte seinen Bruch mit dem Oppositionsbündnis. Damit hatte Maduro seine politischen Gegner genau da, wo er sie hin haben wollte und wo ihnen kaum noch Spielräume blieben: Wahlen führten zu keiner Änderung der Verhältnisse. Selbst wenn die Opposition wie bei den Parlamentswahlen 2015 gewann, hatte der Präsident mit einer erneuten Verfassunggebenden Versammlung, an deren Wahl die Opposition um den Preis der Selbstauflösung nicht teilnehmen konnte, das Instrument in der Hand, um das Parlament wieder abzuschaffen.

Auch die monatelangen Proteste auf der Straße im Frühjahr 2017 konnten die Regierenden nicht von der Macht verdrängen. In den 18 Jahren der »Bolivarianischen Revolution« ist ein umfassender Sicherheitsapparat entstanden. Bis zu seinem Tod setzte Hugo Chávez stark auf die (nach dem Putsch von 2002 gesäuberten) Streitkräfte. Eine realistische Dimension ihrer Stärke bot ein Großmanöver im August 2017, an dem 200 000 aktive Soldaten und 700 000 Reservisten teilnahmen.

Zu den Teilstreitkräften Heer, Marine und Luftwaffe kommt noch die Nationalgarde (Guardia Nacional Bolivariana GNB) hinzu, die Aufgaben zur Sicherstellung der Ordnung im Land wahrnimmt. Allein diese Formation umfasst nahezu 100 000 Mann, ist auf alle Teile des Landes verteilt und untersteht direkt dem Präsidenten. Chávez sicherte sich die Loyalität des Offizierskorps des Landes durch zahllose Vergünstigungen. Schon in der Zeit vor Chávez wurde das Militär durch eigene Wohnungskontingente, aufwändige Sport- und Freizeitzentren sowie Militärklubs privilegiert. Damit wollten die Regierenden sicherstellen, dass die Streitkräfte das demokratisch gewählte System respektierten und beschützten.

Der Putsch von Oberstleutnant Hugo Chávez 1992 beendete die jahrzehntelange Ruhe. Seit seiner Wahl sechs Jahre später rückte die Armee ins Zentrum der gesellschaftlichen Kontrolle. Eine Verfassungsänderung gestattete es ihren Angehörigen nun, politische Funktionen zu übernehmen. Sie wurden Minister, besetzten Gouverneursposten, kontrollierten ganze Ministerien, wie das Außenministerium oder das Ministerium für Infrastruktur und Kommunikation, sind Botschafter und haben im ganzen Land wichtige Funktionen innerhalb der öffentlichen Verwaltung. Parallel dazu wurden die Soldaten und Offiziere ideolo-

Mit vielen Milliarden Dollar hochgerüstete Streitkräfte bei der Parade

gisch geschult und in ihren Strukturen denen der kubanischen Revolutionären Streitkräfte FAR angeglichen. Die Zahl der Generäle in Venezuela erhöhte sich von 50 im Jahre 1993 auf sagenhafte 2000 im Jahre 2016. (Die US-Streitkräfte haben 900).

Chávez sorgte sich bis zu seinem Tod innig um das Wohlergehen seiner Offizierskameraden. Er richtete für sie eine eigene Sozialversicherung ein, unterstellte sie allein der Militärgerichtsbarkeit, auch für zivile Straftaten, während Zivilisten wegen politischer Straftatbestände unter die Militärgerichtsbarkeit gestellt wurden. Das Militär unterhält zentral und in den Teilstreitkräften eigene Geheimdienste, die keiner zivilen Kontrolle unterstehen, wohl aber alle Bereiche der Gesellschaft ausforschen dürfen.

Militärs leiten die wichtigsten staatlichen Unternehmen, den Zoll, die Steuerbehörde, Banken und die Bankenaufsicht, kontrollieren die Devisenverwaltung, Flughäfen, die Metro in der Hauptstadt, Stromversorger und die nationale Sozialversicherung. Nach Schätzungen ist heute jeder fünfte Offizier oder General in der öffentlichen Verwaltung und nationalen Wirtschaftsunternehmen beschäftigt. Sie verdienen damit ein stattliches Gehalt.

In Doral bei Miami unterhielten die Bolivarianischen Streitkräfte sogar ein eigenes Beschaffungsbüro in den USA. Doch nicht etwa für militärisches Gerät: Hier konnten sich hohe Offiziere mit Konsum- und Luxusgütern eindecken, die zuhause nicht mehr erhältlich waren. Bis 2006 verkehrte ein Militärtransportflugzeug des Typs Hercules C-130 wöchentlich, um die bestellten Waren – Waschmaschinen, Kühlschränke, Fernseher bis hin zu Autos – abzuholen.

Mit dem Tod von Chávez 2013 und der Übernahme der Macht durch seinen Nachfolger Nicolás Maduro änderte sich das Bild. Maduro war kein Militär und besaß in den Streitkräften zunächst keinen starken Rückhalt. Dafür hatte er die Unterstützung der Kubaner, die ihrerseits die Streitkräfte durch Tausende Berater kontrollierten. Der neue Präsident löste das Problem durch die Schaffung neuer Sicherheitsorgane.

Als Erstes verkündete er nur wenige Wochen nach seinem Amtsantritt per Präsidialdekret die Schaffung eines neuen Geheimdienstes. Die im Staatsanzeiger 40.266 veröffentlichte Verfügung beschreibt die Aufgabe des neuen Geheimdienstes mit der Sammlung, Sichtung und Einschätzung aller »Informationen von Interesse, um die Nation vor Aktivitäten des inneren und äußeren Feindes zu schützen«. Dem Strategischen Zentrum für Sicherheit und Schutz des Vaterlandes (Centro Estratégico de Seguridad y Protección de la Patria CESSPA) obliegt die Kontrolle aller Organe des Staates und der Medien. Die Einheit ist nach Artikel 8 verantwortlich für die »Neutralisierung und Niederschlagung von Maßnahmen zur Destabilisierung der Nation«.

Danach folgte im September 2013 die Gründung des Obersten Rates zur Volksverteidigung der Wirtschaft, der die Warenversorgung im Land durch die Unterbindung »illegaler Aktivitäten bei der Versorgung mit und Verteilung von Nahrungsmitteln« sicherstellen sollte. Die wichtigste Organisation wurde für Maduro dann die Miliz. Schon Chávez hatte 2005 die Reservisten aller Teilstreitkräfte seinem persönlichen Befehl unterstellt. In seinem Verfassungsreferendum wollte er bereits die Schaffung von Milizen verankern, doch in der Abstimmung erlitt er 2007 eine Niederlage. Ein Jahr später wurde ihre Schaffung auf dem Gesetzeswege ermöglicht. Die Milicia Nacional Bolivariana wurden darin als Spezialeinsatzkräfte bezeichnet, »in denen Territorialmiliz und Kampfeinheiten vereint sind, die komplementär zu den Nationalen Bolivarianischen Streitkräften zur Gewährleistung von Sicherheit, Verteidigung und gesamtnationaler Entwicklung eingesetzt werden«.

Die Miliz untersteht dem Präsidenten direkt. Auf operativer Ebene wird sie vom Verteidigungsministerium und ihren Organen geführt. Die Miliz vereint die Bauernmiliz, die Studentenmiliz und die Arbeitermiliz. Hinzu kommen Frauenbataillone und eine Volksmarine. Verteilt auf die acht Verteidigungsbezirke, in die das Land unterteilt ist, sind sie integraler Bestandteil der Militärstrategie. Die Führung der Milizen haben aktive Offiziere inne. Die Zahl der Milizionäre betrug nach Angaben ihres Kommandeurs 2016 rund eine halbe Million. Sie sind vor allem mit ausgemusterten Waffen der Streitkräfte wie den belgischen FN-Gewehren ausgerüstet, besitzen aber in ihren Arsenalen auch Boden-Luft-Raketen des russischen Typs Igla-S.

* * *

Zur Aufstandsbekämpfung wurden 2017 bei den monatelangen Protesten auf der Straße neben der Nationalgarde und der Polizei auch sogenannte *Colectivos de la Paz* (Friedenskollektive) eingesetzt, die sich bei der Niederschlagung der Proteste besonders unrühmlich hervortaten. Diese Gruppen erhielten Motorräder, Kommunikationsausrüstung und Waffen. Sie agieren auf lokaler Ebene und werden koordiniert als Bürgerwehren gegen die Opposition eingesetzt. Diese bezeichnet sie als Paramilitärs. Sie werden angeleitet von Funktionären der Regierung und haben sich als die effektivste Maßnahme gegen die Massendemonstrationen der Opposition erwiesen. Die landläufige Meinung, es handele sich um organisierte Banden aus den Elendsviertel von

Die engsten Verbündeten der Regierung: die irregulären Colectivos

Caracas, die spontan agierten, erweist sich bei näherer Betrachtung als falsch. Sie sind integraler Bestandteil des revolutionären Sicherheitskonzepts.

Am 5. März 2014 erklärte Präsident Maduro, er habe die *Colectivos* um Unterstützung gegen die Opposition gebeten – und seine Bitte sei erfüllt worden. »Und die *Colectivos* haben sich als unschätzbar wertvoll erwiesen.« Die regierende Sozialistische Einheitspartei Venezuelas PSUV koordiniert über ihre Abteilungen »Sicherheit und integrierte Verteidigung« die Aktionen aller Sicherheitskräfte mit den sozialen Bewegungen, darunter auch mit den *Colectivos* zur Abwehr der Opposition im Land. Verantwortlicher in der Parteiführung sei der Ex-Bürgermeister von Caracas, Freddy Bernal, heißt es. Eine Bestätigung dafür gibt es nicht. Bernal koordinierte die Massenbewegung Círculos Bolivarianos beim Gegenputsch 2002.

Mittlerweile agieren die *Colectivos* in den Elendssiedlungen als Schutz- und Ordnungsmacht. Sie wissen um ihre Straffreiheit und nutzen sie, um auch kriminelle Aktionen wie Schutzgelderpressungen zu begehen. Sie markieren die von ihnen geschützten Objekte und tragen bei ihren Operationen Tücher in gleichen Farben, um sich zu maskieren. Sie haben darüber hinaus die Kontrolle über den Schwarzmarkt mit Lebensmitteln errungen und verdienen dadurch eine Menge Geld. In ihren Vierteln agieren sie ungestört, weil die staatlichen Autoritäten wissen, dass die *Colectivos* in ihrem Sinne die soziale Kontrolle über die Bewohner ausüben.

Dies sind die wichtigsten *Colectivos*:

Movimiento Revolucionario de Liberación Carapaica: Deren Mitglieder treten in Tarnuniformen und mit Skimasken auf. Ihr Operationsgebiet ist der bevölkerungsreichste und gefährlichste Stadtteil Barrio 23 de Enero in der Hauptstadt Caracas. Sie sind schwerbewaffnet mit M14 und FAL-Gewehren. Erstmalig traten sie beim Putsch gegen Chávez 2002 öffentlich auf. Die »Carapaica« gilt als eines der gefährlichsten *Colectivos*.

La Piedrita: Die Gruppierung existiert seit 1985, operiert ebenfalls im Stadtteil Barrio 23 de Enero und gilt als ebenso gewaltsam. Ihr Chef ist Valentín Santana, eine schillernde Erscheinung. Die Behörden wollten ihn wegen seiner kriminellen Delikte – darunter mehrere Morde und Mordversuche – verhaften lassen, denn er war zu sieben Jahren Haft verurteilt worden. Doch dies gelang nicht, er tauchte im Gewirr der Siedlung unter. Im Untergrund gab er Interviews, bekannte sich zu Anschlägen gegen oppositionelle Medien, Parteibüros sowie gegen die Apostolische Nuntiatur. Immer lauter wurden Gerüchte, er befinde sich in Kuba, was 2009 das kubanische Generalkonsulat in Caracas veranlasste, dies offiziell zu dementieren. Er saß nicht einen Tag im Gefängnis. Stattdessen rief er dazu auf, die Sicherheit im Viertel zu erhöhen und drohte für den Fall eines Versuch der Verhaftung: »Dann wird Caracas in Flammen aufgehen.«

Es verwundert kaum noch, dass er im Juli 2017 zum Kandidaten zur Wahl für die Verfassunggebende Versammlung (Constituyente) aufgestellt wurde. Parallel zu seiner Kandidatur stieß er erneut Drohungen gegen die Strafverfolgungsbehörden aus, die drei Mitglieder von *Colectivos* wegen des Mordes an der Krankenschwester Xiomara Scott während einer Versammlung der Opposition suchten. Er werde sein Viertel nur tot verlassen, aber die Polizei werde einen hohen Preis zahlen, erklärte Santana.

Los Tupamaros: Diese Gruppe übernahm den Namen der uruguayischen Stadtguerilla. Sie entstand im »Caracazo«, dem Aufstand gegen die Spardiktate des damaligen Präsidenten Carlos Andres Pérez im Jahr 1989. Sie erklärt sich selbst als marxistisch-leninistische Organisation. Sie war die Hauptkraft bei der Unterdrückung der Straßenproteste 2014 in Caracas. Einer ihrer Gründer war der Ex-Guerillero Lisandro López. Er gilt als die Graue Eminenz im Stadtviertel Barrio 23 de Enero und ist dort nur unter seinem Kampfnamen »Mao« bekannt und ein beken-

Wandgemälde der Colectivos im Elendsviertel 23 de Enero in Caracas

nender Anhänger Stalins. Er droht der Opposition unverhohlen. »Wir sind bewaffnet, und wir werden uns wehren«, erklärte er einem BBC-Reporter. »Unser einziger Chef ist Maduro.« Dass sich die *Colectivos* auch untereinander befehden, wurde deutlich, als der Chef der Piedrita wegen des Mordversuchs am Generalsekretär der Tupamaros, José Pinto, angeklagt wurde.

Colectivo Alexis Vive: Diese Gruppe hat eine eigene Website. Auch sie entstand während der Niederschlagung des Putsches gegen Hugo Chávez 2002. Sie benannte sich nach Alexis González Revette, einem ermordeten *Colectivo*. Sie geht mit Waffengewalt gegen die Opposition vor und ist u.a. für einen Anschlag gegen den Unternehmerverband Fedecámaras verantwortlich. Sie bezeichnet ihre Ideologie als marxistisch-leninistisch und sieht sich in der Tradition von Ernesto »Che« Guevara. Auch sie hat ihre Basis im Stadtviertel Barrio 23 de Enero.

La Fundación Domingo Rebolledo: Das *Colectivo* besteht aus 64 Personen, von denen 40 motorisiert sind. Der BBC-Reporter, der ein Interview von einem anonym auftretenden Gruppenmitglied erhielt, berichtete, wie er verfolgen konnte, dass das *Colectivo* integraler Bestandteil des staatlichen Sicherheitsapparates im Stadtviertel La Vega war. Der ehemalige Polizist berichtete direkt

Schwerbewaffnete Mitglieder des Colectivo »Tupamaro«

an den Chef der Integrierten Sicherheitsdirektion in der Hauptstadt Caracas, Generalmajor António Benavides Torres, der zuvor Chef der Nationalgarde Venezuelas gewesen und schwerer Verletzungen der Menschenrechte angeklagt worden war. Unter seinem Befehl wurden mehrere oppositionelle Demonstranten erschossen.

Mit dieser Übermacht konfrontiert, bei Wahlen durch Manipulation um ihre Siege gebracht und nun auch noch im Inneren gespalten, ist die Opposition in Venezuela in einer höchst unkomfortablen Lage. Einzig die katastrophale wirtschaftliche Lage bietet noch die Aussicht auf eine mittelfristige Änderung der Verhältnisse. Doch bis dahin wird sie es sehr schwer haben.

Der »Sozialismus des 21. Jahrhunderts«

»Ich will die Kontinuität einer Alternative zur Marktwirtschaft darstellen, aber auch deutlich machen, dass diese mit dem Sozialismus des 20. Jahrhunderts nichts zu tun hat.«
Heinz Dieterich, Ex-Berater von Hugo Chávez

In seiner wöchentlichen Fernsehsendung »Sonntags mit Maduro« trat der venezolanische Staatschef am 17. September 2017 in betont lockerer Pose vor seine Zuschauer und verblüffte sie wieder einmal: »Es gibt in der Welt Leute, die in mir den Stalin der Karibik sehen – und ja, wenn ich mich so im Profil im Spiegel anschaue, sehe ich tatsächlich wie Stalin aus.« Es war nicht das erste Mal, dass Maduro auf seine Ähnlichkeit mit dem sowjetischen Diktator anspielte. Zwei Jahre zuvor hatte er schon einmal kokettiert: »Seht selbst, Stalin ähnelt mir. Seht nur den Schnauzbart, genau gleich. Der Genosse Stalin, der Hitler besiegte ...«

Viel Mühe hatten sich die Berater seines Vorgängers gegeben, um eben jene historische Fortschreibung des sowjetischen Kommunismus in der Bolivarianischen Revolution des Oberstleutnant Hugo Chávez zu vermeiden. Doch der ist tot, die Berater sind wieder verschwunden, und Maduro – wie viele seiner Vertrauten meinen – soll nicht die hellste Kerze im Kronleuchter sein.

Ausgerechnet Stalin!

Der Georgier Iosseb Bessarionis dse Dschughaschwili wurde in eine verhältnismäßig wohlhabende Familie hineingeboren. Doch der Vater verfiel dem Alkohol, verlor Hab und Gut und ließ seine Wut darüber an seiner Frau und dem einzig überlebenden Sohn aus. »Diese unverdienten und schrecklichen Prügel machten den Jungen genauso hart und gefühllos wie seinen Vater«, erinnerte sich ein Jugendfreund. Weltweit bekannt wurde der

Georgier erstmalig, als er am 26. Juni 1907 die Bank von Tiflis überfiel und 250 000 Rubel für die bolschewistische Parteikasse erbeutete. Zurück blieben 50 Verletzte und 40 Tote.

Ab 1912 führte er den Kampfnamen »Stalin« (der Stählerne). Seine Herrschaft bis zum Tod 1953 prägte den Kommunismus durch seine massenhaften Verbrechen. Sein Nachfolger Nikita Chruschtschow rechnete in einer Geheimrede auf dem XX. Parteitag der KPdSU am 25. Februar 1956 erstmals vorsichtig mit der Terrorherrschaft ab. Sein Vortrag wurde mit völligem Schweigen aufgenommen. Niemand durfte sich Notizen machen, nur die Staats- und Parteiführer der mit der Sowjetunion verbundenen sozialistischen Länder bekamen eine Kopie. Bolesław Bierut, der polnische Parteichef, erlitt bei der Lektüre der Rede einen Herzanfall und verstarb.

Allein am 13. August 1990 wurden in der UdSSR vier Millionen Menschen offiziell rehabilitiert, die in dem Zeitraum von 1920 bis 1950 von den Repressionen betroffen waren. Die Gesamtzahl der Opfer ist bis heute Gegenstand erbitterter Auseinandersetzungen, sie reicht von neun bis 20 Millionen Menschen, die – zumeist unter fadenscheinigsten Vorwänden – verhaftet, gefoltert, in Arbeits- und Todeslager geschafft oder gleich erschossen wurden. Zur Rechtfertigung der sogenannten »Säuberungen« diente die *vorbeugende* Beseitigung von potentiellen politischen Gegnern, die sonst als »Klassenfeinde« gefährlich geworden wären.

Der mörderische Terror traf zunächst die oberste Führung selbst: 13 Mitglieder des Politbüros der KPdSU, 98 Mitglieder und Kandidaten des ZK der KPdSU, 15 Regierungsmitglieder, drei der fünf Marschälle der Roten Armee, 13 der 15 Armeekommandeure, alle 16 Politkommissare der Armeen, 25 der 28 Korpskommandeure, alle elf Stellvertreter des Volkskommissars für Verteidigung, 98 der 108 Mitglieder des Obersten Militärrats. Es folgte die Parteibasis: Die Hälfte der 1,2 Millionen Parteimitglieder von 1930 wurde verhaftet. Jeder zweite Verhaftete starb beim Verhör oder durch Hinrichtung, die anderen gingen im Lager zugrunde.

Gezielt wurden nationale Emigrantengruppen ausgelöscht. Im August 1937 fasste Stalin den Beschluss zur »Vernichtung der polnischen Terror- und Spionagegruppen« – es wurden 18 000 Polen verhaftet. Es folgte der Befehl, weitere Exilanten systematisch zu verhaften und teilweise zu ermorden: Letten, Finnen, Esten, Griechen, Iraner, Chinesen, Rumänen. Auch vor deutschen Kommunisten machte Stalins Terror nicht Halt: Mehr als sechzig Prozent der KPD-Funktionäre, vor der Verfolgung durch Hitlers Gestapo die in die UdSSR geflohen waren, wurden in Schauprozessen zum Tode oder zu langer Lagerhaft verurteilt, wo viele auch umkamen. Stalin ließ mehr Mitglieder des Politbüros der KPD ermorden als Adolf Hitler, unter ihnen Hugo Eberlein, Heinz Neumann, Hermann Remmele. Der Hauptankläger in den Moskauer Schauprozessen, Andrej Wyschinski, tobte sich in Schmähungen aus: »Lügner und Clowns, elende Pygmäen, Möpse und Kläffer ... Nicht Politiker, sondern eine Bande von Mördern ... Ich fordere, dass diese toll gewordenen Hunde allesamt erschossen werden.«

Gemordet wurde auch völlig verdachtsfrei nach Plan. Jede Gebietsorganisation des Geheimdienstes NKWD erhielt Vorgaben und hatte diese Kontingente zu verhaften, zu erschießen oder zu deportieren. Zahlen hinter den Namen legten das Strafmaß von vornherein fest: 1 stand für Erschießen, 2 für acht bis 25 Jahre Lagerhaft, 3 acht Jahre Lagerhaft oder Verbannung. Standgerichte, die mit dem Parteichef, einem Staatsanwalt und dem NKWD-Leiter besetzt waren, urteilten im Minutentakt. Am Ende traf es auch die Schlächter und Mörder selbst: Die Verantwortlichen für die »Säuberungen« Jagoda, Jeschow und Beria wurden ebenso getötet wie 21 000 Mitarbeiter des NKWD und jeder zweite Staatsanwalt.

Verfolgt und ermordet wurden neben den vermeintlichen politischen Gegnern ganze Volksgruppen, wie die Tschetschenen, Inguschen, Krimtataren, Wolgadeutschen, die Kulaken (angebliche Großbauern), Priester, Mönche und Juden. Letztere wurden nach dem 2. Weltkrieg und der Vernichtung der europäischen Juden durch die Nazis zum Ziel der Verfolgung durch Stalin. Sie wurden zu »wurzellosen Kosmopoliten« abgestempelt, ihre Organisationen in der Sowjetunion wurden zerstört, ihre Repräsentanten verfolgt und verhaftet.

»Der Terror zerstampfte die Gehirne, zerbrach jeden Willen und zertrat jeden Widerstand«, schrieb Isaac Deutscher über die Schauprozesse in den 30er Jahren. »Er vernichtete die ganze Spezies der antistalinistischen Bolschewisten. Während der restlichen fünfzehn Regierungsjahre Stalins blieb in der Sowjetgesellschaft – auch nicht in den Gefängnissen und Lagern – keine Gruppe übrig, die ihm Widerstand hätte leisten können. Nicht ein einziges Zentrum unabhängigen politischen Denkens durfte bestehen bleiben.« Nutznießer der Vernichtung der alten Kader waren Funktionäre, die nach der Ausschaltung angeblicher Volksfeinde ihren Weg steil nach oben nahmen und nach Stalins Tod letztlich an die Spitze der KPdSU gelangten: Chruschtschow, Breshnew, Andropow und Tschernenko.

Dieser Befund trifft auch auf die Nachkriegsriege der Staats- und Parteichefs der sozialistischen Länder zu, wie Walter Ulbricht in der DDR oder Georgi Dimitroff in Bulgarien. Bis weit in die 70er Jahre waren Funktionäre an den Schalthebeln der Macht, die vom stalinistischen Terror direkt oder indirekt geprägt worden waren. Und so bahnte sich über sie das Virus des Kampfes gegen das unabhängige Denken, des Führerkults, des immerwährenden Verrats in die Köpfe der kubanischen Revolutionäre, die in der Sowjetunion und den sozialistischen Staaten ausgebildet wurden.

Oder die ohnehin schon Stalin als den Besieger Hitlers verehrten. Wie Ernesto »Che« Guevara, der Postkarten mit »Stalin II« unterschrieb, Schwüre »vor dem Bildnis des alten und betrauerten Genossen Stalin« abgab oder bei seinem Besuch 1960 in Moskau unbedingt dessen Grab besuchen und dort Blumen niederlegen wollte. Kubas Botschafter Faure Chomón versuchte vergeblich zu erklären, dass Stalin aus dem offiziellen Leben der Sowjetunion längst verbannt worden war – umsonst.

Die Geheimrede von Chruschtschow hielt »Che« für »imperialistische Propaganda«. Guevara kopierte auch die Arbeitslager für Funktionäre, die ihren Plan nicht erfüllten, und er war maßgeblich beteiligt an der Einrichtung von Umerziehungslagern, den sogenannten Unidades Militares de Ayuda a la Producción (UMAP), in denen Zehntausende verschwanden. Und als Chruschtschow die Atomraketen aus Kuba 1962 wieder abzog, war Guevara tief verbittert, denn er hätte sie auch eingesetzt, getreu der Überzeugung von Stalins Außenminister Wjatscheslaw Molotow: »Der erste Weltkrieg hatte ein Land aus der kapitalistischen Sklaverei befreit, der zweite Weltkrieg schuf das sozialistische Lager, und ein dritter Weltkrieg würde mit dem Imperialismus für immer Schluss machen.«

Fidel Castro inszenierte 1968 Schauprozesse gegen Mitglieder des eigenen Zentralkomitees. Als deren Anführer machte er Aníbal Escalante aus, einen führenden Funktionär der Kommunistischen Partei. Es war eine späte Abrechnung mit der alten Partei, die 1940 mit dem späteren Diktator Fulgencio Batista eine Regierung gebildet hatte und die den bewaffneten Kampf Castros nicht unterstützte. Die alte KP hatte sich nach der Vereinigung mit Fidels Bewegung des 26. Juli zunächst deutliche Machtpositionen sichern können: Escalante war Generalsekretär, der frühere kommunistische Minister in der Regierung Batista, Carlos Rafael Rodríguez, Chef der zentralen Planungsbehörde, und Edith García Buchaca Erziehungsministerin geworden. Wie in einem ordentlichen Schauprozess üblich, musste sich der Angeklagte der »Selbstkritik« unterziehen. Escalante wurde wegen angeblicher Verschwörung mit Hilfe der Sowjetunion zu 15 Jahren Gefängnis verurteilt.

In seiner Rede zur Verteidigung des Einmarsches der Warschauer-Pakt-Staaten am 21. August 1968 in Prag attackierte Fidel Castro ideologische Abweichler, die er vor allem in den jugoslawischen Kommunisten sah (zu Stalins Zeiten als »Tito-Faschisten« genannt), die sich für einen Weg abseits des sowjetischen Modells entschieden hatten:

»Aber gerade jetzt, mit Bezug auf die Ereignisse in der Tschechoslowakei, erwies sich der sogenannte Bund der Jugoslawischen Kommunisten als Hauptträger dieser ganzen bürgerlichen Politik, als Hauptverteidiger und wichtigster Förderer. Sie klatschten diesen ganzen liberalen Reformen mit beiden Händen Beifall, diesem ganzen Konzept, aufgrund dessen die Partei aufhörte, Instrument der revolutionären Kraft zu sein, und die Macht aufhörte, bei der Partei zu liegen, weil dieses Konzept eben dem Bund der Jugoslawischen Kommunisten sehr naheliegt. All diese politischen Kriterien, die ganz vom Marxismus abweichen, all diese wirtschaftlichen Kriterien stehen in engster Verbindung zur Ideologie des Bundes der Jugoslawischen Kommunisten. Und unser Land war ein unablässiger Ankläger dieser Organisation.«

Auch die Ermordung des erfolgreichsten Generals der kubanischen Armee, Arnaldo Ochoa, reiht sich in diese Tradition ein. Er hatte als junger Mann mit seinen Brüdern mit Fidel Castro gegen Batista gekämpft, war Anführer eines Landungsunternehmens gegen die demokratische Regierung in Venezuela, kommandierte die Kriege Kubas in Äthiopien und Angola, wurde als »Held Kubas« ausgezeichnet, organisierte die Abwehr der Contra-Verbände als oberster Militärberater Kubas in Nicaragua und war als Absolvent der Generalstabsakademie in Moskau ein Mann der sowjetischen Führung. Das war solange kein Makel, bis sich Fidel Castro mit dem sowjetischen Partei- und Staatschef Michail Gorbatschow überwarf. In den entscheidenden Schlachten des Angola-Krieges, bei denen der kubanische Divisionsgeneral Ochoa 35 Generäle aus der UdSSR und den sozialistischen Staaten kommandierte, argwöhnte Castro, dass sich sein Feldherr nicht mehr nach seinen minutiös vorgegebenen Anweisungen richtete. Damit siegte Arnaldo Ochoa zwar auf dem Schlachtfeld, doch nach seiner Rückkehr wurde er 1989 in einem Schauprozess in Havanna unter Vorwänden zum Tod durch standrechtliches Erschießen verurteilt.

Die stalinistischen Ausläufer reichen bis weit in die Gegenwart. 2009 entließ Raúl Castro den Wirtschaftsberater seines Bruders, Carlos Lage, der lange Zeit als Fidels Nachfolger gehandelt worden war. Lage verlor seine Posten im Politbüro, im Ministerrat und im Parlament, weil er Witze über das führende gealterte Brüderpaar gemacht hatte. Mit ihm verschwanden Fidels Privatsekretär und der Außenminister aus der Öffentlichkeit. Um den Mitgliedern der KP diese plötzlichen Maßnahmen zu erklären, wurden stundenlange heimliche Aufnahmen in Ton und Bild in den Parteigremien vorgeführt, die die Vergehen der Geschassten belegen sollten. Diese Vorführungen hatten vor allem einen Effekt: Niemand konnte mehr sicher sein, nicht auch rundum überwacht und als Nächster angeklagt zu werden.

Nach Venezuela kam die stalinistische Denkweise über die kubanischen Berater in das Handeln der Akteure der Bolivarianischen Revolution. Man findet sie in den Argumenten der regierenden Funktionäre, die noch jede Kritik und jeden Protest selbst großer Bevölkerungsteile mit »unverantwortlichen Manövern der CIA und des Imperialismus« erklären und so ein Nachdenken über die Fehler der Regierung verhindern wollen.

Als sich der spätere Autor des »Sozialismus des 21. Jahrhunderts«, Heinz Dieterich, während des Vietnam-Krieges im Studentenkampf in Frankfurt radikalisierte, war das Ausmaß der Verbrechen des Stalinismus bereits umfänglich bekannt. Doch er nahm sie schlicht nicht ernst. »Ich dachte, das ist eine Systemauseinandersetzung, da wird übertrieben«, sagte er der ZEIT. Er nahm 1976 eine Professur an der staatlichen Autonomen Universität in Mexiko-Stadt an. In Kuba ist Heinz Dieterich mit zehn Büchern der meistübersetzte zeitgenössische politische Autor. Der Fall der Berliner Mauer deprimierte ihn: »Es war ein Gefühl des Verlustes.« Tragischerweise seien die Sowjetunion und die sozialistische Staatengemeinschaft gerade in dem historischen Augenblick implodiert, in dem die objektiven Barrieren des Übergangs zum wirklichen Sozialismus von Wissenschaft und Technik überwunden würden, meinte Dieterich. »Tragisch deshalb, weil bei Lenin die subjektiven Voraussetzungen antibürgerlichen Triumphes vorlagen, nicht so die objektiven, während bei Gorbatschow die objektiven Bedingungen reif wurden, aber die subjektiven fehlten.«

Gerd Koenen, 1968 Kommilitone von Dieterich an der Frankfurter Universität, wechselte vom Sozialistischen Studentenbund (SDS) zum maoistischen Kommunistischen Bund Westdeutschlands (KBW), schrieb für den Frankfurter *Pflasterstrand* und begann Anfang der 80er Jahre, sich neu zu orientieren: Er begleitete publizistisch die polnische Untergrundbewegung »Solidarność« und beschäftigte sich fortan mit der Geschichte des Kommunismus. Er schrieb 1998 in seinem Buch »Utopie der Säuberung – Was war der Kommunismus?«: »Beunruhigend ist, dass mit dem Sturz des sowjetischen Machtblocks und der autoritären Selbstreform der asiatischen kommunistischen Staatsparteien die Massenverbrechen vergangener Jahrzehnte ungesühnt bleiben, zu gesellschaftlichen Naturkatastrophen gerinnen, vergleichbar der ›spanischen Grippe‹ an die es kaum eine Erinnerung gibt, obschon sie 1918/19 weltweit fast 25 Millionen Opfer forderte – mehr als der vorangegangene Weltkrieg.«

* * *

Heinz Dieterich suchte frühzeitig den Kontakt zu Hugo Chávez. Sein geplanter Besuch im Gefängnis 1994 scheiterte aber. Alí Rodríguez, der Ex-Guerillero, verhalf ihm 1999 zu einem Treffen. Danach war Dieterich eine Zeit lang Berater von Chávez, begleitete ihn auf Staatsreisen, geriet in innerparteiliche Auseinandersetzungen und kehrte nach Mexiko zurück. Sein Vermächtnis wurde die Theorie des »Sozialismus des 21. Jahrhunderts«, die er seit 1996 entwickelte, in vielen Aufsätzen darlegte und 2006 in seinem gleichnamigen Buch bündelte.

Hugo Chávez bekannte sich auf dem fünften Weltsozialforum am 30. Januar 2005 in Porto Alegre noch zu den Lehren Maos. »Ich bin sehr maoistisch, seit ich jung war, seit ich in die Militärakademie eintrat und begann, Mao Tse-Tung zu lesen. Ich

Der »Sozialismus des 21. Jahrhunderts« in den Straßen von Caracas

las seine militärischen Schriften, seine philosophischen Schriften, seine politischen Thesen, das Rote Buch. Ich begann Che zu lesen und das Olivgrüne Buch, Bolívar und seine Reden und Briefe und schließlich wurde ich Maoist, Bolivarianer, eine Mischung aus allem. Deshalb brachte mir der Vizepräsident eine Sammlung der gesammelten Werke von Mao Tse-Tung, dem ›großen Steuermann‹, mit. Und so saß ich im Flugzeug und las den ersten Band. Ich las alles von neuem, denn vieles habe ich schon vor Jahren gelesen. Im ersten Kapitel des ersten Bandes behandelt Mao Tse-Tung das Thema, was lebensnotwendig für jede Revolution und für jeden Revolutionär ist. Es ist unverzichtbar, sagt er, genau zu wissen, wer die Freunde und wer die Feinde sind.« Und Chávez endete mit den Worten: »Ich liebe Euch alle!«

Ein Jahr später führte er den Begriff des »Sozialismus des 21. Jahrhunderts« ein: »Wir sind entschlossen, die Bolivarianische Revolution direkt in Richtung Sozialismus zu führen und einen Beitrag zu leisten auf dem Weg zum Sozialismus, einem Sozialismus des 21. Jahrhunderts, der auf Solidarität, Brüderlichkeit, Liebe, Freiheit und der Gleichheit basiert.« Eine praktische Umsetzung der Theorie fand nie statt. Und so stolz Heinz Dieterich auch war, dass der venezolanische Staatschef seinen Begriff verwandte, so unzufrieden war er schon 2011 mit der Verwirklichung seiner Ideen: »Inzwischen aber ist es deutlich geworden, dass er nicht bereit ist, den wirklichen Schritt zu tun hin zu einer neuen sozialistischen Gesellschaftsordnung. Jetzt ist es zu spät.« Seine Führung kritisierte Dieterich als »charismatisch-bonapartistisches Herrschaftsmodell«, das auf einer »semi-religiösen« Identifikation seiner Anhänger beruhe.

Die ALBA-Strategie

> »*Öl ist eine geopolitische Waffe,*
> *und die uns regierenden Schwachköpfe*
> *begreifen das nicht.*«
> Hugo Chávez vor seiner Wahl 1998

Hugo Chávez war weit mehr als nur ein nationales Phänomen. Ausgestattet mit den Milliarden aus der Öl-»Rente« wurde er zum regionalen Sponsor von Revolutionären, linken Regierungen und karibischen Inseln. Den Löwenanteil der Hilfe bekam Kuba. Hier legten täglich Tanker mit Rohöl an, deren Menge am Anfang bei 60 000 und in der Hochzeit bis zu 300 000 Barrel (1 Barrel = 159 Liter) lag. Damit wurde nicht nur die Eigenversorgung Kubas gesichert. Das Land konnte darüber hinaus venezolanisches Öl meistbietend auf dem internationalen Spotmarkt verkaufen und erwirtschaftete so jährlich Devisen in Milliardenhöhe. Genaue Zahlen veröffentlicht die Erdölgesellschaft PDVSA schon seit Jahren nicht mehr, Kuba wird in den Statistiken unter »Sonstige« geführt. Deshalb weiß man auch nicht, wie viel Öl heute an Kuba geliefert wird. Es muss aber sehr viel weniger sein, denn Raúl Castro erklärte 2017 den Energienotstand.

Am 3. Januar 2006 zahlte Argentinien seine Schulden in der Höhe von 9,8 Milliarden US-Dollar an den Internationalen Währungsfond zurück – beinahe zwei Jahre vor ihrer Fälligkeit. »Mit dieser Zahlung beerdigen wir einen wichtigen Teil einer schändlichen Vergangenheit«, verkündete Argentiniens Präsident Nestor Kirchner. Er beschuldigte den IWF, sich in die Wirtschaftspolitik Argentiniens zum Schaden des Landes eingemischt zu haben. Je tiefer Argentinien in die Schulden abrutsche, desto mehr verdienten die internationalen Bankinstitute an den Zinsen. Kirchner erklärte, durch die verfrühte Rückzahlung der Kredite könne man in den nächsten drei Jahren Zinskosten in der Höhe von 1,1 Milliarden Dollar jährlich vermeiden.

2001 war das argentinische Bankensystem zusammengebrochen, wurden alle Konten eingefroren. Das führte zu Tumulten und zum Rücktritt des damaligen Präsidenten Fernando de la Rua. Sein Nachfolger Eduardo Duhalde ging noch weiter: Er erklärte 2002 den Staatsbankrott, wertete erst die Landeswährung massiv ab und begann dann, die Dollareinlagen der Bankkunden zwangsumzuwandeln. Diese verloren zwei Drittel ihrer Einlagen. Die Folgen der Krise waren dramatisch, große Teile der Bevölkerung verarmten (57 Prozent), und die Arbeitslosigkeit stieg auf 23 Prozent an. Bei den Wahlen 2003 gewann der linke Peronist, Nestor Kirchner.

Das Geld für die überraschende Rückzahlung kam nicht aus der argentinischen Staatskasse. Möglich wurde die Schuldentilgung, weil Hugo Chávez für insgesamt sieben Milliarden Dollar argentinische Staatsanleihen gekauft hatte. »Venezuela hat Argentinien geholfen, sich von den Schulden gegenüber dem IWF zu befreien, und wir werden nach unserem besten Vermögen damit fortfahren«, erklärte Chávez. Der venezolanische Staatschef rief die Länder Lateinamerikas auf, ihre Konten aus den reichen Staaten abzuziehen. Sein Land habe deshalb US-amerikanische Staatsanleihen und andere Kapitalanlagen im Wert von über zehn Milliarden Dollar abgestoßen.

Argentiniens Präsident Néstor Kirchner und nach dessen Tod seine Ehefrau Cristina wurden zu treuen Unterstützern von Hugo Chávez. Der revanchierte sich mit kleinen Aufmerksamkeiten, etwa mit Geldern für die Wahlkampfkasse. So entsandte er 2007 den Geschäftsmann Guido Alejandro Antonini mit einer Spende für Cristina Kirchner. Der Transport mit dem Privatjet schien sicher, doch auf dem Flughafen in Buenos Aires wurde er kontrolliert. Die Beamten brauchten eine Stunde zum Zählen, dann stand das Ergebnis fest: 790 550 Dollar, die nicht deklariert worden waren, weder in Venezuela, wo es verboten ist, mehr als 10 000 Dollar außer Landes zu bringen, noch in Argentinien. Zu den Fluggästen des Jets gehörten die PDVSA-Repräsentantin in Uruguay, der Sohn eines Vizepräsidenten der venezolanischen Ölgesellschaft sowie ein Manager von CITGO, der Tankstellenkette der Venezolaner in den USA. Antonini gelang die Flucht in die USA, wo er spurlos verschwand. Später erhoben US-Behörden Anklage gegen vier Männer wegen des Verdachts, den Geldboten im Auftrag des venezolanischen Geheimdienstes umgebracht zu haben.

Der nächste politische Verbündete von Hugo Chávez wurde Boliviens Präsident Evo Morales, der verkündete: »Wir haben das gleiche Ziel wie Fidel Castro in Kuba und Hugo Chávez in Venezuela. Wir wollen auf die Bedürfnisse unserer nationalen Mehrheiten antworten und Neoliberalismus und Imperialismus bekämpfen.« Venezuela lieferte fortan Dieseltreibstoff. »Ich werde keinen Cent von euch annehmen«, erklärte Hugo Chávez. »Bolivien wird uns mit landwirtschaftlichen Produkten bezahlen.«

Die Idee eines kontinentalen Verbundes zur Absicherung der Macht von Hugo Chávez hatte sein zwielichtiger argentinischer Berater aus Frühzeiten, Norberto Ceresole, entwickelt. »Venezuela ist zum ersten Mal in seiner Geschichte seit Erlangung der Unabhängigkeit zu einem strategischen Zentrum geworden«, schrieb er in seinem 1999 erschienenen Buch »Caudillo, Streitkräfte und Volk: Das Venezuela von Hugo Chávez«. »Diese geopolitische Realität ist das Ergebnis der Entstehung eines echten Führers: Hugo Chávez. Chávez hat nicht nur die Fähigkeit, Venezuela anzuführen: Er könnte auch der Bezugspunkt der Massen von Enterbten und gedemütigten Heeren Spanisch-Amerikas werden.« Die Schaffung eines Verbundes von Staaten, Parteien, sozialen Bewegungen, Einzelpersönlichkeiten böte die Möglichkeit, die Legitimität der Bolivarianischen Revolution zu verteidigen.

Das Konzept folgte der Überzeugung Ceresoles, dass Südamerika von einem Caudillo geführt werden müsse, da dies der lateinamerikanischen politischen Kultur am besten entspreche. Chávez wiederum fand sich mit vielen seiner Überzeugungen bei Ceresole wieder: seinem Kult um den Befreier Südamerikas, Simón Bolívar, seinen eigenen Machtansprüchen, dem familiären sozialen Erbe, der Bewunderung für frühere Diktatoren, und schließlich der Verabscheuung der vorgefundenen Demokratie in Venezuela.

Die Idee des Soziologen fiel auf einen fruchtbaren Boden. Chávez wusste, dass er gar nicht genug Unterstützer haben konnte, um dem Druck der USA zu widerstehen, wenn er den »Sozialismus des 21. Jahrhunderts« verwirklichen wollte. Je mehr Staaten er um sich versammeln konnte, desto schwerer würde es seinen Gegnern fallen, ihn in den regionalen Institutionen zu isolieren. An dieser Stelle wird ihn sicher Fidel Castro an den schmerzhaften Moment erinnert haben, als die Organisation Amerikanischer Staaten (OAS) Kuba auf Antrag Venezuelas Anfang 1962 ausschloss.

Chávez kam zugute, dass direkt vor seiner Haustür in der Karibik mehr als ein Dutzend Kleinstaaten lagen, die Venezuela als sein natürliches Hinterland ansah. » Wir aus Caracas setzten unsere Anstrengungen fort, die Bolivarianische Idee einer politischen Integration unserer Staaten und Republiken voranzubringen. Eine Konföderation von Lateinamerika und der Karibik, warum nicht? Warum machen wir nicht einen Plan für die nächste Dekade?«, sagte Chávez 2001 auf der Konferenz Karibischer Staaten.

Soziale Bewegungen in ganz Lateinamerika sollten den revolutionären Prozess in Venezuela zusätzlich sichern. Zentrales Element war hierbei das Sao-Paulo-Forum, das 1990 von der Brasilianischen Arbeiterpartei gegründet worden war und heute über 100 politische Bewegungen, Parteien und Initiativen vereint. Es war entstanden, um linke Perspektiven nach dem Ende der Sowjetunion und des sozialistischen Staatssystems zu erörtern, um Alternativen zur neoliberalen Politik zu diskutieren. Das politische Spektrum reicht von der Katholischen Kirche über Umweltorganisationen, Kommunistische Parteien bis hin zu bewaffneten Befreiungsbewegungen.

Nachdem die Abwahl im Referendum vom August 2004 erfolgreich abgewendet werden konnte, gründeten Chávez und Fidel Castro vier Monate später die Bolivarianische Allianz für die Völker unseres Amerika (Alianza Bolivariana para los Pueblos de Nuestra América) kurz ALBA. Und damit der politische Plan nicht zu offensichtlich wurde, fügten sie noch das Kürzel TCP – Handelsvertrag der Völker *(Tratado de Comercio de los Pueblos)* an. Aber natürlich war das Fundament der neuen Organisation ideologisch gelegt. Das brachte Chávez in einer Erklärung 2008 auch klar zum Ausdruck: »Seht nur die Fahnen von allen Seiten flattern, die Flaggen unserer Völker, die ja im Grunde genommen nur eine einzige Flagge haben, die Flaggen von Bolívar, von Artigas, von San Martín, von Sandino, vom Che, von Camilo, von Torrijos, Morazán, Farabundo Martí ...«

* * *

Wie das ALBA-Modell funktionierte, lässt sich am Beispiel Nicaragua zeigen. Nach 16 Jahren in der Opposition schaffte der einstige sandinistische Präsident Daniel Ortega bei den Wahlen 2006 die Rückkehr an die Macht. Hugo Chávez hatte vor der Abstimmung publikumswirksam angekündigt, dass sein Land Erdöl zu Sonderkonditionen liefern werde, sollte Ortega gewinnen. Das Land litt unter ständigen Stromsperren und die seit 1990 regierenden bürgerlichen Parteien waren gespalten. Ortega gewann. Seit 2007 floss Rohöl aus Venezuela nach Nicaragua, im Gegenwert zwischen jährlich 800 Millionen bis zu einer Milliarde Dollar, von denen die Hälfte erst in 25 Jahren mit einem Prozent verzinst zurückgezahlt werden muss. Über den Weiterverkauf dieses Öls kamen in den Folgejahren schätzungsweise vier Milliarden Dollar auf die Konten einer privaten GmbH und gestatteten es Ortega und seiner Frau, der seit 2017 amtierenden Vizepräsidentin Rosario

Daniel Ortega bei der Trauerfeier für seinen 2013
verstorbenen Finanzier Hugo Chávez

Murillo, aufwendige Sozialprogramme zu finanzieren – und sie am jeweiligen Wahltag in Stimmen umzumünzen.

Nach einem Treffen mit Hugo Chávez in Managua verfasste das Sekretariat der FSLN im Januar 2009 ein Eckpunktepapier mit dem Titel »Revolutionäre Bruderschaft – der Sozialismus des 21. Jahrhunderts«. Es beschreibt, wie die Sandinisten mithilfe Venezuelas die »zweite Sandinistische Revolution« gestalten wollten:

»Aktionen zur Sicherung der revolutionären Herrschaft des Volkes:
- Gewährleistung, dass die Macht der Sandinisten nicht vor drei hintereinander folgenden Wahlperioden abgegeben wird. Das bedeutet frühestens nach 15 Jahren Amtszeit der revolutionä-

ren Regierung mit Hilfe verfassungsrechtlicher Reformen, die das gesamte Feld der Politik in fünf Bereichen ändert;
- Hegemonie und Kontrolle der Staatsmacht und ihrer entscheidenden Institutionen: Kontrolle der Nationalversammlung, Kontrolle des Obersten Gerichts, Kontrolle des Obersten Wahlrates, Sicherung der Unterstützung durch Polizei und Streitkräfte, Vermeidung von Konfrontationen mit der Privatwirtschaft;
- Wiedererringung der verlorenen revolutionären Vormacht, von der die Unterstützung und Stimmen des Volkes abhängen in: A. Politik, B. Wirtschaft, C. Soziales, D. Bildung, E. Kultur-Religion;
- Durchsetzung von Gesetzen zur Veränderung der Politik des Landes, die das entfesselte kapitalistische Modell zurückweisen in: A. Wirtschaft, B. Gesundheitswesen, C. Bildung, D. Regierung, E. Landwirtschaft, F. Sozialwesen.«

Am Schluss findet sich folgende Anweisung: »Wahrung des Geheimnisses unserer Pläne und der Parteidisziplin.«

Und genau so verfuhren die regierenden Sandinisten: »Alles kann hier passieren, nur eines nicht: dass die Frente Sandinista ihre Macht verliert«, erklärte Tomás Borge, einer der Gründer der FSLN. Dazu musste erst einmal die Verfassung geändert werden, die eine Wiederwahl verbot und die Amtszeit auf eine Legislaturperiode beschränkte. Auch nahe Verwandte und Ehepartner durften nicht folgen. Um den Artikel 147 zu ändern, bedurfte es einer Zweidrittelmehrheit. Das war nicht möglich.

Darum klagte Ortega vor dem Obersten Gericht wegen der Verletzung des Gleichheitsgrundsatzes, weil Abgeordnete des Parlaments beliebig wiedergewählt werden konnten. Das Gericht, das nur aus Anhängern der FSLN und der mit einem Pakt verbundenen Liberalen Partei bestand, schaffte es übers Wochenende, im Sinne des Präsidenten zu entscheiden. Die liberalen Richter hatten die Sitzung boykottiert, und für sie standen sandinistische Ersatzkollegen bereit. Der Schritt war getan – Ortega konnte so oft antreten, wie es sein Alter und seine Gesundheit erlaubten. Und die dafür notwendigen Stimmen.

Bei den Präsidentschaftswahlen 2011 war die Zweidrittelmehrheit das Ziel, um die Verfassung grundlegend zu verändern. Ein anspruchsvolles Ziel. Umfragen sahen Ortega bestenfalls bei 48 Prozent – gebraucht wurden mehr als 62. Dafür war der Chef des Obersten Wahlrates zuständig. Der Zentrale Wahlrat Nicaraguas ist keine unabhängige Institution, sondern direkt dem Präsidenten unterstellt. Und deshalb zweifeln viele an der Validität der Ergebnisse, seit Ortega 2006 die Wahlen gewann.

Für viele Nicaraguaner ist der Präsident des Obersten Wahlrates, Roberto Rivas Reyes, die personifizierte Korruption: Er lebt wie ein Sultan, besitzt mehrere Häuser, drei Flugzeuge und eine ganze Flotte von Nobelkarossen. Allein seine Villa mit 15 Beschäftigten in Costa Rica soll drei Millionen US-Dollar wert sein. Das ist in etwa so viel, wie er mit seinem offiziellen Gehalt nicht in 50 Jahren zusammenbekommen würde. Hier beherbergte er auch die Söhne Ortegas, Laureano und Maurice, während ihres Studienaufenthalts. Sein Mandat als Präsident des Obersten Wahlrates wurde nach Ablauf einfach per Präsidentendekret verlängert.

Ein korrupter Wahlaufseher, eine gespaltene Opposition, eingeschüchterte Medien, permanente Wahlgeschenke über die Milliardenhilfe aus Venezuela – das Ergebnis der Wahlen von 2011 war eine glatte Punktlandung: 62,5 Prozent, genau 62 der 90 Abgeordnetensitze. »Diese betrügerischen Wahlen bringen das Land in eine Situation großer Unsicherheit, da sie den autoritären Stil Ortegas legitimieren und ihm ermöglichen, sein politisches Projekt der totalen Machtkonzentration und Zerstörung des Rechtsstaates voranzutreiben«, so Carlos Fernando Chamorro, einst Chefredakteur der sandinistischen Parteizeitung *Barricada* und inzwischen Direktor der Wochenzeitschrift *Confidencial*.

Bis heute weiß man nichts über die Zahl der abgegeben Stimmen im Jahr 2011. Bei der Wahl von 2016 war die Zahl noch bedeutender: Die Opposition hatte die zahlreichen Manipulationen im Vorfeld satt und zum Boykott aufgerufen – und wieder ist nicht klar, wie viele Nicaraguaner überhaupt wählen gegangen sind. Ortegas früherer Vizepräsident, der Schriftsteller Sergio Ramírez, schätzt, dass drei Viertel nicht zur Wahl gingen. Offiziell mitgeteilt wurde lediglich, dass das Ehepaar Ortega-Murillo mit 72,5 Prozent der Stimmen gewonnen habe. Die genaue Zahl der Nicht-Wähler wird nicht bekanntgegeben. Internationale Wahlbeobachter waren auf Anweisung von Ortega nicht zugelassen worden.

»Die wirklichen Ergebnisse werden wir wohl nie erfahren«, sagt Maria Vigil, Redaktionsleiterin der Monatszeitschrift *envio*, die von der Mittelamerikanischen Universität UCA in Managua herausgegeben wird. »Die Wahlbehörden lügen seit acht Jahren, und jeder in diesem Land weiß das. Ortega hat nicht ›abgeräumt‹. Er hat gewonnen, weil er im Vorfeld alles dafür getan hat, dass keine internationalen Wahlbeobachter vor Ort sind und dass keine richtige Opposition antritt. Gehen wir mal von einer Wahlbeteiligung von 30 Prozent aus, in ländlichen Gebieten waren es wohl eher nur 20 Prozent. Das heißt, dem Stimmenanteil von 72,5 Prozent liegen nur etwa knapp 30 Prozent der Stimmberechtigten zugrunde. Das wäre, wenn überhaupt, ein Pyrrhussieg.«

Auch in der Beziehung zur Privatwirtschaft wurde der Plan umgesetzt: »Es gibt nicht ein einziges Gesetz, das die Sandinistische Regierung nicht vorher mit uns abgesprochen hätte«, berichtete voller Stolz der Präsident des Unternehmerverbandes, José Adán Aguerri. »Diese Regierung steht auf Platz 8 der Länder, die sich nicht in die Angelegenheiten der Privatwirtschaft einmischen. Venezuela steht übrigens auf Platz 148.« Die Nähe Ortegas zu den Superreichen des Landes erfolgt nach den gleichen Regeln, wie sie einst der Diktator Somoza aufgestellt hatte, findet Dora Maria Tellez, früher enge Weggefährtin des heutigen Präsidenten: »Ich lasse die Finger von Deinem Geld, und Du mischst Dich nicht in meine politischen Angelegenheiten ein. Es ist die

Allianz zwischen der alten Oligarchie und der neuen Oligarchie des Ortegismus.«

Das ALBA-Abkommen läuft komplett an den staatlichen Institutionen vorbei: Kein Rechnungshof hat Einsicht in die Unterlagen, kein Finanzminister weiß, was auf das Land zukommt, wenn es an die Rückzahlung geht, denn im Zweifelsfall steht der Staat dafür gerade. Die Mittelverwendung läuft über die Firma ALBA de Nicaragua S. A. (Albanisa), und die wird vom Ehepaar Ortega-Murillo geführt. 51 Prozent der Geschäftsanteile gehören einer Tochterfirma des staatlichen venezolanischen Erdölunternehmens PDVSA.

Der Teil, der zu den marktüblichen Preisen abgerechnet werden muss, wird an die staatliche nicaraguanische Erdölgesellschaft Petronic weitergereicht, die die Rechnung binnen 90 Tagen begleichen muss. Die andere Hälfte, deren Rechnung erst in einem Vierteljahrhundert bezahlt werden soll, verbleibt bei Albanisa und geht auf die Konten der Bank Alba Caruna, die die Basis des Firmenimperiums darstellt. Die Kontrolle hat auch hier das Ehepaar Ortega-Murillo. Was wie wo verwendet wird – darüber gibt es nach außen keine Informationen.

Doch irgendwann kommt alles ans Licht: So erhielt die Zeitschrift *Confidencial* von einer anonymen Quelle interne Unterlagen, Dokumente, Verträge und Bilanzen zugespielt, die in über 200 Kisten gelagert waren. Daraus ergibt sich ein umfangreiches Bild der Aktivitäten. Mit den Gewinnen aus dem ALBA-Firmenimperium sind im zurückliegenden Jahrzehnt zahlreiche neue Firmen entstanden, die direkt oder indirekt dem Besitz der Familie Ortega-Murillo und den ihnen verbundenen Gruppen zugerechnet werden können. Die Schwiegertochter Yadira Leets Marín führt beispielsweise die Ölvertriebsfirma Distribuidora Nicaragüense de Petróleo S. A., Sohn Juan Carlos Ortega Murillo leitet den Fernsehsender Telenica Canal 8, und die Geschwister Camilla, Maurice und Luciana Ortega Murillo stehen dem Fernsehsender Canal 13 Viva Nicaragua vor.

Die entscheidende Frage des ALBA-Projekts in Nicaragua ist: Wer bezahlt eigentlich die Schulden? Es dürften nahezu vier Milliarden Dollar aufgelaufen sein. Albanisa kann sie nicht zurückzahlen. Ende 2015 musste die Firma ihren venzolanischen Partner bereits dringlich auffordern, ausstehende Zahlungen für Exporte in Höhe von 190 Millionen kurzfristig zu begleichen, weil kein Geld mehr für Lebensmittelhilfen im eigenen Land verfügbar war. Es scheint keine andere Lösung zu bestehen, als dass für die ALBA-Schulden eines Tages der nicaraguanische Staat – also das Finanzministerium und die Nationalbank – geradestehen muss.

Der Präsident der Zentralbank, Ovidio Reyes, geriet in Erklärungsnöte, als er 2016 danach gefragt wurde: »Darauf habe ich gerade keine Antwort.« Dem Internationalen Währungsfonds (IWF) hatte seine Behörde zuvor eingestanden, dass diese Schulden ohne jede Besicherung sind. In Venezuela sind die Schulden bei der Zentralbank gelandet. Albanisa konnte schon 2016 den Schuldendienst in Höhe von 206 Millionen Dollar nicht mehr bedienen, weil die Öllieferungen aus Venezuela deutlich geringer ausgefallen waren. Theoretisch sollte der Schuldendienst aus den Gewinnen der mit den Milliarden Öldollar gegründeten Unternehmen kommen. Doch zwei Drittel der Mittel sind in den Jahren in soziale Projekte geflossen, die keinen Zahlungsrückfluss generieren. Bleibt nur noch die Staatskasse. Klar ist, dass das Konstrukt keine Zukunft hat. Nicaragua muss nun – wie auch Kuba – nach tragfähigen Alternativen suchen.

* * *

Eine kontinentale Einigung der Staaten Lateinamerikas, wie es am Anfang hieß, kam zu keiner Zeit zustande. Mitglieder bei ALBA waren Antigua und Barbuda, Bolivien, Kuba, Dominica, Ecuador, Grenada, Nicaragua, St. Kitts und Nevis, St. Lucia, St. Vincent und die Grenadinen sowie Venezuela. Es gab eher Streit mit all jenen, die keine Mitglieder im Club waren.

Chávez legte sich mit mexikanischen Präsidenten an, mit seinen Amtskollegen in Peru, mit dem Präsidenten des Nachbarlandes Kolumbien. Nicaraguas wieder ins Amt gelangter Präsident Daniel Ortega kam in Disput mit den Amtsträgern des benachbarten Costa Rica, Evo Morales aus Bolivien legte sich mit dem Präsidenten Paraguays und Perus an und alle drei zusammen waren empört, als der honduranische Präsident Manuel Zelaya 2009 gestürzt wurde. Er hatte nach dem Vorbild Venezuelas eine Verfassunggebende Versammlung einberufen wollen, um das Grundgesetz zu ändern und sich eine Wiederwahl zu ermöglichen. Dieser Plan, neben den Wahlen zur Präsidentschaft, in den Regionen und zum Parlament eine »4. Urne« zu schaffen, ging aber nicht auf. Das Verfassungsgericht untersagte das Manöver. Darauf kündigte Zelaya an, eine »nicht-bindende Abstimmung« über die Verfassunggebende Versammlung abhalten zu wollen, um mit dem »Diktat der Mehrheit« das Parlament und das Oberste Gericht aufzulösen und mit einer Übergangsverfassung zu regieren.

2008 war Honduras Mitglied von ALBA geworden. Dadurch erhielt das mittelamerikanische Land Zugang zu verbilligten Erdöllieferungen und Krediten, so 30 Millionen Dollar zur Entwicklung der Landwirtschaft, 100 Millionen zum Bau verbilligter Wohnhäuser für einkommensschwache Schichten. Nach seinem Sturz wurden alle Hilfsmaßnahmen an Honduras sofort eingestellt und Zelaya zum Präsidenten von PetroCaribe, des wichtigen Öllieferprogramms von ALBA, ernannt. Chávez drohte dem kleinen Land unverhohlen mit Strafmaßnahmen und versetzte die venezolanischen Streitkräfte in Alarmbereitschaft. Honduras verließ ALBA.

Besonders kritisch wurde das Verhältnis Venezuelas zum Nachbarland Guyana. Hintergrund ist ein uralter Grenzstreit. Es geht um das Territorio del Esequibo, ein Gebiet von knapp 160 000 Quadratkilometern, das 62 Prozent des guyanischen Staatsgebietes umfasst. Schon in der spanischen Kolonialzeit waren die Grenzen nicht geklärt. Großbritannien beauftragte 1840 den Deutschen Robert Schomburgk mit der Feststellung des Grenzverlaufs zwischen dem mittlerweile unabhängig gewordenen Venezuela und British-Guayana. Die seither so genannte »Schomburgk-Linie« wurde zunächst von Venezuela für nicht bindend erklärt, dann aber in einem internationalen Schiedsverfahren 1899 anerkannt.

* * *

2015 stieß das US-Unternehmen Exxon Mobile vor der Küste Guyanas auf reiche Erdölvorkommen. Daraufhin erklärte Venezuela die Küstengewässer des Nachbarlandes zum eigenen Hoheitsgebiet. Präsident Maduro gab den Befehl zur Mobilisierung der Kriegsmarine. Caracas zog seinen Botschafter aus Georgetown ab und stellte die Kooperation im Rahmen von ALBA mit sofortiger Wirkung ein. Seither hüten sich ausländische Investoren vor einem Engagement in diesem Teil des guyanischen Staatsgebiets. Die Gemeinschaft Karibischer Staaten CARICOM stellte sich an die Seite Guyanas und forderte Venezuela auf, die

Parade der Guyana Defence Forces

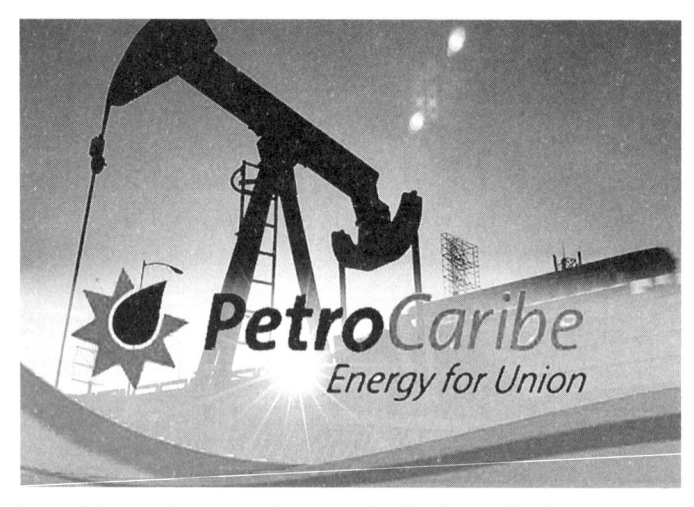

Der mit Abstand größte Profiteur der karibischen Erdölallianz war Kuba.

Territorialansprüche fallen zu lassen. In der Generaldebatte der UNO äußerte der Präsident Guyanas, David Granger, im September 2017 erneut Befürchtungen, dass sich Venezuela den größeren Teil des Staatsgebiets seines Landes einverleiben könnte. Dies stelle eine unverminderte Bedrohung der ganzen Region dar.

Für den Zeitraum von 2005 bis 2010 errechnete das karibische Centro de Investigaciones Económica CIECA mit Sitz in Santo Domingo, dass Venezuela eine Gesamtsumme von 61,4 Milliarden US-Dollar an 38 Staaten verteilt habe, vornehmlich über Öllieferungen. Den Löwenanteil davon – 20 462 912 162 US-Dollar – erhielt Kuba. Hierzu war 2005 die Organisation PetroCaribe geschaffen worden. Die Unterzeichnerstaaten waren Antigua und Barbuda, die Bahamas, Belize, Dominica, die Dominikanische Republik, Grenada, Guyana, Jamaika, Kuba, St. Kitts und Nevis, St. Lucia, St. Vincent und die Grenadinen und Suriname. Haiti war nicht zu den Verhandlungen eingeladen, da Venezuela die Regierung nicht anerkannte, wurde aber später auch aufgenommen. 2007 trat Nicaragua bei, ein Jahr später Guatemala und

Honduras (dessen Mitgliedschaft aber nach einem Regierungswechsel 2009 wieder ausgesetzt wurde).

Bezahlt werden konnten die Öllieferungen aus Venezuela auch mit Waren und Dienstleistungen. Nicaragua etwa zahlte mit Landwirtschaftsprodukten, die Dominikanische Republik mit Getreide, Guyana mit Reis und Kuba mit der Entsendung von Zehntausenden Ärzten und medizinischem Personal. Insbesondere in der Hochpreisphase von 2005 bis 2012 profitierten die Mitglieder von PetroCaribe enorm, wurden die Öllieferungen aus Venezuela zu stabilen Säulen der Volkswirtschaften dieser Länder. In der Schuldenstatistik allerdings auch: Bis 2017 sind durch diese Konstruktion bei den Mitgliedern Verbindlichkeiten von etwa 20 Milliarden Dollar aufgelaufen. Weil Venezuela dieses Geld so dringend braucht, ist es für sofortige Rückzahlungen bereit, auf mehr als die Hälfte der Außenstände zu verzichten. Die Dominikanische Republik befreite sich so von ihren Schulden in Höhe von 4,1 Milliarden durch eine Einmalzahlung von 1,9 Milliarden Dollar, Jamaika zahlte für Schulden in Höhe von drei Milliarden nur die Hälfte.

Doch der Ölhahn tröpfelt seit Jahren nur noch spärlich. 1998 förderte das Land 3,3 Millionen Barrel täglich. 2012 sollten es bereits 5,8 Millionen sein – doch in Wirklichkeit waren es mit 2,3 Millionen Barrel täglich nicht einmal halb so viel. Und seit 2017 muss Venezuela Öl importieren. Die Ursachen sind ausbleibende Erschließungsinvestitionen, Misswirtschaft, Korruption und vernachlässigte Instandsetzungen. Das Land konnte seine Lieferverpflichtungen nicht mehr einhalten, zumal die Ölvorräte an China und Russland verpfändet worden sind, um die Milliardenkredite zu bedienen. Mittlerweile versorgt Mexiko viele Länder der Region, auch die USA sind mit Öllieferungen eingesprungen.

Der Tod der Goldenen Gans

> »Der Bauer konnte sein Glück kaum fassen.
> Von nun an legte die Gans Tag für Tag ein neues goldenes Ei.
> Der Bauer verkaufte die goldenen Eier und wurde schnell sehr reich.
> Dabei wurde er dann immer gieriger und ungeduldiger.
> Schließlich beschloss er, die Gans zu schlachten,
> um sofort an alle Eier auf einmal heranzukommen.«
> Äsop, griechischer Dichter

Bis 1975 förderte die Crème de la Crème der internationalen Konzerne das Öl in Venezuela: Texaco, Shell, Mobile, Chevron, Amoco – insgesamt 19 ausländische Unternehmen. Damals betrug die tägliche Fördermenge 2,35 Millionen Barrel pro Tag. Die nachgewiesenen Reserven lagen bei 18 Milliarden Barrel und die Raffineriekapazitäten bei einer Million Barrel pro Tag. In der Branche waren 23 000 Arbeiter und Angestellte beschäftigt. Die vom Staat vergebenen Konzessionen endeten 1983, weshalb die ausländischen Firmen ihre Investitionen sukzessive verringerten. Das führte zu einem Rückgang der Erkundung und Erschließung neuer Felder, aber auch zu einem Investitionsstau bei den Raffineriekapazitäten, der Tankerflotte und den bestehenden Förderstätten.

1975 verstaatlichte die Regierung Carlos Andrés Pérez die gesamte Erdölindustrie Venezuelas. Vorangegangen waren interne Diskussionen, ob das Land für diesen Schritt weit genug entwickelt sei, ob die einheimische Belegschaft in der Lage wäre, die komplexen Prozesse in diesem Industriezweig aus eigener Kraft zu steuern. Hinzu kam, dass das Land kaum Erfahrungen bei der Vermarktung des Öls hatte und technologisch weiterhin vom Ausland abhängig bleiben würde. Am 29. August 1975 wurde das Gesetz beschlossen und die nationalisierten Firmen erhielten mehr als eine Milliarde Dollar als Entschädigung. Anderntags entstand die staatliche Firma Petróleos de Venezuela S. A. (PDVSA), der weitgehende Entscheidungsfreiheit zugesichert wurde.

Der neue Gigant, Lateinamerikas größte Erdölgesellschaft, hatte vor allem die Aufgabe, die bestehenden Anlagen zu modernisieren, neue Lagerstätten zu erschließen, die Raffineriekapazitäten zu erweitern, eigene Kader zu entwickeln und die Vermarktung zu organisieren. Vor allem ging es um die Herausforderung, eigene Technologien zur Verarbeitung des schweren und sehr schweren Erdöls zu entwickeln.

Venezuela hat einen großen Ressourcennachteil, denn das extrem schwere Rohöl lässt sich in den meisten Raffinerien nur zu schwerem Heizöl verarbeiten. Ein richtiger Weg war es darum, die eigenen Raffineriekapazitäten über Zukäufe oder Partnerschaften zu erweitern. 1982 wurde mit der deutschen VEBA Oel das erste 50:50-Joint Venture geschlossen. Später folgten Raffinerien in Schweden, Belgien, der Karibik und in den USA. Bei der teuren Verarbeitung des schwierigen Rohstoffs wurden Kooperationen mit BP, der italienischen ENI, der französischen Elf sowie US-Firmen geschlossen. Dennoch braucht Venezuela bis heute ein immer höheres Preisniveau beim Verkauf auf internationalen Märkten, um die schweren Ölvorkommen im Orinoco rentabel erschließen zu können. Die Erfolge in den nachfolgenden 25 Jahren konnten sich sehen lassen: Die nachgewiesenen Vorkommen wurden auf 77 Milliarden Barrel vervierfacht, die Produktion auf 3,7 Millionen Barrel täglich gesteigert, ebenso die Raffineriekapazitäten, die verdreifacht wurden. Bei der Vermarktung half der Erwerb des Tankstellennetzes CITGO im Hauptmarkt USA.

Die Internationalisierungsstrategie wurde in Venezuela kontrovers diskutiert, weil die Gewinne aus den ausländischen Beteiligungen in der Regel nicht nach Hause transferiert wurden, sondern für weitere Zukäufe und Investitionen genutzt wurden, wodurch das heimische Steueraufkommen zurückging. Nach der

Regierungsübernahme von Hugo Chávez wurden daher zahlreiche Beteiligungen in Europa und den USA verkauft und dafür in Raffineriekapazitäten der ALBA-Partner Kuba, Jamaika oder der Dominikanischen Republik investiert.

Mitte der 90er Jahre war die PDVSA das fünfgrößte Unternehmen in ganz Lateinamerika und fühlte sich den kommenden Herausforderungen durchaus gewachsen: In einem Strategiepapier vom Mai 1996 sahen die Analysten voraus, dass die weltweite Nachfrage von 68 auf 81 Millionen Barrel täglich im Jahr 2005 steigen würden. Dank der Investitionen sah sich die PDVSA zu diesem Zeitpunkt in der Lage, ihre Produktion perspektivisch auf 5,2 Millionen Barrel pro Tag mit Hilfe von Förderabkommen, strategischen Partnerschaften und Gewinnbeteiligungen bei Risikoexplorationen zu steigern.

Seit 1965 waren die Schätzungen für Ölreserven im Orinoco-Becken ständig nach oben korrigiert worden. Sie lagen schließlich bei 913 Milliarden Barrel, von denen 65 Prozent superschweres und 35 Prozent schweres Öl waren. Die OPEC zertifizierte die Vorkommen mit 296 Milliarden Barrel, womit Venezuela zum erdölreichsten Land der Welt wurde und Saudi-Arabien überholte.

Die PDVSA konzentrierte ihr Forschungspotenzial auf neue Strategien zur Ausbeutung, Verarbeitung und Vermarktung dieser Vorkommen. Denn Öl ist nicht gleich Öl. Überall auf der Welt enthält Rohöl die gleichen Bestandteile: Kohlenwasserstoff, Schwefel sowie Bestandteile von Sauerstoff, Stickstoff und Metallen. Je leichter und schwefelärmer Rohöl ist, desto leichter lässt es sich verarbeiten. Algerisches Rohöl sieht gelb aus und ist dünnflüssig. Es ist von der Sorte »Light Sweet Crude«. Venezolanisches Öl hingegen ist schwer, dunkelbraun und lässt sich nur deutlich komplizierter verarbeiten. In den Raffinerien werden nicht selten mehr als ein Dutzend verschiedene Sorten und Qualitäten miteinander »verschnitten«.

Zum Vergleich: Die Sorte »Nordsee-Brent« hat einen Schwefelgehalt von 0,3 Prozent, enthält 35 Prozent Benzin, etwa 5 Prozent sogenannte Mitteldestillate und 39 Prozent Rückstände. Das venezolanische Öl mittlerer Qualität der Sorte »Tia Juana« enthält 1,5 Prozent Schwefel, nur 10 Prozent Benzin, 29 Prozent Mitteldestillate und etwa 60 Prozent Rückstände. Man kann einen Glaskolben zur Hälfte mit diesem Öl füllen, den Kolben auf den Kopf stellen und die Masse bleibt oben kleben. Es ähnelt mehr dem Asphalt, der auf unseren Straßen aufgetragen wird.

Zwei Wege wurden identifiziert: Die Mischung mit leichtem Erdöl sowie die Orimulsion. Letzeres war ein von der PDVSA patentiertes Verfahren, in dem dem superschweren Erdöl 30 Prozent Wasser sowie eine Chemikalie zur Bindung zugegeben wurden. So veredelt konnte die Mischung bei Schiffsantrieben und Heizkraftwerken eingesetzt werden und galt schon als ein Ersatz für die Kohleverbrennung. Für Venezuela kam hinzu, dass die OPEC akzeptierte, dass »Orimulsion« nicht auf die Förderquote des Landes angerechnet, sondern offiziell als *Non-Oil Hydrocarbon* deklariert wurde.

Die neue PDVSA-Führung um Alí Rodriguez Araque (der Ex-Guerrillero) und Rafael Ramírez (der Onkel vom »Schakal«) ließ 2003 die Orimulsion-Produkte wieder als superschweres Erdöl zurückdeklarieren und stellte 2006 die Produktion ganz ein. Infolge dessen wurden erfolgversprechende Projekte wie die Vergasung von Orimulsion zur Energiegewinnung und die Aufbereitung für Dieselmotoren eingestellt. Eine Klagewelle der Kunden beschädigte den guten Ruf der PDVSA als verlässlicher Lieferant, weil die Anlagen, die eigens für dieses Produkt umgerüstet worden waren, nun ihren Wert verloren hatten.

Energieminister Rafael Ramírez begründete die umstrittene Maßnahme so: »Es wird nicht weiter produziert, weil es kein profitables Geschäft war. Wir müssen solcherart Projekte beenden.« Dem widersprach sein früherer Amtsvorgänger Humberto Calderón: »Es mag so scheinen, als wäre es nicht superprofitabel. Aber es produziert harte Dollars und kann mit Investitionen in Bolívares hergestellt werden.« Die Einstellung der Lieferungen hatte gravierende wirtschaftliche Konsequenzen. Im kanadischen New Brunswick war eine Anlage für 700 Millionen Dollar eigens dafür umgerüstet worden. Venezuela vermied einen internationalen Prozess nur um den Preis der Zahlung von 338 Millionen Dollar an die Kanadier.

Seither wird wieder ganz auf die Mischung mit leichtem Erdöl gesetzt. Und seitdem der US-Kongress den rund vierzigjährigen Exportstopp von einheimischem Öl angesichts des massiv eingesetzten und ertragreichen Fracking-Verfahrens aufgehoben hat, importiert die PDVSA leichtes US-Öl, was billiger ist, als es aus West- oder Nordafrika zu importieren.

Der Streit um Orimulsion war nicht der erste und natürlich nicht der letzte zwischen dem Eigentümer der PDVSA, dem venezolanischen Staat, und dem Unternehmen. Chávez misstraute dem Riesenunternehmen, in dem er einen Staat im Staate sah, den es unbedingt unter die eigene Kontrolle zu bringen galt. Gleich nach Amtsantritt ernannte er Roberto Mandini, der aus dem Unternehmen kam, zum PDVSA-Chef. Ihm zur Seite stellte der Präsident zwei Obristen des Heeres. Nach sieben Monaten übernahm Héctor Ciavaldini das Unternehmen, ihm folgte nach einem Jahr ein General. Ins Management rückten immer mehr Vertreter der neuen Regierung.

Ungeachtet der politischen Auseinandersetzungen setzte die PDVSA auch unter Chávez zunächst ihre erfolgreiche Arbeit fort. Die Kraftstoffproduktion verdreifachte sich, die Förderung des superschweren Erdöls aus dem Orinoco-Becken wurde kontinuierlich gesteigert, die strategischen Reserven von 18 auf 90 Milliarden Barrel mehr als vervierfacht und neue Förderanlagen in die Produktion überführt. Die Verschuldung lag bei vergleichsweise moderaten 7,5 Milliarden Dollar. Das Unternehmen beschäftigte knapp 70 000 Mitarbeiter, 28 000 davon als Zeitarbeiter.

Am 25. Februar 2002 wandten sich 34 Führungskräfte mit einem Aufruf an die Öffentlichkeit, um gegen die fortgesetzte Einmischung des Staates in die Firmenpolitik zu protestieren. Sechs

Hugo Chávez feuert die Leitung der PDVSA während der wöchentlichen Fernsehsendung »Aló Presidente«

Wochen später feuerte Chávez sieben Vorstandsmitglieder des Unternehmens in seiner Fernsehsendung »Alo Presidente« mit einem Megafon öffentlich aus dem Amt. Nach Nennung des Namens folgte sein Urteil: »Sie sind raus, mein Herr! Vielen Dank für Ihre Dienste – Sie sind gefeuert!«

* * *

In der zweitägigen Amtszeit von Pedro Carmona als Interimspräsident nach dem Putsch von 2002 erhielt die PDVSA von ihm die Zusage, wieder eigenverantwortlich agieren zu können – mit nur einer Vorgabe: »Kein einziges Barrel Öl mehr nach Kuba!« Dies wurde von Edgar Paredes, einem Top-Manager, auch sofort in die Tat umgesetzt. Zugleich kündigte er an, die Produktion massiv auszuweiten, was einen weiteren Verstoß gegen die Ölpolitik der Regierung Chávez darstellte.

Nach der Niederschlagung des Putsches ernannte Chávez den früheren Guerrillero Alí Rodriguez Araque zum neuen PDVSA-Chef. Er sollte den Zugriff des Staates auf das Unternehmen sichern. Doch dagegen wehrte sich nicht nur die Belegschaft, sondern auch ein großer Teil der venezolanischen Gesellschaft. Nur wenige Monate nach Amtsübernahme begann ein Streik, der den

Die Nationalgarde bewacht während des Erdölstreiks 2002/2003 die Büros der PDVSA.

Betrieb des Konzerns weitgehend lahmlegte. Am 2. Dezember 2002 riefen der Unternehmerverband und die Gewerkschaften einen Generalstreik aus, um gegen das Vorgehen zu protestieren und Chávez als Verantwortlichen auf diesem Weg aus dem Amt zu drängen. Zwei Tage später verweigerte der erste Tankerkapitän das Auslaufen. Dem schlossen sich alle anderen Schiffsführer der Erdölgesellschaft an – aus Venezuela ging kein Tropfen Öl mehr hinaus. Das verbliebene Top-Management schloss sich dem Streik an, es folgte das Mittelmanagement und schließlich erreichte der Streik auch das Personal an den Förderanlagen. Venezuelas Ölindustrie war komplett lahmgelegt. Das Land war gezwungen, Erdöl auf dem internationalen Spotmarkt zu kaufen, um seinen Lieferverpflichtungen nachzukommen. Im Land wurde rasch das Benzin knapp, Flüge mussten wegen mangelnden Kerosins gestrichen werden.

Die Kriegsmarine sollte die Tanker übernehmen, doch es fehlte an geeignetem Fachpersonal. Chávez-Anhänger wurden als Streikbrecher eingesetzt und Erdölexperten aus Algerien und dem Iran eingeflogen, doch die Computersysteme waren nicht nur heruntergefahren, sondern auch mit neuen Sperrcodes versehen worden. Die petrochemische Industrie musste ihre Produktion wegen ausbleibender Öllieferungen einstellen. Schließlich übernahm die Regierung die Führung der PDVSA komplett und baute den Riesenkonzern vollständig um. 18 792 Mitarbeiter wurden entlassen: 726 Führungskräfte, 12 371 aus dem Mittelmanagement, 3705 aus dem Bereich der technischen Instandhaltung und der Rest aus dem Bereich Produktion. Dies kam einem personellen Enthauptungsschlag gleich, von dem sich das Unternehmen nicht wieder erholen sollte, denn die Entlassenen steuerten wichtige Segmente der Geschäftstätigkeit des Konzerns – von der Förderung und Produktion über Transport und Raffinierung bis hin zur Vermarktung und den Finanzen.

Ersatzhalber wurden ehemalige Mitarbeiter aus dem Ruhestand geholt, doch die Wiederaufnahme des Betriebs ging nur sehr langsam voran. Die Tagesproduktion war von 2,65 Millionen Barrel auf nur noch 250 000 Barrel abgestürzt, und das Ergebnis schlug voll auf die Wirtschaftsleistung des ganzen Landes durch, die um 28 Prozent absank.

Der Schaden war immens – man rechnete damals mit 14 Milliarden Dollar –, und die Folgen dauerten noch Jahre. Das Vertrauen der internationalen Kunden war tief erschüttert, denn zum ersten Mal in der Geschichte des Landes war Venezuela über Monate nicht mehr seinen vertraglich zugesicherten Lieferverpflichtungen nachgekommen. Besonders hart betroffen war der Hauptkunde der PDVSA: die USA.

Auf der anderen Seite kam der Präsident durch die Übernahme der vollständigen Kontrolle der PDVSA an den Finanzanteil des Erdölunternehmens im Nationalen Sicherungsfonds in Höhe von etwa vier Milliarden Dollar und hatte somit die Mittel für seine künftigen Sozialprogramme.

Zu diesem Zweck wurden der Fonds zur Nationalen Entwicklung (FONDEN) sowie der Fonds zur sozialwirtschaftlichen Entwicklung des Landes (FONDESPA) ins Leben gerufen. Die PDVSA hatte fortan – statt wie bisher an die Zentralbank – einen großen Teil ihrer Einnahmen direkt in diese beiden Töpfe abzuliefern. Damit ging ein nicht spezifizierter Teil der Deviseneinnahmen an der Kontrolle des Parlaments vorbei in die Verfügung der Regierung, die über die Mittelverwendung keine Rechenschaft abzugeben hatte. Allein der FONDEN soll in sieben Jahren über 100 Milliarden Dollar eingenommen haben.

Über 400 Projekte wurden in der Folgezeit finanziert. Neben zahlreichen sozialen Vorhaben fanden sich darunter auch die Finanzierung regierungsnaher Medien, der Ankauf von Staatsanleihen befreundeter Länder und Waffen.

2005 lieferte China ein modernes Raketenabwehrsystem. 2006 kaufte Chávez 24 russische Kampfflugzeuge Suchoi-30 samt einem umfangreichen Raketenarsenal; 2007 beschaffte Venezuela Waffen für vier Milliarden Dollar in Russland, darunter fünf Unterseeboote der KILO-Klasse mit besonders leisem Dieselantrieb und bestückt mit Raketen von einer Reichweite von mehr als 7500 Meilen. Es folgten 50 russische Kampfhubschrauber der Typen Mi-17, Mi-24 und Mi-35 sowie 100 000 Kalaschnikow Maschinenpistolen neuester Bauart AK-103. 2009 kaufte Chávez für 2,2 Milliarden Dollar 92 russische Panzer T-72, die Flugabwehrsysteme BUK-M2 und S-125 Neva/Pechora, das hochmoderne Raketenabwehrsystem S-300 sowie zahlreiche Raketenwerfer

Russisches Mehrzweckkampfflugzeug Suchoi Su-30

Russische Panzer T-72 bei einer Truppenparade in Caracas

BM-30 Smertsch. Im Jahr darauf bestellte er in China Transportflugzeuge. 2015 kaufte Präsident Maduro weitere russische Kampfflugzeuge des Typs Suchoi Su-30MK2. 2017 gab die Regierung in Caracas zusätzlich an, über 5000 schultergestützte Boden-Luft-Raketen des russischen Typs SA-24 zu verfügen.

Der FONDEN war ein paralleler Staatshaushalt, aus dem sich Chávez nach Belieben bedienen konnte – und der zuvor hochprofitable Erdölkonzern wurde zur Zahlstelle der Politik des Präsidenten. Je höher die Einnahmen aus dem Erdölexport durch die rasant gestiegenen Weltmarktpreise waren, desto umfangreicher wurden die Ausgaben auf Regierungsseite. Weitere Unternehmen wurden verstaatlicht, das heißt von der Regierung angekauft. So zahlte man für den französischen Zementhersteller Lafarge 552 Millionen Dollar, für die mexikanische CEMEX 600 Millionen Dollar und für das Schweizer Baustoffunternehmen Holcim 267 Millionen. Die Bank von Venezuela, ein Unternehmen der spanischen Santander-Bank, löste man für 1,05 Milliarden Dollar aus. Übernommen wurden Stahlwerke, Hotelketten, Zuckerfabriken, Supermarktketten, Lebensmittelproduzenten, Glasproduzenten, weitere Banken, Energieversorger, Hafenanlagen, ganze Stadtviertel – insgesamt geschätzt 5000 Unternehmen. Im Ergebnis verschwanden die in- und ausländischen Investoren aus der Wirtschaftslandschaft Venezuelas.

Um die Aktivitäten in den USA zu reduzieren – bis Mitte der 2000er Jahre gingen über 60 Prozent der Ölexporte in die Vereinigten Staaten – plante Chávez mittelfristig den Verkauf der CITGO-Kette mit ihren 14 000 Tankstellen und mittlerweile acht Raffinerien, die vor allem für die Verarbeitung des schweren Erdöls aus Venezuela ausgelegt waren. Was den Präsidenten besonders ärgerte, war die Tatsache, dass die US-Tochter genauso viel Steuern an die USA abführte, wie sie nach Venezuela überwies. Rafael Ramírez, der mittlerweile zusätzlich zu seinem Amt als Energieminister auch die Führung der PDVSA übernommen hatte, stoppte alle Pläne zum Ausbau des CITGO-Geschäfts und eröffnete stattdessen 2005 ein PDVSA-Büro in China. Zuvor hatte er angekündigt: »Wir haben vereinbart, dass China 15 Erdölfelder im östlichen Venezuela ausbeuten wird, wo mehr als eine Billion Barrel lagern. Der größte Teil der Förderung wird nach China gehen.«

In den Jahren der Regierung Chávez wurde Venezuela immer abhängiger vom Erdöl: Betrug der Anteil am Gesamtexport 1998 noch 77 Prozent, so war er 2011 auf 96 Prozent gestiegen. Dafür sank die Produktion signifikant: Von 3,3 Millionen Barrel täglich 1998 auf 2,3 Millionen 2013. Nur die Zahl der Beschäftigten hatte sich auf 140 000 Mitarbeiter glatt verdoppelt. Noch zur Jahrtausendwende war die PDVSA einer der effizientesten, finanzstärksten Konzerne. Heute ist die Produktion je Mitarbeiter so niedrig wie seit 1948 nicht mehr.

* * *

Als der Ölpreis ab 2014 wieder zu sinken begann, war das Desaster absehbar. Weniger Einnahmen, überbordende Ausgaben, die kein Geld für den Erhalt der Produktionsanlagen übrig ließen, machten die PDVSA zum Sanierungsfall. Mitte April 2017 musste die staatliche Erdölfirma bekanntgeben, dass sie – angesichts

Ölspeicher der PDVSA mit der Aufschrift »Vaterland, Sozialismus oder Tod«

langfristiger Exportverträge – zur Aufrechterhaltung der Inlandsversorgung künftig 100 000 Barrel täglich importieren muss. Und woher? Aus den USA. Das Land mit den größten Erdölreserven der Welt, seit den 20er Jahren des vorigen Jahrhunderts der weltweit zweitgrößte Exporteur, muss importieren! Und zwar nicht leichtes Öl zur Aufbereitung des eigenen Schweröls, sondern um es an die eigenen Tankstellen zu bringen. Es darf an dieser Stelle nicht unerwähnt bleiben, dass auch Kuba, der frühere Weltmarktführer bei der Zuckerproduktion, nach fünf Jahrzehnten Sozialismus Zucker zum eigenen Verbrauch importieren musste.

Seit dem Austausch der Führung und der Massenentlassung von 18 000 Beschäftigten im Jahr 2002 hatte die PDVSA in keinem Jahr mehr die Planauflagen erfüllt. Jahrelang konnte man auf der nicht aktualisierten Website des Ölkonzerns noch die Ziele lesen, die 2005 vorgegeben wurden. Im Jahr 2012 sollte die Produktionsmenge bei täglich 5,8 Millionen Barrel liegen. Tatsächlich schaffte PDVSA nicht einmal mehr die Hälfte. Die Fördermenge war noch geringer als im Jahr 1975!

2015 lagen die Abführungen des Staatsbetriebs für Sozialprogramme fast sechs Milliarden Dollar über dem Konzerngewinn. Mit Ausnahme der Jahre 2009 und 2010 hat PDVSA in den letzten zehn Jahren stets mehr für die Sozialprogramme der Regierung ausgegeben, als für die Produktion und Exploration. Seit 2002 hat PDVSA keinen Geschäftsbericht mehr vorgelegt, der den üblichen Regeln der Rechenschaftslegung folgt. Unternehmenszahlen werden nur als knappe Presse-Erklärungen herausgegeben. Widersprüchliche Angaben gibt es seit Langem zur Tagesproduktion. Laut Energieminister Ramírez lag diese im Jahr 2007 durchschnittlich bei 3,2 Millionen Barrel, die Internationale Energieagentur setzt die Zahl dagegen viel geringer an: bei lediglich rund 2,4 Millionen. Das amerikanische Wirtschaftsmagazin *Fortune* hat das Unternehmen 2007 mangels verlässlicher Zahlen aus der Liste der 500 größten Unternehmen der Welt gestrichen.

* * *

In der jüngeren venezolanischen Geschichte gibt es ein Datum, das jeder, der in der Politik Entscheidungen zu treffen hat, nicht aus dem Blick lässt: den Tag, an dem der damalige Präsident Carlos Andrés Pérez Preiserhöhungen für Benzin bekannt gab und damit einen (blutig niedergeschlagenen) Volksaufstand auslöste, den sogenannten »Caracazo«, der den Weg für den militärischen Aufstand unter Führung von Hugo Chávez 1992 bereitete. 2015 wurde Zentralbankpräsident Nelson Merentes in einem Fernsehinterview gefragt, ob es nicht an der Zeit sei, die Preise für das im Land immer noch extrem günstige Benzin zu erhöhen, und er antwortete: »Erinnern Sie sich, was am 27. Februar 1989 passierte?«

Und deshalb blieb der Benzinpreis 20 Jahre lang dort, wo ihn außerhalb Venezuelas niemand vermuten würde: Benzin ist billiger als Wasser. Bis 2016 kostete der Liter 0,10 Bolívar (weniger als 1 US-Cent). Einmal Volltanken entsprach dem Preis eines Bonbons am Kiosk um die Ecke. Was sich wie eine absurde Rechnung anhört, ist in Venezuela aber Realität: So werden ganze Schiffe voll mit Benzin illegal ins benachbarte Kolumbien gebracht, vom kleinen Grenzverkehr mit den Zehntausenden Kanistern ganz zu schweigen. Bis zu 100 000 Barrel Benzin sollen nach Angaben der Regierung täglich unerlaubt über die Grenze transportiert werden. Das Geschäft ist mit Profitraten bis zu 15 000 Prozent mittlerweile lukrativer als der Kokainhandel.

Der venezolanische Ökonom Francisco Monaldi errechnete, dass der Staat bei einer Erhöhung der Benzinpreise auf die Hälfte des internationalen Preisniveaus nicht nur alle mit der Herstellung verbundenen Kosten decken würde, sondern darüber hinaus allein im Jahr 2011 jedem Haushalt im Land noch 674 Dollar hätte überweisen können – das wäre mehr als das Vierfache des damaligen Mindestlohns gewesen. Hinzu kam, dass der billige Benzinpreis eher die Ärmsten benachteiligte, denn das reichste Viertel der Bevölkerung mit den vielen großen Autos bekam so jährlich 3000 Dollar an Subventionen pro Haushalt.

2016 wurde der Literpreis der billigsten Sorte auf 1 Bolívar erhöht – das entsprach einer Preiserhöhung um das Zehnfache. Der tägliche Benzinbedarf lag 2016 bei 250 000 Barrel, wovon 12 000 Barrel importiert wurden. Mit jeder Tankfüllung erhöht sich der Verlust der PDVSA, der bis zur Preiserhöhung rund zwei Milliarden Dollar pro Jahr betrug. Diese außerordentlich kostspielige Subvention steht im krassen Gegensatz zur Zielrichtung der übrigen Sozialpolitik, denn Autofahren ist nur etwas für die Besitzenden. Und auch das Argument, dass eine Erhöhung auf mindestens 1 Dollar je Liter wie im übrigen Lateinamerika die Preise im öffentlichen Verkehr verteuern würde, ließe sich mit gezielten Maßnahmen deutlich abschwächen. Das spottbillige Benzin hat aber noch eine Reihe weiterer unangenehmer Folgen. Alte Spritfresser fahren noch Jahrzehnte nach ihrem Erwerb, der hohe Individualverkehr verstopft die Straßen und führt zu einer extremen Luftbelastung.

Drei von vier Öl-Raffinerien in Venezuela blieben dauerhaft unter ihrer Produktionskapazität, da keine Wartungen vorgenommen werden konnten. Aufgrund der Liquiditätsknappheit ist es dem Öl-Konzern auch nicht mehr möglich, leichtere Treibstoffe zu importieren. Dies ist aber notwendig, um die Treibstoffe mit dem schweren Rohöl zu mischen. Einige Lieferschiffe warteten zeitweilig vor der venezolanischen Küste, weil Rechnungen nicht bezahlt worden waren. Die PDVSA versucht seit Längerem, offene Rechnungen im Ausland mit Öl-Lieferungen auszugleichen. Doch um die Servicefirmen für ihre Dienste zu bezahlen, braucht das Unternehmen Cash. Seit 2016 werden die Rechnungen nur noch sehr »selektiv« bezahlt. Dem Dienstleister Schlumberger schuldet man zum Beispiel rund 1,2 Milliarden Dollar. Am Ende zogen sich viele Firmen aus dem Markt zurück oder reduzierten ihre Aktivitäten, was sich auf die Produktion der PDVSA auswirkte. Und auf die Sicherheit: Mehr als 100 schwere Brände, Explosionen oder Lecks ereigneten sich, seit der Staat 2002 den Konzern unter Kontrolle gebracht hat. Der Industrievereinigung OGP zufolge sind die Unglücksquoten sechsmal höher als bei den Ölfirmen der Nachbarländer. Francisco Luna, Gewerkschaftsführer des Unternehmens, räsoniert bitter: »Die einzige Instandhaltungsmaßnahme besteht darin, alles rot anzustreichen.«

Ein neuer Staatsbetrieb unter der Kontrolle der Armee soll nun versuchen, die Lücke zu schließen. Per Dekret 2.231 rief Präsident Maduro die Compañía Anónima Militar de Industrias Mineras, Petrolíferas y de Gas (CAMIMPEG) ins Leben. Sie untersteht weder dem Energieministerium noch der PDVSA, sondern dem Verteidigungsminister. Analog zur Entwicklung in Kuba übernahm auch in Venezuela das Militär immer stärker strategisch wichtige Bereiche außerhalb seiner eigentlichen Zuständigkeit.

**

Für die Absicherung venezolanischer Anleihen verlangen Händler inzwischen 40 Prozent Zinsen. Das ist mehr als dreimal so viel, wie auf Verbindlichkeiten des hochverschuldeten Griechenland gezahlt werden. Deshalb muss immer mehr auf die

Unterstützung verbliebener ausländischer Verbündeter gesetzt werden. China hat Venezuela seit 2001 mehr als 60 Milliarden Dollar geliehen und ist somit der größte Gläubiger des Landes. Der andere ist Russland. Im November 2016 gewährte der staatlich kontrollierte Rosneft-Konzern Venezuela einen neuerlichen Kredit über 1,5 Milliarden Dollar. Das Geld ging an die PDVSA. Die Russen zeichneten eine Anleihe, obwohl damals schon die Gefahr bestand, dass Venezuela zahlungsunfähig werden könnte und seine Schulden daher nicht bedienen würde. Sollte es zu einem völligen Zahlungsausfall bei der Anleihe kommen, wären das schlechte Nachrichten für die USA und gute Nachrichten für Russland, denn der Kredit ist mit der US-Tankstellenkette CITGO besichert.

1986 hatte die PDVSA 50 Prozent am nordamerikanischen Tankstellennetz gekauft, vier Jahre später die andere Hälfte. 2006 ließ Chávez das Unternehmen von der New Yorker Börse nehmen. 2010 stellte er das Unternehmen zum Verkauf, doch fand sich niemand, der den Preis von mindestens zehn Milliarden Dollar zahlen wollte. 2015 wurde der Verkaufsprozess dann gestoppt. Dafür gab das Unternehmen Anleihen in Milliardenhöhe aus.

Venezuela besitzt CITGO, das drittgrößte Tankstellennetz in den USA

Größter Interessent an CITGO ist Rosneft. In einer abenteuerlichen Aktion schleuste Präsident Maduro dessen Beteiligung an CITGO am Parlament vorbei. Im März 2017 hatte das Oberste Gericht auf Bitten der Regierung das von der Opposition kontrollierte Parlament entmachtet. Dadurch konnte die PDVSA – ohne deren Zustimmung das Unternehmen keine Kooperationen mit ausländischen Unternehmen eingehen darf –, eine 49,9 %-Beteiligung von Rosneft an CITGO umsetzen. Dieser Schritt stellte den Beginn der Protestwelle dar, die in den darauffolgenden Monaten mehr als 120 Tote forderte.

Mittlerweile besitzt Rosneft Förderrechte in bedeutendem Umfang an fünf Vorkommen. Weitere fünf Förderrechte im Orinoco-Becken, drei im Maracaibo-See und ein Vorhaben im Golf von Paria werden verhandelt. Rosneft handelt bereits heute mit rund 13 Prozent (etwa 225 000 Barrel pro Tag) der gesamten venezolanischen Erdölproduktion. Die Lieferungen gehen auch in die USA, obwohl Rosneft aufgrund der Annexion der Krim durch russische Vasallen ganz oben auf der Sanktionsliste steht. Die PDVSA hingegen darf weiterhin in die USA liefern und als deren Subunternehmer der russische Staatskonzern, der Präsident Wladimir Putin besonders nahesteht, eben auch.

Im August 2017 bezifferte Rosneft seine Kredite an Venezuela mit insgesamt sechs Milliarden Dollar. Der Staat Russland kreditierte weitere 11 Milliarden. Während die Exporte der PDVSA kontinuierlich sinken und ein Tief von nur noch 1,75 Millionen Barrel täglich erreicht haben, müssen von diesen ohnehin nicht ausreichenden Einnahmen noch einmal 42 Prozent abgezogen werden: Sie gehen in Naturalform (735 000 Barrel täglich) zur Bedienung der Schulden an China und Russland.

Igor Setschin, der Chef von Rosneft, ist zuversichtlich, dass sich das Engagement seines Unternehmens in Venezuela lohnt: »Momentan fördern wir in Venezuela neun Millionen Tonnen Öl pro Jahr. Wir werden dort nie weggehen und niemand wird uns von dort vertreiben können.«

Korruption – einfach unvorstellbar

>*»Die schärfsten Kritiker der Elche*
>*wurden später selber welche.«*
>Abgewandeltes Sprichwort

Das Hauptziel des Wahlprogramms der Bewegung von Hugo Chávez war es 1998, die Korruption im Land zu bekämpfen. Dafür gaben ihm viele Wähler ihre Stimme. Eigens für dieses Ziel wurde der Bürgerrat geschaffen, mit diesem Ziel erklärte die Verfassunggebende Versammlung am 12. August 1999 den Staatsnotstand, der es der Regierung erlaubte, in alle staatlichen Organe einzugreifen. Zunächst ließ Chávez das gewählte Parlament schließen und verordnete den Justiznotstand. Mit letzterer Maßnahme konnten gegen alle Richter des Landes Ermittlungen eingeleitet werden – wegen Korruption.

Doch es kam anders. Bereits mit dem ersten Sozialprogramm begann eine unglaubliche Entwicklung. 1999 übertrug Chávez dem Militär die Organisation und Durchführung des Hilfsprogramms für sozial Bedürftige, seinen »Plan Bolívar 2000«. Die Leitung erhielt General Victor Cruz Weffer. Als Chávez am 6. Juni 1999 in seiner Sendung »Aló Presidente« den Bau der ersten 128 Wohnhäuser im Stadtteil San Andrés in Caracas ankündigte, erklärte er zugleich, das Militär werde verhindern, dass auch nur ein Bolívar in falsche Hände gelange: »Dafür bürge ich mit meinem Leben.« Er war schon Jahre tot, als im Rahmen der 2016 veröffentlichten »Panama Papers« herauskam, dass sein General ihn und die Bedürftigen massiv betrogen hatte.

Nicht, dass dies irgendjemand überraschte. Denn schon 2001 musste der General seine Ämter als Chef des Hilfsprogramms, als Heereschef und als Präsident der Fundación Propatria 2000 sowie des Städtischen Entwicklungsfonds FONDUR wegen Korruptionsvorwürfen abgeben. Es wurden Ermittlungen aufgenommen, die sechs Jahre später mit der Anklage der illegalen Bereicherung endeten. Die Generalstaatsanwaltschaft teilte mit, dass General Cruz Weffer über eine Milliarde Bolívares veruntreut habe. Das entsprach etwa 85 Prozent der Mittel, über die er die unmittelbare Verfügung gehabt hatte.

Am 7. Mai 2007 – drei Wochen nach Bekanntgabe der Anklage gegen ihn – gründete er auf den 13 000 Kilometer entfernten Seychellen die Univers Investment Ltd. mit einem Stammkapital von 50 000 Dollar. Natürlich lief die Firma nicht auf den Namen des Ex-Generals, sondern auf die schweizerische Firma Barreto & Partner SARL, die Partner der Anwälte Mossack Fonseca in Panama waren und in ihrem Auftrag handelten.

Sitz der Firma war auch nicht das Steuerparadies im Indischen Ozean, sondern die Residenz »Cascadas La Castellana« in Caracas. Dort wollten die Rechercheure zu den »Panama Papers« auch ein Interview mit dem General führen, doch der teilte per E-Mail mit: »Wenn man im Internet nachschaut, erkennt man, dass die

General Cruz Weffer flog durch die Veröffentlichung der »Panama Papers« auf.

Seychellen eine Inselgruppe auf dem afrikanischen Kontinent sind, wo ich niemals war, also auch nicht dort eine Gesellschaft habe gründen können.« Er räumte ein, Konten bei der Credit Swiss sowie der Banco Banistmo de Panama zu unterhalten sowie Kredite von italienischen Finanzinstituten in Anspruch genommen zu haben.

Ungeachtet der Ermittlungen kaufte General Cruz Weffer für 1,8 Millionen Dollar ein Anwesen in Caracas. Auch in den USA besitzt der General mehrere Anwesen in Florida und Virginia. Er war sich sehr sicher, dass es nie zu einer Verurteilung kommen würde. Und so war es auch. Der General war noch bis 2014 Präsident des Unternehmens GRANDIOSAS, das im Auftrag des Staates Infrastrukturprojekte im Wohnungsbau, der Energieerzeugung sowie in der Industrie ausführte, sowie Geschäftsführender Direktor der PacRim Group, die ebenfalls Infrastrukturprojekte begleitete.

Doch dies war nur der Auftakt. In den Jahren danach folgte ein Bereicherungsfeldzug ohne Beispiel durch die staatlichen Institutionen. Héctor Navarro, der seit 1999 fünf verschiedenen Ressorts als Minister vorstand und die regierende Sozialistische Einheitspartei Venezuelas PSUV mitgegründet hat, sowie Jorge Giordani, der von 1999 bis 2014 das Superressort als Planungsminister innehatte, schätzen den Umfang der Korruption in der Regierungszeit von Chávez auf sagenhafte 300 Milliarden Dollar!

* * *

Zeitgleich mit Hugo Chávez wurde der Mitverschwörer des gescheiterten Militärputsches von 1992 Leutnant Alejandro Andrade nach zwei Jahren Haft begnadigt und entlassen. Er wurde Chef des Sicherheitsstabes des künftigen Präsidenten und sein Privatsekretär. Nach dessen Amtsantritt übernahm er 2001 die Führung der Stiftung »Pueblo Soberano«, die Hilfen an sozial Bedürftige verteilte. Schon nach kurzer Zeit wurde offenbar, dass er für diese Aufgabe alles andere als geeignet war. Ein Untersu-

Ex-Leutnant Alejandro Andrade – einer der »revolutionären Milliardäre«

chungsausschuss der Nationalversammlung bescheinigte ihm ein »Durcheinander in der Verwaltung, mangelnde Effizienz und Nachlässigkeit«.

Seiner Karriere schadete das nicht. Schon 2002 übernahm er als Präsident die nächste Verteilstelle für staatliche Hilfen, den Fondo Único Social (FUS). Den Posten verdankte Andrade einem Unfall. Er hatte sich mit Chávez in einem Wurfspiel mit Kronkorken gemessen, was in den Elendsvierteln von Caracas sehr populär ist. Dabei hatte ihm der Präsident einen Kronkorken so ins linke Auge geworfen, dass es nicht mehr zu retten war. Das musste entschädigt werden. Kurz darauf übernahm der Ex-Leutnant als Präsident die Banco de Desarollo Social BANDES sowie die Leitung des nationalen Schatzamts.

Andrade wurde so zur Schlüsselfigur bei der Verteilung der Milliarden, die Chávez in zahlreichen Parallelinstitutionen am Staatshaushalt vorbeischleuste. Er kaufte in seinem Auftrag Staatsanleihen befreundeter Regierungen wie Argentinien, Bolivien, Ecuador oder Weißrussland im Umfang von mindestens zehn Milliarden Dollar und stellte Gelder bereit, um private Unternehmen zu verstaatlichen. Weder Minister noch Parlamentarier erfuhren, was Andrade wirklich trieb – er berichtete einzig dem Präsidenten.

Im Verborgenen baute sich der Militäroffizier eine Parallelexistenz in den USA auf. Zu seinem Wohnsitz wählte er den Ort Wellington in West Palm Beach in Florida. Nobler geht es kaum. In der Nachbarschaft residieren der reichste Mann der Welt, Bill Gates, aber auch Musiker wie Bruce Springsteen oder Madonna. Ab 2008 zog der wichtigste Mann bei der Verteilung der üppig fließenden Erdöleinnahmen Venezuelas in South Carolina eine Pferdezucht auf, um damit die Sportkarriere seines Sohne Emanuel Andrade zu fördern, der ein begabter Reiter war. Für ihn rief er sogar einen kontinentalen Nachwuchswettbewerb ins Leben, ließ die jungen Reiter und ihre Pferde aus vielen Ländern Lateinamerikas und Kanada per Charterflügen zu den verschiedenen Wettbewerben transportieren. Der Umfang seines Gestüts umfasste bald mehr als 150 Rennpferde, die je nach ihrem Erfolg zwischen 150 000 und 500 000 Dollar je Tier bewertet wurden. Das fiel nicht nur den US-Behörden auf, auch in Caracas wurden immer drängendere Fragen nach dem plötzlichen Reichtum gestellt.

In den USA drohte richtiges Unheil, nachdem sich einer seiner Partner den Behörden als Kronzeuge zur Verfügung gestellt hatte. Andrade erhielt Einreiseverbot und eine Anklage wegen Bestechung im Ausland beim Bezirksgericht von Manhattan. Seine Privatkonten und die seiner Firma Cartagena International Inc. in den USA wurden eingefroren. Doch der Ex-Leutnant hatte vorgesorgt und über die diskreten Dienste von Mossack Fonseca eine Briefkastenfirma in Panama errichten lassen, die auch in der Schweiz über zahlreiche Konten verfügte. Das wurde ihm allerdings 2015 zum Verhängnis, als die *Swissleaks* offenbarten, dass er einer der reichsten Venezolaner unter den Kunden der HSBC Bank war. Sein Vermögen wird auf fünf Milliarden Dollar taxiert. Bei Bekanntwerden dieser Umstände mussten auch in Caracas Ermittlungen eingeleitet werden. Sie verliefen – man ahnt es bereits – im Sande.

Will man Andrade treffen, dann am Besten im Country Club von Caracas, wo ständig mehrere Parkplätze für ihn und seine Leibwächter reserviert sind. Er ist ein »intocable«, ein Unantastbarer, denn er hat den vollständigen Überblick, wer wieviel beim jahrelangen Bereicherungsmarathon zur Seite geschafft hat.

* * *

Untadeliger konnte bis zum Sieg von Hugo Chávez kaum der Ruf eines gestandenen Revolutionärs sein, als der von José Luis Rangel. Der 1929 geborene Journalist trat drei Mal als Präsidentschaftskandidat der Linken an, 1973 und 1978 für die Bewegung zum Sozialismus (MAS) und 1983 für die Wahlbewegung des Volkes (MEP) und die Kommunistische Partei Venezuelas. Die Militärdiktatur vertrieb ihn in den 50er Jahren ins Exil nach Chile und später nach Spanien. Nach seiner Rückkehr wurde er Abgeordneter des venezolanischen Parlaments.

Hugo Chávez ernannte ihn zu seinem ersten Außenminister, 2001 übernahm er – als erster Zivilist in der 170-jährigen Geschichte – das Verteidigungsministerium und wurde ein Jahr später zum Vizepräsidenten des Landes ernannt. Er amtierte fünf Jahre (so lange wie kein anderer nach ihm) und wurde mit einer Kopie des Degens des Befreiers Simón Bolívar ehrenvoll verabschiedet.

Jahre später erhob der ehemalige Richter am Obersten Gericht Venezuelas, Luis Velásquez Alvaray, schwere Korruptionsvorwürfe gegen den ehemaligen Vizepräsidenten. Durch Ermittlungen sei offenbar geworden, dass der Chávez-Vize mehrere Wohnsitze in den USA besaß, darunter ein Apartment in Manhattan, drei Residenzen in Doral bei Miami sowie weitere Immobilien und Unternehmen im US-Bundesstaat Alabama. Verteilt auf die Anwesen waren acht Luxusautos der Marken Aston Martin, Range Rover und Mercedes Benz.

Schlimmer noch: Jahre nach der Ermordung des 38-jährigen Staatsanwalts Danilo Anderson, der in Hunderten von

Korruptionsfällen ermittelt hatte und 2004 mit seinem Wagen in die Luft gesprengt worden war, erhob die Schwester des Toten gegenüber Journalisten den Vorwurf, der Ex-Vizepräsident sei der Drahtzieher des Mordes gewesen und somit selbst »ein Mörder«. Marisela Anderson weiter: »José Vicente (Rangel) ist der Mann hinter den Bankiers, die mein Bruder dingfest machen und wegen Korruption hinter Gitter bringen wollte.« Er sei auch sofort nach dem Anschlag am Tatort gewesen, noch vor der Polizei. Die Leibwächter des Staatsanwalts hingegen seien genau an diesem Abend abgezogen worden. Am 8. April 2008 bestätigte der Kronzeuge der Anklage in dem Fall diese Version. Der Politiker habe den Mord in Auftrag gegeben, nachdem der Staatsanwalt ihn mit Vorwürfen konfrontiert und angedroht habe, diese auch öffentlich zu machen. Auf einmal lebte die Vergangenheit wieder auf, denn schon Rangels Vater, ein Provinzgouverneur in der Diktaturzeit von General Gómez, war 1946 wegen Korruption verurteilt worden.

Der Skandal weitete sich schnell auf weitere Familienmitglieder aus: Sein Sohn José Vicente Rangel Ávalos, Ex-Bürgermeister von Sucre, der Hauptstadt des gleichnamigen Bundesstaates an der Karibikküste, geriet ebenfalls in den Verdacht der Vorteilsnahme. Sein Nachfolger im Amt übergab dem Obersten Rechnungshof in 14 Umzugskisten zahlreiche Akten, die belegen sollten, dass sich José Rangel Ávalos im Amt bereichert hatte. Von den 343 Bauvorhaben der Stadt im Jahr 2008 seien für 111 Rechnungen ausgestellt, aber die Bauten seien nie errichtet worden. In Rangels Amtszeit von 2004 bis 2008 seien Investitionen in Höhe von 54 Milliarden Bolívares zu 60 Prozent an vier Firmen vergeben worden, die auch noch untereinander verbunden gewesen waren. Sie gehörten der Familie des Bürgermeisters. In einem Fall erhielten sie sogar einen umfangsreichen Auftrag zum Bau eines Gebäudes, das schon längst existierte.

Auch seine Ehefrau wurde auffällig. Gabriela Chacón stellte zwei Wochen vor dem Ende der Amtszeit ihres Gatten 2008 eine Bademodenkollektion in Miami vor. In den Jahren als Frau des Bürgermeisters hatte sie zahlreiche geschäftliche Aktivitäten in Sucre betrieben, denen der Hauch des Nepotismus anhaftete. 360 Verträge im Volumen von 30 Millionen Dollar machte die Stadt mit ihren Brüdern Kiko und Oswaldo Charcón. Auch die Schwester des Bürgermeisters wurde mit öffentlichen Aufträgen für ihre Firma Obras y Proyectos Maga reich bedacht, die ihren Umsatz in der Amtszeit von José Rangel junior verfünfzigfachen (!) konnte. – Niemand aus dem Rangel-Clan wurde bis heute zur Rechenschaft gezogen.

* * *

Und der Präsident selbst?

Frühzeitig brachte Hugo Chávez seinen Familienclan in aussichtsreiche Positionen. Sein Vater, Hugo de los Reyes Chávez, wurde zeitgleich mit ihm zum Gouverneur der Heimatprovinz Barinas im Westen des Landes gewählt. Seine Wiederwahl führte er unter dem Motto: »Stimmt für den Vater, denn der Sohn kann ihm keinen Wunsch abschlagen.« Die Brüder des Präsidenten wurden gleichfalls versorgt: Narciso wurde Koordinator der Zusammenarbeit mit Kuba, Argenis Kabinettschef seines Vaters, Aníbal Bürgermeister im Geburtsort Sabaneta, Ardelis Chef der Bank Sofitasa. Cousin Asdrúbal bekam den Posten des Vizepräsidenten des Ölkonzerns PDVSA. Adán, der älteste der Brüder, wurde Botschafter in Kuba und Erziehungsminister. Dann übernahm er vom Vater den Posten des Gouverneurs von Barinas. Ihm folgte im Oktober 2017 mit Ardélis der nächste Chávez in das höchste Amt des Bundesstaates.

Des Präsidenten Lieblingstochter María Gabriela Chávez nahm eine besondere Rolle ein: Sie wurde nach der Scheidung von Chávez zweiter Frau Venezuelas First Lady, begleitete ihn auf Staatsbesuchen und offiziellen Empfängen. Besondere Bindungen entwickelte sie zu Fidel Castro und der argentinischen Staatspräsidentin Cristina Kirchner. Sie war es auch, die die Trauerfeierlichkeiten für ihren Vater organisierte. Danach wurde sie als UNO-Botschafterin nach New York entsandt.

Oppositionelle Medien halten sie für die reichste Frau Venezuelas mit Konten in Andorra und in den USA. Belegen konnten sie dies aber nicht. Dafür reagierte der Präsidentenpalast in Caracas mit einer offiziellen Stellungnahme: Das Vermögen von Frau María Gabriela Chávez stamme aus Ersparnissen, die sie in ihrer unternehmerischen Tätigkeit als PR-Managerin sowie als Beraterin für Kosmetika verdient habe.

Einem weiteren Paar aus dem Umfeld von Hugo Chávez wurden die Recherchen zu den »Panama-Papers« zum Verhängnis: dem ehemaligen Chef für die Sicherheit des Präsidenten und seiner Krankenschwester. Claudia Patricia Díaz Guillén umsorgte Chávez, als seine Krebserkrankung noch ein Staatsgeheimnis war. Und weil sie mit diesem sorgsam umging, ernannte sie der Präsident zur Leiterin des nationalen Schatzamtes sowie des Entwicklungsfonds FONDEN, dem sie von 2011 bis 2013 vorstand. Die Krankenschwester im Range eines technischen Unteroffiziers der Streitkräfte hatte die Aufsicht über das Staatsvermögen Venezuelas erhalten. Darin eingeschlossen waren auch die Genehmigungen von Investitionen sowie der Import dringend benötigter Güter zu privilegierten Umtauschquoten – die wahrscheinlich wichtigste Quelle der Bereicherung im Land.

Wenig später suchte ihr Ehemann, der ehemalige Kapitänleutnant Adrian Velasquez, die Paten der Geldwäscher und Steuersünder, die Firma Mossack Fonseca in Panama auf, um diverse Firmen in den Steuerparadiesen der Welt zu gründen. So entstand beispielsweise am 18. April 2013 die Firma Bleckner Associates Limited S. A. auf den Seychellen. Das Stammkapital betrug 50 000 Dollar in Aktien. Natürlich hatte man sich über den neuen Klienten zuvor informiert und in einem Dossier hieß es: »Ist in illegale Geschäfte mit Lebensmitteln und Mineralien verstrickt.« Hinter dem Namen Velasquez wurde zudem der Vermerk »PEP« hinterlegt, die englische Abkürzung für »Politisch herausgehobene Person«. Zur eigenen Absicherung erbat die Kanzlei in Panama zusätzliche Angaben vom neuen Kunden.

Velasquez schickte die erbetenen Informationen, darunter auch über seine Bankverbindungen. Danach war er Kunde der Schweizer Bank BSI, die sich auf aktive Vermögensverwaltung spezialisiert hat. Aber auch in Venezuela war er aktiv. So gehörte ihm die Firma MJ Box Tool, in der sein Bruder Josmel José Vizepräsident war und ein Viertel der Anteile hielt. In Panama besaß er fünf weitere Unternehmen.

Die Ehefrau ließ im Gesetzblatt 39.910 mitteilen, dass der von ihr geleitete FONDEN seine Kapitalbasis für »außergewöhnliche Situationen« anhebe. Das Land befand sich inmitten des Präsidentschaftswahlkampfes 2012. Der Kandidat der Opposition, Henrique Capriles Radonski, beklagte, dass er gegen die schier unerschöpflichen Gelder der Wahlkampagne des Präsidenten aus unklaren Quellen nicht ankomme. Einer Analyse von Reuters zufolge verzeichnete der FONDEN 2012 einen Zufluss von sage und schreibe 100 Milliarden Dollar. Im Jahr zuvor seien es 15 Milliarden Dollar gewesen.

Dass der Chefposten bei FONDEN außerordentlich lukrativ blieb, zeigte die Nachfolge: 2013 wurde der Neffe der Ehefrau des neuen Präsidenten Nicolás Maduro ins Amt gehoben. Carlos Erik Malpica Flores stieg schnell zum einflussreichsten Mann im revolutionären Venezuela auf, denn er gebot über viele Milliarden, bekannte und schwarze Kassen, und mit seiner Tante im Präsidentenpalast verfügte er über den besten Schutz. Und da man nie genug Einfluss haben kann, wurde er auch noch Aufseher über die Finanzen der »Goldenen Gans« des Landes, des Erdölkonzerns PDVSA.

Und wieder brachten die »Panama Papers« Licht in das verzweigte Netzwerk der Familie. Tante Cilia Flores Maduro war bekannt dafür, ihrer Familie durch dick und dünn zur Seite zu stehen. 2008 veröffentlichte eine Zeitung, dass die Parlamentspräsidentin 47 ihrer Familienangehörigen in der obersten Volksvertretung untergebracht hatte. Darauf angesprochen, sagte sie: »Hier ist meine Familie jetzt angestellt, und ich bin sehr stolz darauf, dass sie meine Verwandten sind. Ich werde sie als Arbeiter in dieser Nationalversammlung verteidigen.«

Und wie die Vorgänger von Neffe Carlos Erik, baute sich auch die Familie Malpica Flores ihr privates Firmenimperium auf. 2014 und 2015 – also schon in Zeiten der ausbrechenden Krise und Unruhen in Venezuela – gründeten sie im benachbarten Panama insgesamt 16 Firmen. Die Schwester des Obersten Hüters des Staatsschatzes, Iriamni Malpica Flores, war bald Präsidentin der folgenden Unternehmen:
- International Business Suppliers Inc.
- Tankers Administrators Corp.
- Maritime Crews Inc.
- Maritime Administration Group Inc.
- Sea Side Services Inc.
- Oceanus Investors Corp.
- Marine Administrations Panama Inc.
- Maritime Tanker Services Inc.
- Marine Investors Corp.
- Marine Investment Group Inc.
- Inversiones Cemt S. A.

Die Schwester der Präsidentengattin, Evelyn Malpica Flores, ist Direktorin der Unternehmen
- Technical Support Trading
- Lumar Development S. A.
- American Quality Professionals S. A.
- Proalco S. A.

Sie wird zusätzlich in allen Firmen ihrer Nichte Iriamni als Direktorin aufgeführt. Auch der Schwager der Präsidentengattin, Carlos Malpica Torrealba, wird aufgeführt. Er ist Direktor der International Business Suppliers Inc. sowie der Inversiones Cemt S. A. gemeinsam mit seiner Schwägerin Evelyn und seiner Tochter Iriamni.

Kurz vor Jahresende 2012 speiste der Gast im exklusiven Hotel Crillon in Paris zu Abend. Die Kellner waren gewiss dienstbeflissen und an spendable Gäste gewöhnt. Doch an diesem Abend erlebten sie etwas Einmaliges: Auf ihrer Rechnung stand ein Trinkgeld von 100 000 Dollar! Wie sollte man damit umgehen? Man wandte sich an die Direktion und die wiederum verständigte die Behörden.

Wer war der superspendable Gast? Es handelte sich um Diego Salazar Carreño, Verantwortlicher für die Versicherungen und Rückversicherungen des venezolanischen Staatskonzerns PDVSA – und Neffe des langjährigen Vorstandsvorsitzenden, des Ex-Ministers Rafael Ramírez, des Onkels von »Carlos« alias »Der Schakal«, der ebenfalls in Paris weilte, allerdings unter deutlich unangenehmeren Verhältnissen im Hochsicherheitsgefängnis. Die Polizei verfolgte die Quelle des großzügigen Hotelgastes und fand eine Bank im kleinen Pyrenäen-Staat Andorra. Die Bank blockierte daraufhin die Konten zur weiteren Untersuchung und sperrte ein Guthaben von 200 Millionen Dollar. Die Nachricht von dem sagenhaften Trinkgeld drang bis nach Washington, wo sich das Financial Crimes Enforcement Network (FinCEN) auf die Spuren von Onkel und Neffe machte.

2015 gab die US-Behörde bekannt, dass sich maßgebliche Verantwortliche der Bank in Andorra der Geldwäsche schuldig gemacht hätten und in Korruptionsfälle, Unterschlagung und Betrug im Ausland verwickelt seien. Aus Venezuela seien insgesamt 4,2 Milliarden Dollar illegaler Gelder durch die Konten der Bank gewaschen worden. Zwei Milliarden stammten nachweislich aus dem Vermögen des staatlichen Erdölkonzerns PDVSA und waren über ein Netz von Hunderten von Briefkastenfirmen aus Panama geschleust worden. Die spanischen Strafverfolgungsbehörden teilten ergänzend mit, dass sich rund 30 Venezolaner unter den Kontoinhabern der Bank befanden, darunter mehrere Top-Manager der PDVSA sowie des Energieministeriums in Caracas. Das *Wall Street Journal* berichtete im Oktober 2015 ausführlich über die Untersuchungen gegen die PDVSA-Führung wegen Korruption und darüber, dass zu den 4,2 Milliarden in Andorra noch weitere 6 Milliarden Dollar auf Konten in Liechtenstein und Luxemburg aufgespürt worden seien. Die Gelder stammten aus sogenannten »cash back«-Operationen, bei denen die Kunden der PDVSA durchschnittlich drei Prozent »Bearbeitungsgebühr« zahlten. Bei den insgesamt fast zwei Billionen Dollar Einnahmen der PDVSA seit 1999 müssen gigantische Summen zusammengekommen sein.

2017 wurde wieder ein Familienmitglied von PDVSA-Chef Rafael Ramírez in den USA angeklagt: Sein Bruder Fidel Ramírez Carreño soll mit weiteren Spitzenbeamten aus dem Energieministerium über zwei Firmen in Florida Hunderte Millionen Dollar gewaschen haben. Fidel ist eigentlich Arzt und war Chef des Militärkrankenhauses von Caracas. Sein Bruder berief ihn in seiner langen Amtszeit zum Generaldirektor für Gesundheitsbetreuung der PDVSA. Diesmal ging es um manipulierte Währungsgeschäfte, die in Venezuela durch das Vorhandensein von mehreren offiziellen Wechselkursen – und den Schwarzmarkt – spürbar erleichtert werden. Den Angeklagten wird vom Staatsanwalt in New York ferner vorgeworfen, durch falsche Rechnungen, Scheingeschäfte, Lieferungen ohne Ware sowie Schwarzmarktgeschäfte einen immensen Schaden angerichtet zu haben. Die rechtliche Grundlage dafür sahen die US-Gerichte durch die Nutzung von Firmen in den USA bei den Transaktionen sowie mit dem Kampf gegen die Korruption auch im Ausland gegeben.

Venezuela steht immer stärker im Rampenlicht eines Geschäfts, bei dem es um Hunderte von Milliarden Dollar geht: Geldwäsche. Nach Angaben der UNO fallen jährlich allein 400 Milliarden aus dem Drogenhandel an. Nimmt man die illegalen Waffengeschäfte, die Korruption, Steuerhinterziehung und Betrug hinzu, kommt man auf 1,7 Billionen Dollar, die jährlich in sauberes Kapital verwandelt werden müssen.

* * *

Venezuela und Kolumbien verbindet nicht nur eine gemeinsame 2200 Kilometer lange Grenze miteinander, sondern auch das Problem des Drogenhandels. Die über Jahrzehnte in Kolumbien kämpfenden Guerrillaverbände finanzierten sich über Drogen, und Venezuela unterstützte die Guerrilleros. Das Territorium Kolumbiens wird von der Regierung mit Hilfe der USA sehr feinmaschig überwacht. Was lag näher, als das Kokain über das befreundete Venezuela herauszubringen und von dort über venezolanische Häfen vor allem auf die afrikanischen und europäischen Märkte zu schaffen. Das alles ist belegt und wird von Kolumbien auch vor internationalen Gremien immer wieder beklagt. In einem im Juli 2009 veröffentlichten Bericht des US-Kongresses heißt es, dass sich innerhalb von nur drei Jahren das illegal transportierte Kokain aus Kolumbien über venezolanische Routen auf 260 Tonnen vervierfacht habe. Und im Jahr darauf stellte die UNO fest, dass die Hälfte des verschifften Kokains nach Europa über Venezuela laufe. Das Büro der Vereinten Nationen für Drogen- und Verbrechensbekämpfung schätzt, dass inzwischen jährlich mindestens 50 weitere Tonnen Kokain über Venezuela zu afrikanischen Brückenköpfen geschafft werden.

2008 wurde Raúl Reyes, die Nummer zwei der kolumbianischen Guerrillabewegung FARC, bei einem Bombenangriff getötet. Bei ihm fand man einen Koffer mit mehreren Computern sowie Speichermedien. Aus den so erhaltenen Dokumenten ging eindeutig hervor, dass Hugo Chávez die FARC seit Jahren aktiv unterstützt hatte. Detailliert wurden die Kokain-Lieferungen aufgeführt, die Finanzierung und Transportwege aufgelistet. In einer Mail war von 300 Millionen von Chávez an die FARC-Führung die Rede, in einer anderen die fortlaufende Finanzierung der Guerrilla mit Erdöllieferungen an Dritte sowie umfangreiche Waffenlieferungen. Auch bot der Staatschef sein Land als Rückzugsort für die Kämpfer der FARC an.

2015 fassten zwei junge Venezolaner einen Plan: Die Cousins Franqui Francisco Flores de Freitas und Efraín António Campo

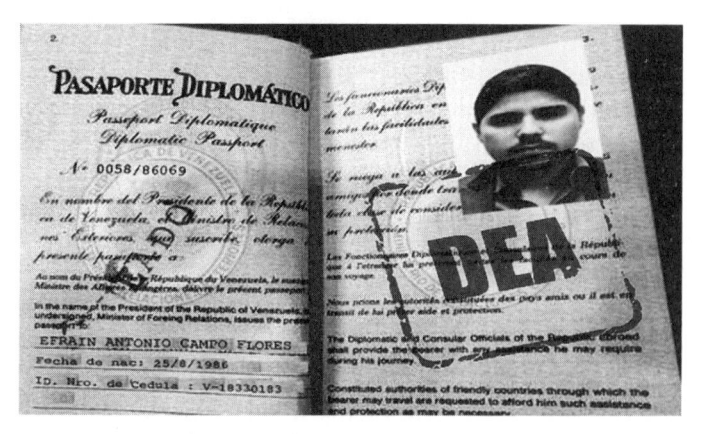

Diplomatenpass des Drogendealer-Amateurs und Adoptivsohns der Präsidentengattin Efraín António Campo Flores

Flores wollten 800 Kilogramm Kokain von der kolumbianischen Guerilla FARC abnehmen und per Flugzeug in die USA bringen. Ein durchaus ambitioniertes Vorhaben, denn die beiden waren keine üblichen Drogengangster: Sie waren Neffen der Präsidentengattin Celia Flores Maduro. (Efraín bezeichnete sie sogar als seine Mutter, denn sie adoptierte ihn nach dem Tod ihrer Schwester.) Die Drogenamateure fielen auf eine Falle der US-Drogenverfolgungsbehörden DEA herein und konferierten mit Abnehmern, die in Wahrheit Agenten der DEA waren. So kam alles minutiös und penibel dokumentiert ans Tageslicht.

* * *

Im Oktober 2015 trafen sie sich in Honduras, einen Monat später kamen als Abgeordnete des mexikanischen Sinaloa-Kartells getarnte US-Agenten nach Caracas, wo ihnen die 30 und 31 Jahre alten Amateure erklärten, warum sie die 800 Kilo Kokain ohne weitere Kontrollen aus dem Land herausbringen konnten: Sie wollten die Drogen im Hangar des Flughafens von Caracas verladen, der für den Präsidenten Nicolás Maduro reserviert ist. Bei einem nächsten Treffen präsentierten die beiden ein »Probepäckchen«, ein Kilopaket Kokain. Der getarnte DEA-Agent öffnete es, zerrieb es zwischen den Fingern, kostete und befand: »Hochreiner Stoff!« Auch diese Szene war klar und deutlich in heimlich mitgeschnittenen Filmaufnahmen zu verfolgen.

Am 6. November traf man sich wieder in Honduras und besprach die Zwischenlandung und das Auftanken der Maschine auf dem Flughafen von Roatán. Fünf Tage später traf man sich in Port-au-Prince, der Hauptstadt von Haiti, wo die Cousins die versprochene Prämie von 11 Millionen Dollar in Empfang nehmen wollten. Stattdessen wurden sie in Empfang genommen und zwar von der Polizei. Sechs Stunden später übernahm die DEA die beiden und flog sie mit einem Learjet nach New York, wo sie eine Zelle im Metropolitan Correctional Center bezogen. Zufall oder nicht: Einer ihrer Mitinsassen war der berüchtigte mexikanische Drogenboss »El Chapo«.

Für eine sündhaft teure Verteidigung mit sechs renommierten Anwälten sorgte Wilmer Ruperti, ein venezolanischer Geschäftsmann. Er hatte Chávez 2002 das politische Überleben gesichert, als er beim Erdölstreik auf eigene Kosten russische Tanker geleast hatte und den Ausstand damit unterlief. Seither ist er der Mann mit den besten Verträgen der PDVSA, des staatlichen Ölkonzerns Venezuelas.

In New York sagten die beiden Cousins aus, dass sie das Geld nicht für sich verwenden, sondern damit die politische Arbeit ihrer Tante unterstützen wollten. Präsident Maduro ging nach einer kurzen Pause der Verblüffung schnell zum Angriff über: »Denken Sie, dass es ein Zufall ist, dass die Imperialisten gerade jetzt mit diesem Fall um die Ecke kommen? Einziges Ziel ist es doch, die First Lady, den ersten Kämpfer, des Präsidenten Ehefrau in Misskredit zu bringen.« Und sein Vizepräsident, der frühere Parlamentspräsident Diosdado Cabello, warf sich auch in die Bresche: »Diese Jungs sind einfach gekidnappt worden!«

Ausgerechnet Diosdado Cabello. Verfassungsgemäß wäre er der Nachfolger des verstorbenen Hugo Chávez geworden. Doch

Der zweite Mann im Staate: Vizepräsident Diosdado Cabello

erstens hatte er nicht den kubanischen Background wie Nicolás Maduro und zweitens hing ihm schon länger der Verdacht an, Kopf des venezolanischen Drogenringes »Cartel de los Soles« (Sonnenkartell) zu sein. 2005 hatte Chávez die Zusammenarbeit mit der DEA mit dem Argument aufgekündigt, die US-Agenten spionierten in seinem Land herum. Die damalige Verantwortliche für die Verfolgung des Drogenhandels in der Regierung, Mildred Camero, hat eine andere Erklärung: Zu diesem Zeitpunkt habe Chávez dem Drogenhandel Tür und Tor geöffnet – und sie dann als Erste vor die Tür gesetzt. Als Nächstes erhielten die Streitkräfte die Befugnis, gegen den Drogenhandel aktiv zu werden, was bis dahin der Nationalgarde vorbehalten gewesen war. Nun hatten die Kommandeure das Recht zu entscheiden, welche Ladungen kontrolliert wurden, konnten Frachtpapiere und Zoll-Identnummern fälschen und avisierte Drogenfrachten durch ihre Kontrollposten bringen.

* * *

2013 wurde am Pariser Flughafen Roissy in einer Air France-Maschine aus Caracas eine Ladung Kokain entdeckt, die in 34 Koffern verstaut war. Die 1,3 Tonnen hätten ohne den Schutz der Generäle nie die Dutzenden von Straßenkontrollen passieren können. Es war der Coup des Sonnenkartells, so benannt nach den Sonnen, die venezolanische Generäle auf ihren Epauletten tragen.

Nicht weniger als vierzig Generäle, dazu Admirale, Minister und fünf Abgeordnete hätten zum engsten Kreis des Kartells gehört. Das behauptete Walid Makled, ein verurteilter Drogenhändler – aber nicht irgendein Drogenhändler, sondern per Beschluss des damaligen US-Präsidenten Barack Obama der Meistgesuchte, der »Boss der Bosse«. Zehn Tonnen Kokain soll er in die USA transportiert haben – im Monat!

Der Venezolaner war 2009 in Kolumbien festgenommen worden und saß dort acht Monate in Haft. Er erzählte Journalisten, dass die venezolanische Armee mit der kolumbianischen FARC im südlichen Bundesstaat Apure eine regelrechte Fluglinie zum Kokaintransport aufgezogen hätte. In San Fernando de Apure würden täglich fünf oder sechs Flugzeuge Richtung Honduras starten. Und Makled nannte die Namen der Köpfe des Sonnenkartells:

- der Direktor des (militärischen Geheimdienstes) DIM, General Hugo Carvajal,
- der Chef der (ehemaligen) politischen Polizei DISIP, General Rangel Silva,
- Armeechef Luis Motta,
- der Leiter der Anti-Drogenbehörde ONA, General Néstor Reveról, sowie
- der ehemalige Minister des Inneren und Justizminister, seit Anfang 2017 Vizepräsident des Landes, Tareck el Aissami.

Zunächst hatte Makled exzellente Beziehungen zu Chávez geknüpft, indem er dem durch den Streik 2002 unter massiven Druck geratenen Präsidenten seine Lastwagenflotte für den Benzintransport der PDVSA zur freien Verfügung gestellt hatte und dafür reich belohnt worden war. Er galt als »sozialistischer Unternehmer«, durfte ohne Ausschreibung Anteile am zweitgrößten Hafen Puerto Cabello erwerben und übernahm mit seinen drei Brüdern die Fluglinie Aeropostal. 2004 tauchte sein Name zum ersten Mal in den Ermittlungen der DEA auf. Das Kartell funktionierte reibungslos: Die FARC lieferte bis zur Grenze, die Armee sicherte die Transporte und verschiffte die Ladung über Puerto Cabello oder per Flugzeug in die USA. Im April 2006 stürzte eine DC-9 über der mexikanischen Stadt Ciudad del Carmen ab. An Bord fanden die Ermittler die Rekordmenge von 5,5 Tonnen reinem Kokain. Makled wurde in New York als Drahtzieher hinter der Ladung angeklagt. Nach seiner Überstellung wurde er in Venezuela zu 14 Jahren Gefängnis verurteilt.

Doch wer stand an der Spitze des Sonnenkartells? Am 27. Januar 2015 veröffentlichte die spanische Tageszeitung *ABC* einen Bericht ihres Korrespondenten in Washington, Emili J. Blasco, in dem dieser berichtete, die Bundesbehörden bereiteten eine Anklage gegen die politische Nummer zwei Venezuelas, Parlamentspräsident Diosdado Cabello, wegen der Verstrickung in den Drogenhandel vor. Tags zuvor war in der US-Hauptstadt ein Venezolaner eingetroffen, der von den Behörden sofort in Schutzhaft genommen wurde. Er war der Kronzeuge der Anklage: Korvettenkapitän Leamsy Salazar. Er war zehn Jahre der persönliche Assistent des Präsidenten Hugo Chávez und Chef seines Sicherheitsstabes gewesen. Bekannt wurde der Offizier der Marineinfanterie, als er nach dem gescheiterten Putsch gegen Chávez 2002 die Fahne auf dem Dach des Präsidentenpalastes wieder aufzog. Nach dessen Tod übernahm er die Verantwortung für die Sicherheit von Diosdado Cabello.

Acht Monate nach der Flucht in die USA berichtete *ABC* aus Washington, dass der Überläufer aus Caracas Diosdado Cabello beschuldigte, der Kopf des Sonnenkartells zu sein. »Als ständiger Begleiter von Cabello wurde Salazar Zeuge von Situationen und Gesprächen, die den Präsidenten der Nationalversammlung belasten. Konkret: Er gab direkte Befehle zum Auslaufen von Motorbooten, die mit Tonnen voller Kokain beladen waren«, berichtete der Korrespondent. Der Zeuge habe ferner den Bruder Cabellos, Superintendent José David Cabello von der Zollverwaltung als den Finanzverantwortlichen des Sonnenkartells sowie den (damaligen) Gouverneur Tareck el Aissami als weiteres prominentes Mitglied identifiziert. Der Leibwächter habe ferner berichtet, dass Flugzeuge des staatlichen Erdölkonzerns PDVSA zum Transport von Drogen eingesetzt worden seien.

Emili Blasco erinnerte in seinem Artikel daran, dass sich die Aussagen mit denen des geflohenen Leitenden Richters des Strafsenats des Obersten Gerichts Venezuelas, Eladio Aponte Aponte, decken, der 2012 nach Morddrohungen in die USA geflohen war und seither als Kronzeuge geschützt wird.

Präsident Maduro reagierte unmittelbar nach der Flucht des Korvettenkapitäns: Am 27. Januar 2015 bekräftigte er öffentlich seine Rückendeckung für den Parlamentspräsidenten. Er wertete die Anschuldigungen als »eine Kampagne, mit der die internationale Ultrarechte und Kreise des US-amerikanischen Imperiums auf bedrohliche und gefährliche Art und Weise den Genossen bedrohen«. Dem Überläufer Salazar rief er hinterher, auf ihn warte die »Hölle der Einsamkeit und der Reue«.

Cabello ist seit seiner Zeit als Kadett an der Militärakademie mit Hugo Chávez, der sein Lehrer war, verbunden gewesen. Die *ZEIT* beschrieb ihn als einen Mann, der stets in dessen Schatten gestanden habe, »als Vizepräsident, als Minister in fünf verschiedenen Ressorts, als glückloser Gouverneur sowie als intriganter Parteifunktionär. Stets sah er seine Aufgabe vor allem darin, seinen Mentor gegen Angriffe zu verteidigen. Von gedrungener Statur, hölzern und rhetorisch unbegabt, wird der eiskalte Machtmensch mehr gefürchtet als geliebt.«

Ein Parlamentarier verklagte ihn wegen Korruption, in seiner Fraktion, der Sozialistischen Einheitspartei Venezuelas PSUV, trägt er den wenig schmeichelhaften Spottnamen »Stalin«, und wie dieser soll er über politische Feinde Geheimdossiers anlegen. Der Erfinder des »Sozialismus des 21. Jahrhunderts«, Heinz Dieterich, sieht in ihm einen Verschwörer und die Speerspitze des rechten, neureichen, antikommunistischen Flügels. Nach seiner Zeit als Gouverneur des Bundesstaates Miranda, den er bei Wahlen 2008 an den Oppositionsführer Henrique Capriles Radonski verlor, verklagte ihn dieser wegen der Veruntreuung von 150 Millionen Dollar. Der Prozess wurde niedergeschlagen.

Wie stichhaltig letztendlich all diese Vorwürfe sind, wird man erfahren. Spätestens nach dem Ende der Bolivarianischen Revolution, wahrscheinlich aber schon früher. Im August 2017 floh die Generalstaatsanwältin Venezuelas, Luisa Ortega Díaz, nach Morddrohungen ins benachbarte Kolumbien. Sie amtierte zehn Jahre lang und hatte von Amts wegen Einblick in alle Vorgänge. Sie hat bei ihrer Flucht vieles davon mitgenommen. Doch das sind nur die Kopien, »die Originale sind an einem sicheren Ort wohl verwahrt«, wie sie erklärte. Sie ließ keinen Zweifel daran, dass sie auch die Spitzen des Staates beschuldigt: Nicolás Maduro und Diosdado Cabello.

Sie hat die Fälle für künftige Anklagen detailliert aufgelistet und in sogenannten Schubladen *(gavetas)* geordnet:

Schublade 1 u. a.:
- Betrug: Anklage gegen Alejandro Andrade und andere, Antonini Wilson (der 800 000 Dollar für den Wahlkampf der Kirchners in Buenos Aires illegal transportierte), Rafael Ramírez (PDVSA-Chef) und andere;
- Bereicherung der Familie von Präsident Hugo Chávez: Anklage insbesondere gegen Flia Chávez Frías, María Gabriela Chávez und andere;
- Wahlbetrug beim Referendum 2004: Anklage gegen die verantwortlichen Wahlleiter Jorge Rodríguez, Tibisay Lucena und andere;

- Drogenhandel im Fall Waled Makled: Anklage gegen die Generäle Miguel Rodríguez Torres, Néstor Reverol, Acosta Carles, Wilmer Barrientos, Evert García Plaza, Cliver Alcalá Cordones und andere;
- Wahlbetrug bei den Präsidentschaftswahlen 2007: Anklage gegen die Präsidentin des Nationalen Wahlrates CNE, Tibisay Lucena;
- Wahlbetrug im Fall der Firma SmartMatic: Anklage gegen Jorge Rodríguez, Tibisay Lucena und andere;
- Mord an Staatsanwalt Danilo Anderson: Anklage gegen José Vicente Rangel und Diosdado Cabello.

Schublade 2 u. a.:
- Treibstoffschmuggel: Anklage gegen die PDVSA-Präsidenten Alí Rodríguez Araque, Rafael Ramírez und andere einschließlich der Militärführung;
- Schmuggel von Gold und Erdöl: Anklage gegen Divisionsgeneral Rangel Gómez und die Militärführung;

Das Präsidentenpaar Nicolás Maduro und Célia Flores

- Verfassungsbruch: Anklage gegen Nicolás Maduro, Diosdado Cabello, Pedro Carreño;
- Missbrauch von Vermögen der PDVSA zu Wahlkampfzwecken: Anklage gegen Alí Rodríguez Araque, Rafael Ramírez Carreño, Eulogio Delpino;
- Insolvenzverschleppung bei der PDVSA: Anklage gegen Alí Rodríguez Araque, Rafael Ramírez Carreño, Eulogio Delpino sowie Nicolás Maduro Moros, Fidel Castro, Raúl Castro;

Schublade 3 u. a.:
- Betrug bei der Ernennung von Richtern: Anklage gegen Diosdado Cabello, Pedro Carreño;
- Betrug bei der Ernennung der Mitglieder des Nationales Wahlrates CNE: Anklage gegen Diosdado Cabello, Pedro Carreño;
- Drogenhandel der Neffen von Präsidentengattin Cilia Flores;
- Korruption im Nationalen Schatzamt: Anklage gegen Ex-Leutnant Alejandro Andrade.

Schublade 4 u. a.:
- Korruption im Fall des brasilianischen Baukonzerns Odebrecht
- Korruption beim Ausbau des nationalen Eisenbahnnetzes: Anklage gegen Diosdado Cabello, José David Cabello Molina, Nicolás Maduro, General Cabello u.a.

Chaotische Lebensverhältnisse

»*Das kubanische Wirtschaftsmodell kann man nicht exportieren,
es funktioniert ja nicht mal bei uns auf der Insel.*«
Fidel Castro 2010 zum US-Magazin The Atlantic Monthly

Im Januar 2015 kostete ein Hotelzimmer im La Castellana Marriott Caracas 9469 Bolívares. Das entsprach nach dem offiziellen Kurs dem Gegenwert von 1503 US-Dollar pro Nacht. Damals lag der offizielle Kurs, DIPRO genannt, bei 6,3 zu 1. Es hätte aber auch 789 Dollar kosten können, denn es gab neben dem offiziellen Kurs noch einen zweiten, den *Sistema Cambiario Alternativo de Divisas*, kurz SICAD I, bei dem man für einen US-Dollar fast doppel so viel erhielt – 12 Bolívares. Wer Zugang zum dritten Umtauschkurs SICAD II bekam, hätte das Zimmer für international durchaus vergleichbare 190 Dollar bekommen. Oder man zahlte nur vergleichsweise günstige 53 Dollar pro Nacht, dann hatte man die »Bolos« zum Schwarzmarktkurs getauscht.

In den vergangenen vier Jahren wurde dieses System der Wechselkurse fünfmal geändert, zuletzt 2017. Es ist eines der Hauptursachen für das wirtschaftliche Versagen der Regierung, für die Mangelversorgung der Bevölkerung, für eine unsägliche Bürokratie und es ist der beste Nährboden für Korruption. Vom 1. Juli bis zum 1. September 2017 stieg der Schwarzmarktkurs für einen US-Dollar von 7780 auf 18 470 Bolos (und war zwei Monate später schon bei 41 194.) Der offizielle privilegierte Wechselkurs lag am 1. September 2017 bei 1:10. Doch diesen Vorzugskurs erhält nur, wer vom Staat dafür eine Freigabe bekommt – und das sind nur ganz ausgesuchte Personen. Eigentlich sollen damit lebenswichtige Importe erleichtert werden, in der Praxis profitieren aber vor allem Funktionäre und jene, die gute Beziehungen zu den Regierenden unterhalten. Beim Tausch jedes Dollars nach dem Vorzugskurs schießt die Regierung 18 470 Bolos zu – ein irrwitziges System! Für diese Stützungsmaßnahmen gab der Staat ein Vermögen aus – Zahlen hierzu gibt die Zentralbank nicht bekannt.

Konkret geht das so: Ein Unternehmer kann beim Staat beantragen, zur Einfuhr eines lebenswichtigen Gutes den besonderen Kurs zu bekommen. In der Praxis tauschte er vorher 1000 Dollar schwarz und bekam dafür im September 2017 mehr als 18 Millionen Bolívares. Dafür erhielt er vom Staat 1,8 Millionen US-Dollar zum Vorzugskurs. Mit denen konnte er Waren einkaufen – musste es aber nicht, denn die Versuchung war zu groß, aus den 1,8 Millionen US-Dollar auf dem Schwarzmarkt 33 Milliarden Bolos zu machen oder auch nur einen Teil dafür einzusetzen.

Begründet wird das Mehrfachsystem der Umtauschkurse damit, der Währungsspekulation Einhalt zu gebieten – doch schon auf den ersten Blick wird klar, dass genau das Gegenteil eintritt: Es befeuert die Spekulation!

Dank der Digitalisierung arbeiten Schwarzmarkthändler längst nicht mehr mit einem Bündel Dollarnoten in einer dunklen Gasse. Sie sind dank globaler Zahlungsplattformen wie PayPal gut vernetzt und wickeln ihre Geschäfte zumeist über WhatsApp ab, bestellen Hotelzimmer und begleichen die Endrechnung, kaufen Handys, buchen Flüge (alles zum offiziellen Kurs) und der Kunde bezahlt das Ganze in sehr günstigen Umtauschkursen auf das Konto seines Wechslers im Ausland.

Und so summieren sich die riesigen Summen: Die Ausgaben für wichtige Importe wurden für den Zeitraum 1999 bis 2014 mit 554 Milliarden Dollar angegeben. Die Präsidentin der Zentralbank Venezuelas, Edmée Betancourt gab für 2012 an, dass von den bereitgestellten 59 Milliarden Dollar zwischen 15 bis 20 Milliarden Dollar an Phantomunternehmen gingen, sie wurde daraufhin nach nur drei Monaten Amtszeit entlassen. Das würde für den genannten Zeitraum einen Verlust von geschätzten

130 Milliarden ausmachen. Hector Navarro, von 1999 bis 2014 nacheinander Minister für Bildung und Kultur, Hochschulwesen, Wissenschaft und Technologie sowie Elektroenergie, schätzte den Verlust durch Korruption und Missbrauch auf 300 Milliarden Dollar. Hinzu kommt eine riesige Kapitalflucht, die von Marea Socialista, einer Partei von Chávez-Anhängern, die gegen die Regierung Maduro in der Opposition stehen, für den Zeitraum von 1998 bis 2013 mit 259 Milliarden Dollar berechnet wurde.

Die Einführung der Devisenkontrolle 2003 war eine Reaktion auf die immer stärker zunehmende Kapitalflucht. Chávez wollte verhindern, dass die Gewinne und Vermögen – wie traditionell in Lateinamerika üblich – in Krisenzeiten auf Konten in den USA oder in der Karibik gebunkert würden. Durch einen festgelegten Umtauschkurs sollte das Kapital im Land bleiben und die so im Land verbliebenen Devisen für soziale Zwecke eingesetzt werden. Doch gut gemeint ist nicht immer gut gemacht. Und das Verbot, den Schwarzmarktkurs zu veröffentlichen, ist in Zeiten des Internet auch kein geeignetes Mittel. Auf *www.dolarhoy.com* kann jeder den Tageskurs des Dollars zu den verschiedenen Umtauschkursen abfragen. Die Website hat ihren Sitz in Miami und ist damit außerhalb der Reichweite der venezolanischen Strafverfolgung.

Zunächst funktionierte das Konzept, nicht zuletzt dank der sprudelnden Erdöleinnahmen. Den Kurs von 2,15 Bolos für einen Dollar konnte die Zentralbank bis 2010 durch moderate Interventionen ohne Mühen stabil halten. Unternehmen erhielten nahezu jeden Antrag zur Devisenbewilligung genehmigt, und selbst der Schwarzmarkt konnte in dieser Zeit relativ gut unter Kontrolle gehalten werden; die Differenz pendelte sich bei 30 Prozent ein.

Die fetten Jahre mit Erdöleinnahmen über der 100-Dollar-Marke pro Barrel sorgten jedoch auch für eine volkswirtschaftliche Kehrtwende: Die Regierung Chávez mühte sich nicht länger mit einem neuen Wirtschaftsmodell ab, sondern kehrte zum klassischen Finanzierungssystem zurück. 95 Prozent der Exporte kamen aus der Förderung von Öl und Gas, die Importquote schoss durch die Decke, verzehnfachte sich und minimierte die Devisenreserven der Zentralbank. Ab 2010 musste bereits ein Fünftel des Bruttoinlandsprodukts allein für den Ausgleich des subventionierten Wechselkurses ausgegeben werden. Die Folge war unausweichlich: eine ansteigende Inflation.

Doch diese Entwicklung erlebte Hugo Chávez nicht mehr. Mit seinem Tod 2013 endete auch eine Phase der Wirtschaftspolitik, die maßgeblich von lateinamerikanischen und westeuropäischen Beratern geprägt war. Nun begann eine Etappe, die in den vielfältigen Darstellungen zu Venezuela weitgehend ausgeblendet wird – weil der tiefgreifende Einfluss Kubas auf die venezolanische Führung entweder nicht gesehen wird oder nicht gesehen werden will.

* * *

Nicolás Maduro wurde von Chávez in Übereinstimmung mit seinem Übervater Fidel Castro als Nachfolger auserwählt. Der sterbende Präsident und sein revolutionäres Vorbild, die sich mittlerweile mit »Vater« und »Sohn« anredeten, wussten um dessen Zuverlässigkeit in der Sicherung der Interessen Kubas. Es begann

Redeten sich mit »Vater« und »Sohn« an: Hugo Chávez und Fidel Castro

Ernesto »Che« Guevara und sein Stellvertreter Orlando Borrego, dem späteren Wirtschaftsberater von Präsident Maduro

die Periode der zentralistischen Wirtschaftslenkung gemäß den Leitsätzen der Ökonomie des Sozialismus, die Maduro während seiner Kaderausbildung an der Parteihochschule der Kommunistischen Partei Kubas gelernt hatte, ungeachtet der Tatsache, dass dieses System seine Unbrauchbarkeit mit dem Ende des »sozialistischen Weltsystems« bereits 23 Jahre zuvor nachdrücklich unter Beweis gestellt hatte. Auch sein neuer kubanischer Wirtschaftsberater Orlando Borrego, dem Maduro die Verantwortung für die Wirtschaftspolitik seines Landes weitgehend übertrug, bestärkte ihn darin, denn er hatte Anfang der achtziger Jahre im Fach Politische Ökonomie in der Sowjetunion promoviert.

Borrego war seit dem Kampf gegen Batista die rechte Hand von Ernesto »Che« Guevara. Nach dem Sieg der Revolution 1959 zeichnete er für die Industrialisierungspolitik von Guevara verantwortlich, zunächst als Hauptabteilungsleiter und ab 1961 als Vizeminister für Industrie.

* * *

Es sei an dieser Stelle an diese Zeit erinnert: »Was sind Kubas Pläne für 1980? Nun, ein Pro-Kopf-Einkommen von 3000 Dollar, mehr als in den Vereinigten Staaten heutzutage«, schwadronierte »Che« Guevara 1961 auf einem regionalen Wirtschaftsgipfel im uruguayischen Punta del Este. Im selben Jahr verkündete er den ersten kubanischen Vier-Jahres-Plan: jährliche Wachstumsraten von 15 Prozent, Ablösung aller Importe durch eigene Produktion, bis 1965 Selbstversorgung mit Nahrungsmitteln, sofortige Vollbeschäftigung, stabile Preise, Steigerung der Zuckerrohrernte bis 1965 auf 9,4 Millionen Tonnen (sie fiel 1963 um 40 Prozent auf 4,3 Millionen Tonnen), Verdopplung des Lebensstandards der Kubaner binnen vier Jahren!

Als diese Pläne nicht aufgingen, steckte Minister Guevara Funktionäre und Werksleiter bei Nichterfüllung der Pläne in eigens für sie geschaffene Arbeitslager. Da die Versorgung durch die Verstaatlichung der 58 000 Geschäfte zusammengebrochen war, führte er Preiskontrollen ein. Doch die Waren verschwanden weiter wie von Geisterhand aus den Regalen. Dabei hatte Fidel Castro im November 1960 angesichts der ersten Lebensmittelknappheit versprochen: »Merkt euch, was ich euch jetzt sage: Die Nahrungsmittel sind schon im Dezember wieder da – und werden dann nie wieder verschwinden!« Seit 1962 sind Lebensmittel in Kuba streng rationiert.

Heute kann sich Kuba aus eigener Kraft nicht ernähren, muss 80 Prozent seiner Nahrungsmittel importieren (vor 1959 war das Land zu 80 Prozent Selbstversorger), die Produktivität seiner Wirtschaft gestattet nur ein Durchschnittseinkommen von monatlich 24 Dollar, und die Führung unter Raúl Castro hat es trotz mehrfacher Ankündigung nicht geschafft, die Existenz von zwei Währungen – dem schwachen nationalen Peso CUP und dem dollargleichen CUC – zu beenden. Er weiß, dass an diesem Tag ein Großteil der nicht wettbewerbsfähigen Wirtschaft zusammenbrechen würde.

Welche Rezepte brachte der neue kubanische Wirtschaftsberater also mit? Zunächst die Einführung von Preiskontrollen und die Festlegung von Gewinnmargen für die Eigenverwendung durch die Betriebe, gefolgt von einer Zentralisierung der Wirtschaft. Die staatlichen Preissenkungen für bereits auf dem einheimischen Markt befindliche Waren kamen einer Teilenteignung der Anbieter gleich und führten dazu, dass sich viele Unternehmen aus diesem Geschäft zurückzogen. Die von ihnen zuvor angebotenen Waren blieben nunmehr aus. Neben dem Schwarzmarkt für Devisen begann sich der Parallelmarkt auch für Lebensmittel und Waren des täglichen Bedarfs in Venezuela auszudehnen. Genau wie in Kuba.

Da es noch private Unternehmen in Venezuela gab, dekretierte die Regierung Maduro, dass niemand mehr als maximal 30 Prozent Gewinn machen dürfe. Kein Produktpreis durfte mehr als 30 Prozent über den Kosten liegen. Wie üblich wurde für die Kontrolle und Einhaltung eine neue Behörde geschaffen, die SUNDDE. Ihr Selbstverständnis beschrieb sie so: »Kampf gegen den Wirtschaftskrieg, den die parasitäre Bourgeoisie dem Volk erklärt hat.« Die Behörde schickte mehr als 27 000 »Volksinspektoren« übers Land, um festzustellen, wer und wo zu viel Gewinn mache. In Zusammenarbeit mit den Sicherheitsbehörden konnten auch sofortige Verhaftungen vorgenommen werden.

Die erste Chefin der Behörde, Andreína Tarazón, eine 25-jährige Funktionärin der Regierungspartei, hatte ein privates Unternehmen nie zuvor von innen gesehen. Den Job machte sie auch nur nebenbei, denn eigentlich war sie Venezuelas Frauenministerin. Sie hielt sich ganze fünf Monate. Ihr Nachfolger wurde ein 39-jähriger Geograph, der mehrere Ministerien geleitet hatte. Dante Rivas schaffte nur zwei Monate, dann verließ er die Behörde wieder. Sein Nachfolger, der Rechtsanwalt Andrés Eloy, brachte es auf neun Monate im Amt.

Konsequenterweise verfügte Nicolás Maduro auch, dass künftig der Staat entscheide, was für den einheimischen Markt importiert werde. Konkret bedeutete dies, dass jeder Produzent oder Importeur bei der Behörde vorsprechen musste, die entsprechende Devisen zuteilte. Das dauerte oft Monate. Dann kam der Bescheid, selten in beantragter Höhe, meist willkürlich entschieden. Ein Widerspruchsrecht gab es nicht. In der Zwischenzeit konnte die Inflation eine Pause einlegen oder aber sie begann erneut zu galoppieren. Deshalb wurde vorsichtshalber ein Preis angegeben, der am Ende der Genehmigung noch einigermaßen mit den realen Gegebenheiten übereinstimmte. Ehe die Importgenehmigung erteilt wurde, musste zudem ein »Zertifikat der nationalen Nicht-Produktion« vorgelegt werden, um zu belegen, dass niemand im Land selbst das Produkt herstellte. Diese Dokumentation verlangsamte den Prozess enorm und beschäftigte ganze Abteilungen. Während dieser Zeit brachen jahrzehntelang aufgebaute Lieferketten zusammen, das traditionelle Handelssystem erlitt irreparable Schäden.

Mit der staatlichen Preisbindung wurde das Prinzip von Produktion, Konsum und Investition zuerst überdehnt und dann zerstört. Der Preis ist noch immer der deutlichste Indikator für die jeweilige Aufgabe: Er stimuliert entweder die Produktion, den Konsum oder die Bildung von notwendigen Rücklagen für die Investition. Nun entschieden aber Funktionäre in den Behörden, die noch nie zuvor irgendetwas produziert hatten und die komplexen Zusammenhänge nicht kannten. Die entstehende Mangelwirtschaft führte geradewegs in die Rationierung. Es entwickelte sich eine fatale Ähnlichkeit zum gescheiterten kubanischen Wirtschaftsmodell.

* * *

Untrennbar mit dem Sozialismus scheint die Verknappung des Toilettenpapiers einherzugehen. So war es Anfang der 70er Jahre in der DDR, so geschah es auch im benachbarten Polen, wo der Regierungssprecher auf die grandiose Idee kam, dem Mangel des begehrten Wischpapiers mit verringerten Maßen zu begegnen, und so passierte es auch ziemlich rasch nach Maduros Amtsübernahme: Der Hygieneartikel wurde knapp, und wie wei-

Zeitraubende Beschäftigung im Alltag: Schlangestehen vor den Supermärkten

land Fidel Castro versprach auch Maduro, dass dies nie wieder vorkommen werde. Man werde 50 Millionen Rollen Klopapier importieren, um ein für alle Mal dem Mangel ein Ende zu setzen, »damit sich unser Volk beruhigt und sich nicht von der Medienkampagne wegen vorgeblicher Versorgungsmängel manipulieren lässt«, so versprach es damals Handelsminister Alejandro Fleming. Es herrsche einfach eine irrationale Nachfrage. Das war natürlich Unsinn, denn die Verknappung war Folge einer bereits 2011 verhängten Preisbindung für Klopapier und Zahnpasta, die nach Ausbruch der Inflation nicht angepasst worden war. Die 50 Millionen Rollen reichten gerade einmal wenige Tage, dann war der Markt wieder leergefegt. Die drei großen Anbieter PAVECA, Kimberly-Clark und MANPA mussten die Produktion unterbrechen, weil sie vom Ministerium keine Erlaubnis bekommen hatten, die notwendigen Rohstoffe zu importieren.

PAVECA, die in guten Zeiten die Hälfte des Bedarfs mit ihrer Marke »Rosal« produzierte, war zudem in wirtschaftliche Schwierigkeiten geraten, die sich mit jeder Rolle Klopapier vertieften, denn durch die Inflation waren die Produktionskosten der Preisbindung längst meilenweit enteilt. Und wenn die Produktion wegen ausbleibender Rohstoffimporte brachlag, geriet das Unternehmen in noch größere Schwierigkeiten, denn es musste die volle Belegschaft über Monate weiter bezahlen, weil Entlassungen ohne Genehmigung der Regierung verboten waren.

Verboten ist es auch, Klopapier weiterzuverkaufen oder illegal zu importieren. Es drohen Strafen bis zu drei Jahren Gefängnis. Geschäftsleute, die Toilettenpapier oder andere der preisgebremsten 1400 Pharmaprodukte, 120 Lebensmittel oder 240 Hygieneartikel lagern, riskieren die Schließung ihrer Läden und Haftstrafen von acht bis zehn Jahren. Und auch wer die langen Schlangen vor den Geschäften fotografiert, riskiert seine Verhaftung.

Auf dem schwarzen Markt sind nur noch Produkte erhältlich, mit denen sich die Kunden den Allerwertesten wundscheuern. Ehemalige DDR-Bürger kennen das harte Blatt zur Genüge. Eines lehrten die Erfahrungen des real existierenden Sozialismus: War erst einmal ein Produkt aus den Regalen verschwunden, bedurfte es eines langanhaltenden Überangebots, bis der misstrauische Verbraucher überzeugt worden war und nicht mehr große Reservelager anlegte.

Nach dem Toilettenpapier wurde das Maismehl knapp – das Grundnahrungsmittel der Venezolaner. Die Regierung hatte verfügt, dass das Kilo nur 5,95 Bolos kosten dürfe. Im Land selbst wurde aber immer weniger angebaut, also musste Mais importiert werden, im Ausland war der Bolívar aber immer weniger wert. Am Ende kam selbst eine Regierungsstudie zu dem Ergebnis, dass der Hersteller dreieinhalb Mal so viel einsetzen musste, als er am Ende an der Ladenkasse erhielt. Konsequenz: Maismehl wurde immer knapper und ist heute aus den Läden nahezu verschwunden.

Wie früher im Ostblock stellen sich heute viele Venezolaner einfach in Schlangen vor den Geschäften in der Hoffnung an, dass es irgendetwas schon geben werde. Wurden rare Produkte angeboten, ging die Nachricht auch per WhatsApp wie ein Lauffeuer in der Nachbarschaft um. Lieferungen bei Supermärkten wurden akribisch verfolgt, Mitarbeiter sind begehrte Bekannte, doch viele gaben ihr Insiderwissen nicht mehr kostenlos weiter.

Die Versorgungslücken wurden in den vergangenen Jahren mit immer weniger Erfolg, aber hohem propagandistischem Aufwand als das Werk von »imperialistischen Schiebern und Geschäftemachern« hingestellt, die ihre Waren horteten, um der Revolution zu schaden. Deshalb war es schon das Ziel des Ersten Sozialistischen Sechs-Jahres-Planes (2007–2013) und erst recht des Vaterländischen Sechs-Jahres-Planes (2013–2019), das private Unternehmertum in Venezuela zu beseitigen.

Eindrucksvoll fiel schon eines der ersten Experimente mit der Verstaatlichung aus: Venezuelas größtes Stahlwerk SIDOR produzierte 2007 mit einer Belegschaft von 4500 Arbeitern 4,3 Millionen Tonnen Stahl. Ein Jahr später wurde das Unternehmen von Hugo Chávez verstaatlicht. 2015 bilanzierte das nunmehr staatliche Unternehmen einen jährlichem Produktionsausstoß von nur noch 1,04 Millionen Tonnen, hatte dafür aber die Belegschaft auf 15 500 Mitarbeiter aufgestockt. Mehr als drei Mal so viele Arbeiter erzeugten nun weniger als ein Viertel.

Tausende funktionierende Unternehmen wurden verstaatlicht oder mit staatlichen Betrieben in gemeinsame Unternehmen gepresst und in einem Korsett aus Preiskontrollen, Margenbeschneidung, Genehmigungen, Steuern und permanenten Kontrollen ihrer Bewegungsfreiheit beraubt. Die staatliche Vorgabe lautete: entweder mit Verlust produzieren oder Schließung. Für das Jahr 2015 gab der Unternehmerverband an, dass 4000 Fabriken und 200 000 Geschäfte aufgaben.

Besonders dramatisch war die Versorgung der Bevölkerung mit Lebensmitteln. Die Landwirtschaft war um 20 Prozent im Vergleich zu 1998 zurückgegangen. Ein Beispiel: Die Firma Agroislena S. A. war ein hochproduktiver Hersteller von Saatgut und Agrarbedarf. Mehr als 100 Ingenieure entwickelten nicht nur neue Produkte, sondern agierten auch als Mittelsmänner für ihre Kunden, besorgten Kredite bei den Banken und koordinierten die Vermarktung der Ernten. Der Betrieb wurde verstaatlicht in das Unternehmen Agropatria, die Angebote sind verschwunden und die Produktpalette ist auf einen Bruchteil zusammengeschnurrt.

Die Landwirtschaft ist in ihrer technischen Ausstattung auf dem Stand von 1998 stehengeblieben. Während in Brasilien oder Argentinien mittlerweile computergesteuerte Erntemaschinen mit GPS-Ortung und Drohnen zur Überwachung der Felder im Einsatz sind, hat die Regierung in Caracas chinesische und iranische Traktoren eingeführt, dabei allerdings vergessen, auch die notwendigen Ersatzteile zu bestellen und die Wartungsmechaniker ausbilden zu lassen. Viele der Traktoren stehen heute nutzlos herum.

Am 26. Juni 2015 veröffentliche der Staatsanzeiger *(Gaceta oficial)* No. 40.690 ein Dekret mit dem harmlosen Titel »Normen für die Lebensmittelindustrie«. Und auch in Artikel 1 las man nichts, was auf die Brisanz hindeuten würde: »Die vorliegende Resolution hat zum Ziel, die Normen sowohl in operativer wie strategischer Hinsicht in Übereinstimmung mit den Vorgaben

»Hergestellt im Sozialismus« – doch meist landen die Waren auf dem Schwarzmarkt.

des Planes des Vaterlandes, des nationalen Projekts Simón Bolívar und des 2. Sozialistischen Plans der wirtschaftlichen und gesellschaftlichen Entwicklung 2013 – 2019 in Übereinstimmung zu bringen.« Besser hätte es ein Parteitag der KP Kubas auch nicht formulieren können.

* * *

Konkret wurde die Bildung sogenannter Konglomerate verordnet, in die die Regierung verstaatlichte Betriebe wie auch die verbliebenen privaten Produzenten zusammenfasste. Einzige Ansprechpartner für den Staat, der mittlerweile die Wirtschaft anleitete, waren die nach politischer Zuverlässigkeit ausgewählten Präsidenten und Vize-Präsidenten. Denen übergab die Regierung die staatlichen Vorgaben zusammen mit einem Handbuch, in dem detailliert aufgeführt wurde, wie mit aller Kraft die Ziele erreicht werden sollten.

Unter dem Dach der Corporación Venezolana de Alimentos CVAL wurden folgende Bereiche zusammengefasst:
1. Konglomerat für Fette und Öle
2. Konglomerat für Reis
3. Konglomerat für Fleisch
4. Konglomerat für Geflügel
5. Konglomerat für Fisch
6. Konglomerat für Tierfutter.

Besonders verhängnisvoll wirkte sich das Auseinanderreißen bestehender Kooperationen, Lieferketten oder des Transports aus, indem auch diese Bereiche separat in Konglomeraten zusammengefasst wurden:
1. Konglomerat für Milchprodukte, Obst und Gemüse
2. Konglomerat für Silos
3. Konglomerat für Transport
4. Konglomerat für Lagerung und Kühlung
5. Konglomerat für Verpackung
6. Konglomerat für Maismehl.

Diese 13 Superunternehmen mit insgesamt 283 Betrieben sollten die Versorgung der Venezolaner wieder in Gang bringen. Jedem, der mit den Erfahrungen sozialistischer Versorgung vertraut ist, war klar, was passieren musste: Nunmehr hing die Gesamtheit der Lebensmittelproduktion vom jeweils schwächsten Glied ab, entweder liefen die Transporte nicht zuverlässig oder die Kühlung fiel aus oder die Verpackung hatte kein Material. Was vorher einen einzelnen Betrieb beeinträchtigt hatte, betraf nun die gesamte Lebensmittelversorgung.

Venezuela zu versorgen bedarf es einer logistischen Meisterleistung, denn das Territorium – fast drei Mal so groß wie die Bundesrepublik – ist geografisch anspruchsvoll, da die 31,5 Millionen Einwohner gerade im dünnbesiedelten Hinterland sehr verstreut leben. Der Schritt, jahrzehntelang bewährte Distributionswege und Logistikpartnerschaften zu zerstören, machte sich umgehend negativ bemerkbar: Ein Drittel der Ernten von Obst und Gemüse in Venezuela verdirbt seither schon am Lagerplatz oder beim Transport – wie damals in der Sowjetunion und heute noch in Kuba.

Hier findet sich auch ein Grundübel der sozialistischen Planwirtschaft wieder, nämlich die produktive Rolle eines funktionierenden Handels und Distributionssystems zu unterschätzen und zu vernachlässigen. »Die Vorstellung, die Landwirtschaft wie eine Großindustrie mit Direktoren, Agronomen, Maschinisten und einfachen Arbeitskräften betreiben zu können, war ein weiterer grundlegender Fehlgedanke«, schreibt Gerd Koenen über die sowjetische Wirtschaft. »Der Gedanke, die gesamte Ökonomie – und über die Ökonomie den gesamten materiellen Lebensprozess der Gesellschaft – von einem leitenden Zentrum aus steuern und ›planen‹ zu können, war ebenso vermessen wie abstrus. Er lief darauf hinaus, Myriaden lebensrationaler Einzelentscheidungen der Individuen und Wirtschaftssubjekte durch die Direktiven einer vermeintlich aufgeklärten Macht zu ersetzen; an die Stelle eines komplexen Gefüges von individuellen Überlegungen und

Aktivitäten trat eine ungleich primitivere Struktur papierner Anordnungen und Materialbewegungen … Jegliche Ökonomie, jedes ›Wirtschaften‹ mit knappen Mitteln nach Kriterien der Rentabilität, wurde durch eine Antiökonomie ersetzt, durch ein organisiertes Verwirtschaften und einen staatlich produzierten Mangel.«

Dies zeigten auch die Zahlen für 2016, die die venezolanische Kammer für Lebensmittelindustrie CAVIDEA veröffentlichte. Danach verringerte sich das Angebot folgender Produkte im Vergleich zum Jahr 2015:

- Reis   minus 13,0 Prozent
- Maismehl   minus 25,5 Prozent
- Weizenmehl   minus 12,7 Prozent
- Nudeln   minus 22,8 Prozent
- Öl   minus 21,8 Prozent
- Margarine   minus 61,0 Prozent
- Majonäse   minus 49,7 Prozent
- Zucker   minus 9,8 Prozent
- Tomatensoße   minus 16,1 Prozent

Da parallel auch die Lebensmittelimporte drastisch zurückgefahren wurden (von 2012 bis 2016 um 62 Prozent), und die Inflation Welthöchststände erreichte, war das Desaster komplett. Die Preise für Lebensmittel stiegen im Vergleich zu 2008 um 5300 Prozent!

Eine Studie zu den Lebensverhältnissen im Jahr 2016 der drei renommiertesten Universitäten des Landes – der Zentraluniversität Venezuelas UCV, der Katholischen Universität Andrés Bello UCAB und der Universität Simón Bolívar – ergab nach Befragung von 6500 Familien, dass 82 Prozent der venezolanischen Haushalte in Armut leben. Im Jahr davor waren es noch 48 Prozent. In der Zusammenfassung der Studie heißt es, das Land habe sich in das »ärmste Land Lateinamerikas« verwandelt. 52 Prozent der Bevölkerung lebe in extremer Armut, mehr als die Hälfte der venezolanischen Familien.

Vielleicht aber kommt die Verarmung der Regierung gar nicht ungelegen.

Es gab in der Sowjetunion eine Begebenheit, die der Schriftsteller Tschingis Aitmatow so schilderte: »Als beim Leichenschmaus der Tee gereicht wurde, wie das eben zu sein pflegt, als über dies und das, über Zaren und Weise geredet wurde, unter anderem auch über Stalin, da erzählte einer der Alten eine interessante Baikoo, eine Anekdote mit moralischer Pointe. Stalin habe seine nächsten Mitstreiter um sich geschart und gesprochen: ›Ihr zerbrecht Euch alle den Kopf‹ sagt er, ›wie man das Volk regiert, damit alle Menschen, wie viele ihrer auch unter der Sonne sein mögen, damit alle wie einer mir in die Augen blicken. Werde ich blinzeln, werden alle blinzeln, öffne ich die Augen, öffnen auch sie die Augen, so dass ich für alle wie ein lebender Gott bin, denn seit langem wird gesagt: Der Zar ist zwar nicht Gott, aber geringer als Gott ist er auch nicht. Jetzt will ich Euch lehren, wie man mit dem Volk umzugehen hat.‹ Und er befahl, ihm ein

Hugo Chávez mit seinem gefährlichsten Rivalen General Raúl Baduel

Huhn herbeizuschaffen. Dann rupfte er dem lebenden Huhn die Federn aus, bis zum letzten Federchen, bis aufs rohe, rote Fleisch, wie man so sagt, der Kamm auf dem Kopf der einstigen Henne blieb noch übrig. ›Und jetzt schaut her‹, sagte er und ließ die nackige Henne frei. Sie müsste eigentlich davonstürzen, einfach der Nase nach, aber sie rennt nirgendwohin – in der Sonne ist die Hitze nicht auszuhalten, im Schatten friert sie. Und so schmiegt sich das arme Luder an die Schäfte der Stiefel von Stalin. Da warf ihr der Führer eine Prise Körner hin, sie hinter ihm her, wohin er auch geht, sie folgt ihm treu, sonst würde das Hühnchen, klarer Fall, vor Hunger umkommen. ›So muss man das Volk regieren.‹«

Eben diesen Vorwurf erhob 2007 der engste Verbündete von Präsident Hugo Chávez: Der Oberste Militär und Verteidigungsminister, General Raúl Isaías Baduel, warf Chávez vor, die Macht dadurch auszubauen, indem er die Mehrheit der verelendeten Venezolaner in Armut belasse und sie von den sozialen Wohltaten der Regierung abhängig mache.»Präsident Chávez lässt die Armen glauben, sie seien Teil eines Regierungsmodells, das sich die Verringerung der Armut und Ungleichheit zum Ziel setzt. In Wahrheit ist das genaue Gegenteil der Fall.« Dies sei der permanente soziale Ausnahmezustand zum Erhalt der Macht – exakt die Zustandsbeschreibung des heutigen Venezuelas.

Wer ist dieser General? Er war seit 1972 mit Chávez befreundet, gründete mit ihm die Bewegung MBP-200, rettete ihn nach dem Putsch 2002, indem er die neue Regierung mit seinen Fallschirmjägern von der Macht wieder verdrängte und wurde danach zum *General en Jefe* befördert, einen Rang, den es vordem nicht gegeben hatte und der eigens für ihn geschaffen wurde. Er übernahm das Verteidigungsministerium und diente bis zu dem Zeitpunkt, als sein Präsident erneut die Verfassung per Referendum ändern wollte, um mit ihrer Hilfe unbegrenzt an der Macht bleiben und auch das Projekt der Vereinigung von Venezuela und Kuba zu einer Union vorantreiben zu können.

Der Artikel 153 des Verfassungsentwurfs von 2007 lautete:

»Die Republik befördert die Integration und den Zusammenschluss von Lateinamerika und der Karibik zu einem Projekt ›gran-nacional‹.« Was damit gemeint war, stellte Chávez im Oktober des gleichen Jahres in seiner Sendung »Aló Presidente« aus Anlass des 40. Todestages von Ernesto »Che« Guevara an dessen Denkmal im kubanischen Santa Clara klar: »Kuba und Venezuela würden perfekt in einer Konföderation in naher Zukunft zusammenpassen.« Zu gern hätte er dieses Projekt von seinem Vorbild Fidel Castro bestätigen lassen, doch der lag damals schwerkrank im Bett.

General Baduel hatte sich im Juli 2007 aus dem Amt des Verteidigungsministers verabschiedet. In seiner Rede aus diesem Anlass zog er ein Resümee und darin die Parallele zur UdSSR, die zunächst ein Modell des Sozialismus errichten wollte, schlussendlich aber beim gemeinen Staatskapitalismus geendet sei. »Ein Land darf nicht den Fehler begehen und sich sozialistisch gebärden und einen staatskapitalistischen Kurs verfolgen.« Die Anziehungskraft der sozialistischen Idee sei immer gewesen, dass die materiellen Güter gerecht verteilt werden müssten. »Doch vor dem Verteilen der Reichtümer müssen sie erst einmal geschaffen werden, denn was nicht da ist, kann auch nicht verteilt werden.« Und der General erinnerte an die Fehler der Vergangenheit und rief auf, sie nicht noch einmal zu wiederholen. »Unser Sozialismus muss zutiefst demokratisch sein.« Zum Schluss seiner Rede umarmte ihn Hugo Chávez und flüsterte ihm etwas ins Ohr. Später erfuhr man, dass er ihm gedroht hatte, sollte er sein politisches Projekt gefährden.

Unerwartet meldete sich dieser jahrzehntelang treue Gefolgsmann des Präsidenten am 5. November 2007 noch einmal öffentlich zu Wort. Er stellte sich gegen die Verfassungsreform und rief dazu auf, gegen sie zu stimmen, und brach mit dem Präsidenten. Das Echo war gewaltig: Chávez verlor das Referendum und merkte, dass nun ein Gegenspieler die politische Bühne betreten hatte, der ihm in nahezu allen Dingen nicht nur gewachsen, sondern auch noch überlegen war: militärisch von höherem Rang und uneingeschränkter Autorität, integer und damit wie geschaffen, die immer noch führungslose Opposition hinter sich zu sammeln. Denn nach dem gescheiterten Referendum musste nach der Logik auch eine Abstimmung über den Präsidenten selbst folgen. Mit General Baduel als Gegenspieler waren die Chancen für Chávez denkbar schlecht.

Wie später Baduel in seinen Erinnerungen festhielt, habe Fidel Castro schon früher vor ihm gewarnt und zu Chávez gesagt: »Das ist einer, vor dem Du Dich vorsehen musst, einer, der Dich von der Macht vertreiben könnte. Pass gut auf ihn auf.« Und der Präsident passte fortan auf. Im April 2008 wurde der General wegen des Vorwurfs der Korruption vom militärischen Geheimdienst verhaftet und von einem Militärgericht zu sieben Jahren und elf Monaten Gefängnis verurteilt. Kein anderer der zahllosen korrupten Generäle und Minister war so lange in Haft. Baduel wurde öffentlich diffamiert als Verräter, Konterrevolutionär, Faschist, Neo-Faschist, tropischer Nationalsozialist, Saboteur, religiöser Fanatiker und Putschist. Er wurde der persönliche Gefangene des Präsidenten – zuerst von Chávez und nach dessen Tod von Maduro. 2015 wurde er entlassen, im Januar 2017 aber erneut verhaftet. Dieses Mal lautete der Vorwurf: Beteiligung an einem geplanten Putsch gegen Maduro. Er wurde vom Geheimdienst SABIN inhaftiert und war für seine Familie monatelang nicht mehr erreichbar. Ihm drohen bei einer Verurteilung 25 Jahre Haft.

Im Januar 2017 ernannte Präsident Nicolás Maduro die Gynäkologin Antonieta Caporale zur neuen Gesundheitsministerin. Sie war bereits die siebente im Amt in weniger als vier Jahren. Nach fünf Monaten war sie wieder weg. Was war geschehen? Das Gesundheitsministerium hatte im Mai erstmals wieder Zahlen über den Gesundheitszustand der Bevölkerung mit einem besorgniserregenden Anstieg der Kindersterblichkeit, der Müttersterblichkeit sowie der Malaria und Diphterie veröffentlicht, offenbar unabgesprochen.

»Werd' bloss nicht krank – Medikamente gibt es keine!«

Die Zahlen für 2016 im Vergleich zum Vorjahr waren in der Tat mehr als beunruhigend: Die Kindersterblichkeit war um 30 Prozent gestiegen, die der Mütter sogar um 66 Prozent. Diphterie, die seit 24 Jahren in Venezuela ausgerottet war, kehrte mit 324 Fällen zurück. 2015 hatte es keinen einzigen Fall gegeben. Die Behandlung von Diphterie erfolgt üblicherweise mit Penicillin – doch das Mittel ist kaum noch erhältlich. Ebenso wenig wie Medikamente gegen Bluthochdruck, Diabetes oder Erkrankung der Atemwege. Im September 2017 stellte die unabhängige Nichtregierungsorganisation Convite A.C. nach Erhebungen im ganzen Land fest, dass 90 Prozent der wichtigsten Medikamente vom Markt verschwunden waren.

Auch die Malaria ist wieder da. Sie war in den 1960er Jahren in einer international vielfach gerühmten Kampagne praktisch ausgerottet worden. 2016 stieg die Zahl auf 240 610 Erkrankte. Die Regierung gab keinen Kommentar zu den Zahlen ab. Im Jahr zuvor hatte die Regionalregierung von Bolívar auf Berichte über fehlende Medikamente kurz und knapp geantwortet, es handele sich um reinen »Alarmismus und um Psychoterror«. Es ist der Bundesstaat mit den meisten Malaria-Erkrankungen.

Laut dem nationalen Ärzteverband werden die öffentlichen Krankenhäuser nur noch im Durchschnitt mit 3 (!) Prozent der benötigten Mittel versorgt. Der Verband der Apotheker beklagt, dass seit 2015 mehr als 80 Prozent der Medikamente vom Markt verschwunden sind. Tauchten sie auf, dann nur noch auf dem schwarzen Markt zu Preisen, die für den Durchschnittsvenezolaner nicht erschwinglich sind. Die Organisation Medicos por la salud berichtete im März 2017, dass es in den Krankenhäusern auch an chirurgischem Material fehle, 86 Prozent der Röntgengeräte seien nicht mehr funktionsfähig, 94 Prozent der Kernspintomografen könnten nicht mehr eingesetzt werden und 44 Prozent der OP-Säle seien mittlerweile geschlossen. Auf die Misere hatte bereits die frühere Gesundheitsministerin Luisana Melo in einem Bericht an das Parlament hingewiesen: Im Jahr 2012 waren von 100 ins Krankenhaus eingelieferten Patienten nur durchschnittlich drei gestorben. Drei Jahre später hatte sich die Zahl auf 31 mehr als verzehnfacht. Danach wurden keine weiteren Zahlen mehr veröffentlicht.

»Die Ärzte sind hilflos, die Situation verschlechtert sich von Tag zu Tag«, sagte Ketan Desai, Präsident des Weltärzteverbandes WMA. »Wir fordern die Regierung von Venezuela auf, dem Gesundheitssystem die notwendigen Ressourcen zuzuordnen und die Unabhängigkeit der Ärzte zu gewährleisten, damit sie ihre Patienten qualitativ hochwertig versorgen können. Im Moment werden die Grundrechte der Patienten gegen die Gesundheit verletzt.«

Seit dem Amtsantritt von Hugo Chávez 1999 verließen zwei Millionen Venezolaner ihr Land. Unter ihnen waren nach einer Untersuchung der Universität Simón Bolívar in Caracas 16 000 Ärzte. Die dadurch entstandene Lücke sollte mit kubanischen Ärzten aufgefüllt werden, sagte Chávez in einer Rede vor der UN-Vollversammlung 2006. Diese *Misión Barrio Adentro* sei eine »die entmenschlichende Medizin des Kapitalismus ersetzende humanistische Gesundheitsversorgung, die siebzig Prozent der Bevölkerung erstmals Zugang zu freier ärztlicher Versorgung verschafft«. In der Tat kamen viele Kubaner – bis 2016 sollen insgesamt 124 000 von ihnen im medizinischen Dienst in Venezuela

Kubanische Ärzte vor ihrer Abreise nach Venezuela

im Einsatz gewesen sein. Das Parteiorgan der KP Kubas *Granma* berichtete im Juni 2014, es seien seit 2003 mehr als 617 Millionen kostenloser medizinischer Konsultationen ermöglicht und mehr als 1,75 Millionen Menschenleben gerettet worden. Geplant war der Bau von 6000 achteckigen Gesundheitszentren, die vor allem in den Elendssiedlungen errichtet werden sollten. Doch von den ursprünglich vorgesehenen Modulen wurde weniger als die Hälfte gebaut, und wegen mangelnder Instandhaltung mussten viele davon wieder geschlossen werden. Heute sind nur noch 20 Prozent der Gesundheitsposten besetzt.

Die entsandten Kubaner kamen stets in Gruppen, wurden von Sicherheitspersonal begleitet und hatten ein striktes Verbot, die ihnen zugewiesene Gemeinde zu verlassen. Sie mussten sich bis 18 Uhr in der Gemeinschaftsunterkunft wieder eingefunden haben. Das Übernachten außerhalb war nicht gestattet, ebenso wie Kontakte mit Einheimischen außerhalb der Arbeit. Ihre Pässe waren ihnen bei der Ankunft in Venezuela abgenommen worden.

Doch alle Sicherheitsmaßnahmen konnten eine Flucht nicht verhindern. Die Schätzungen gehen in die Tausende. Die Fluchtrouten waren bekannt: Die sicherste Variante war die Grenze zu Kolumbien zwischen Zulia und Las Guijira, riskanter war der Weg über António del Táchira und Cúcuta, weil hier Drogenhändler, Paramilitärs und Guerrilleros operierten. Die Schleuser verlangten 600 Dollar. Waren die Kubaner in Kolumbien angekommen, wandten sie sich an die US-Botschaft, wo sie bis Ende 2016 komplikationslos Einreisepapiere erhielten. In den Vereinigten Staaten erwartete sie das »Cuban Medical Professional Parole«-Programm, das geschaffen worden war, um gezielt kubanische Ärzte zur Flucht zu ermuntern. Seit 2006 wurden 7117 Anträge für das Programm gestellt, teilten die US-Behörden Anfang 2016 mit. Die Zahlen seien so stark ansteigend, dass über ein Ende nachgedacht werde. Das Programm wurde Anfang 2017 beendet.

Bis heute wird die Entsendung von Ärzten und medizinischem Personal in Kuba als eine Geste der Solidarität mit dem venezolanischen Brudervolk propagiert. Doch das ist nicht der Fall. 2013

Eines der von den Kubanern aufgegebenen Gesundheitszentren

verdiente Kuba allein mit seinen Ärzten sechs Milliarden Dollar. »Das ist die größte Devisenquelle unserer Nation«, verkündete damals Kubas Außenhandelsminister Rodrigo Malmierca. Auch die Version, wonach Kuba sein medizinisches Personal im Gegenzug für die Öllieferungen von durchschnittlich täglich 100 000 Barrel entsandte, stimmt mit der Wirklichkeit nicht überein.

In Kuba verdient ein Arzt zwischen 40 bis 60 Dollar – im Monat. Venezuela bezahlt pro Arzt zwischen 3000 und 4000 Dollar im Monat an den kubanischen Staat. Zusätzlich wird Kuba pro Behandlung bezahlt. Die kubanischen Ärzte bekommen von all diesen Zahlungen nur einen Bruchteil: 200 konvertible Pesos (CUC) im Monat für den Urlaub daheim und weitere 200 CUC, die auf ein Festgeldkonto wandern und erst nach der Rückkehr freigegeben werden. Im Falle einer Flucht ist das Geld weg.

Die Bezahlung pro Behandlung führte zu einem absurden Planspiel: Danach erhalten die kubanischen Ärzte genaue Vorgaben. Ein Zahnarzt hatte z.B. täglich mindestens 18 Patienten zu behandeln. Ein geflohener Augenarzt berichtete, dass er die Vorgabe hatte, donnerstags mindestens fünf Patienten zu lasern. Aber es gab nicht genügend Patienten. Doch bei Nichterfüllung der Planvorgaben drohten Sanktionen, zunächst in Form von Lohnabzügen und im Härtefall die Rückführung nach Kuba. Die Folge: Die statistischen Behandlungsbögen wurden frisiert und gefälscht. Der angenehme Nebeneffekt: Für die erfundenen Patienten konnten auch Medikamente angegeben werden, die dann auf dem schwarzen Markt einen guten Nebenverdienst erbrachten. Mit dem Erlös konnte dann ggf. das Geld für den Schleuser bezahlt werden.

* * *

Doch die sich verschärfende Krise in Venezuela wirkte sich auch auf die kubanische Hilfe im Gesundheitswesen aus. Es häuften sich die Fälle, in denen die achteckigen Gesundheitszentren überfallen wurden und der gesamte Medikamentenvorrat verschwand. Immer schwieriger wurde die Versorgungslage bei Grundnahrungsmitteln. Die Kubaner waren anfänglich über das Lebensmittelverteilprogramm MERCAL mitversorgt worden. Nach dessen Zusammenbruch mussten sie selbst sehen, wo sie blieben. In die Schlangen vor den Geschäften trauten sie sich bald nicht mehr, weil sie von den Einheimischen übel beschimpft und teilweise auch körperlich attackiert wurden. Zudem reichte das ihnen zur Verfügung gestellte Geld in der Landeswährung angesichts der galoppierenden Inflation nicht mehr aus. Anfang 2017 bekamen sie für einen Monatslohn gerade noch zwei Kilo Reis.

»Ich war 14 Monate auf *Misión* als Ärztin in Venezuela. Wir trafen dort auf Verhältnisse, die wir so nicht erwartet hatten: die Arbeitsbedingungen, die Lebensverhältnisse, die Lügen über den Sinn unserer Mission«, beklagte Dr. Yanisley Félix. Sie floh. Wie katastrophal die Lage der kubanischen Mediziner war, machte auch eine interne Stellungnahme des Leiters der Mission, Dr. Roberto González Marín, deutlich: »Unsere Mitarbeiter sind kurz

Geld ist in Venezuela mittlerweile selbst zur Ware geworden.

davor, Hungers zu sterben. Wir haben Informationen, dass Mitarbeiter die Flucht ergreifen oder hohes Interesse daran haben, nach Kuba zurückkehren zu dürfen.«

* * *

Pünktlich zum 100. Geburtstag der Oktoberrevolution in Russland kam folgende Nachricht aus Caracas: »Schon der zweite Tag ohne Bargeld bei der Banco Exterior. Die Banco Mercantil gestattet nur die Abhebung von 10 000 Bolívares – das sind 25 Cent – und zahlt in 20-Boli-Scheinen. Für zwei Flaschen Wasser lege ich dann 400 dieser Scheine hin.«

Wichtige Waren, wie z. B. Medikamente, werden in Venezuela nur noch gegen Bargeld verkauft. Die Geldautomaten geben aber kein Bargeld mehr heraus und die Banken auch nicht. Deren Bargeldbestände gehen an Zwischenhändler, die die Banknoten kofferraumweise an die Verkaufsstellen verteilen. So ist das Geld in Venezuela eben auch zur Ware geworden. Bargeld kann man nun kaufen. Mit einem Aufschlag von bis zu 40 Prozent – die kleine Inflation in der großen, die sich schon der 1000-Prozent-Marke nähert.

Warum ich die Oktoberrevolution eingangs erwähnte? Wie die Regierung in Caracas machte auch die Sowjetunion vor drei Jahrzehnten den Verfall der Erdölpreise für ihre nicht mehr zu lösenden wirtschaftlichen Probleme verantwortlich. Beide Länder glaubten, dass ihnen die gewaltigen Ölvorkommen gestatteten, grundlegende Gesetze wirtschaftlichen Handelns außer Kraft zu setzen. Beide dachten, sie könnten ökonomisch übers Wasser laufen. Und wie die Sowjetunion ist auch Venezuela nicht bereit, die offenkundigen Probleme grundlegend anzugehen.

Die Sowjetunion besorgte sich Kredite, solange es ging. Auslandsschulden wurden bedient, bis die Reserven erschöpft waren. Die Staatsbank der UdSSR druckte 1991 Banknoten Tag und Nacht und produzierte eine gewaltige Inflation. In Venezuela ist schon der Zeitpunkt erreicht, ab dem man nur noch von einer

Hyperinflation sprechen kann. Für die meisten Venezolaner ergibt es keinen Sinn mehr, zur Arbeit zu gehen. Am Ende der Sowjetunion 1991 betrug der Durchschnittslohn umgerechnet noch sechs Dollar – im Monat. Anfang November 2017 erhöhte Maduro in Venezuela den Mindestlohn um ein Drittel – auf 3,50 Euro im Monat, wenn man den gängigen Schwarzmarktkurs zugrunde legt. Die Partei- und Staatsführung und die ihr nahestehenden Kreise in Caracas können indes beruhigt weiter ihrer Tätigkeit nachgehen, denn sie sitzen an der Quelle, um sich Dollar zu vergünstigten Wechselkursen zu besorgen und können diese dann in wertstabilen Anlagen oder auf ausländischen Konten unterbringen.

Derweil verfällt das ganze Land. Die Staatskassen sind leer, die Reserven schmelzen von Tag zu Tag. Kredite, die mit künftigen Erdölförderungen und mit Gold besichert sind, beginnen zu wackeln. 2016 verkaufte die Regierung in Caracas nach Angaben des World Gold Council bereits mit 131 Tonnen ein Drittel seiner Goldreserven zur Tilgung der Schulden. Wie dramatisch die Verschuldung Venezuelas bereits ist, macht eine Übersicht der fälligen Zahlungen allein für den Monat November 2017 deutlich:

02.11.2017	Anleihe PDVSA 8,5 %	Laufzeit bis 2017	1,169 Mrd. USD
07.11.2017	Staatsanleihe 9 %	Laufzeit bis 2023	90 Mio. USD
	Staatsanleihe 9,25 %	Laufzeit bis 2028	93 Mio. USD
15.11.2017	PDVSA-Anleihe 6 %	Laufzeit bis 2026	135 Mio. USD
16.11.2017	PDVSA-Anleihe 6 %	Laufzeit bis 2024	150 Mio. USD
17.11.2017	PDVSA-Anleihe 9 %	Laufzeit bis 2021	108 Mio. USD
	PDVSA-Anleihe 9,75 %	Laufzeit bis 2035	146 Mio. USD

Nach Zahlung einer Abschlussrate für eine der vielen PDVSA-Anleihen in Höhe von 1,169 Milliarden Dollar gab Präsident Maduro am 2. November 2017 bekannt, dass nun genug sei. Man müsse die restlichen Zahlungen von 68 Milliarden Dollar an die

Zeichner der Anleihen »refinanzieren und restrukturieren«. Refinanzierung würde die Zahlung der alten Schulden durch neue Schulden bedeuten. Das würde Vertrauen der Geber in die Tragfähigkeit der Volkswirtschaft Venezuelas voraussetzen. Restrukturierung bedeutet die Anpassung von Zins und Laufzeit. Beides kann man als Schuldner nicht einfach dekretieren, sondern muss es mit seinen Gläubigern einvernehmlich regeln. Insgesamt beträgt die Verschuldung nach Schätzungen mindestens 175 Milliarden Dollar. Ob refinanziert und restrukturiert wird, hängt maßgeblich vom guten Willen der Geber ab und vom Ergebnis entsprechender Verhandlungen.

Zentraler Punkt dieser Diskussionen ist die Bereitschaft des Schuldners, einschneidende Maßnahmen zur wirtschaftlichen Gesundung der Wirtschaft vorzunehmen. Sie sind bekannt und wurden von Ökonomen der UNASUR – der Union südamerikanischer Nationen – ausgearbeitet. Der Plan hat folgende Eckpunkte:
1. Vereinheitlichung der Währung und freier Wechselkurs;
2. Aufhebung der Preiskontrollen;
3. Aufhebung aller Energiesubventionen;
4. Subventionen für die Verbraucher über eine elektronische Rabattkarte;
5. Kopplung aller Gehälter an die monatliche Inflationsrate;
6. Verkauf nicht-strategischer staatlicher Vermögenswerte zur Finanzierung des Plans;
7. Einführung von Finanztransaktions- und Vermögenssteuern;
8. Einrichtung eines Beschäftigungsprogramms.

Doch wer soll sie verkünden, wer soll sie ausführen?

Nicolás Maduro ganz sicher nicht. Seine öffentlich verkündete Zahlungsverweigerung ist nur die Kaschierung eines Zustands, der zwangsläufig eintreten wird: Die Gläubiger werden ihre Forderungen einklagen. Da viele Anleihen von der staatlichen Ölfirma PDVSA ausgegeben wurden, ist die Gefahr real, dass Vermögenswerte des Konzerns außerhalb Venezuelas gepfändet werden –

Im Frühjahr 2017 gingen Millionen gegen die Regierung auf die Straße.

z. B. CITGO, die drittgrößte Tankstellenkette in den USA. Neue Schulden in Form von Anleihen sind durch die US-Sanktionen vom 25. September 2017 betroffen, die deren Handel verbieten. Der Trick Maduros besteht darin, nicht selbst die Staatspleite zu verkünden, sondern die internationalen Geldgeber und die USA zu beschuldigen, sein Land in die Katastrophe zu treiben. Der Preis für diesen Kniff ist hoch, denn der Präsident geht wissentlich das Risiko ein, dass sein Land große Teile seines Vermögens verliert.

* * *

Die Regierung Maduro beherrscht das Land politisch bislang unangefochten. Die Opposition ist gefangen durch manipulierte Wahlen und den Druck der Sicherheitskräfte – und hat sich nun auch noch gespalten. Das Militär ist der entscheidende Faktor für die Zukunft des Landes. Nur die Armee wäre momentan in der Lage, das Land zu kontrollieren und einen neuen Kurs einzuschlagen. Doch wäre der Preis sehr hoch: Das Risiko eines unkontrollierbaren Aufstands gegen eine unweigerlich erforderliche Sparpolitik zum Abtragen der enormen Schulden ist real.

Wenn dann die Armee mit Waffengewalt eingreift, wie dies 1989 beim Aufstand nach Verkündung drakonischer Sparprogramme schon einmal der Fall war, kann sich die Situation im Land – ausgehend von den Elendsvierteln – dramatisch verändern. Damals gab es Tausende Tote. Sollte sich dies wiederholen, stünden die Streitkräfte als Unterdrücker da.

Ein wichtiger Machtfaktor bei der Zukunft Venezuelas ist Kuba. Zwar liefert Maduro kaum noch direkt Erdöl, zahlt aber die Ersatzlieferungen über den russischen Ölkonzern Rosneft mit einem Kredit, den Rosneft zuvor dem staatlichen Erdölkonzern PDVSA eingeräumt hatte. Darauf ist Kuba mit seiner fragilen Wirtschaftsbilanz dringend angewiesen. Kubanische Militärberater sitzen an allen entscheidenden Schaltstellen der venezolanischen Macht, im Präsidentenpalast Miraflores ebenso wie in der Festung Tiuna, dem Sitz des Verteidigungsministeriums. Risse im Verhältnis zwischen dem venezolanischen Militär und den Kubanern sind bislang nicht bekannt. Eher ist ein noch engeres Zusammenrücken beider Staaten denkbar.

Auszuschließen ist nach derzeitiger Lage der Dinge eine friedliche Machtübergabe an die Opposition. Auch eine Intervention von außen erscheint nicht realistisch. Was sollte die USA dazu bringen, sich mit einer zahlenmäßig starken Streitmacht anzulegen, wobei die Opferzahlen unkalkulierbar wären. Auch würde das Verhältnis zu Lateinamerika insgesamt einen irreparablen Schaden nehmen und die USA weltweit isolieren. Allerdings könnte massiver außenpolitischer Druck in einer sich weiter verschlechternden Gesamtlage die Regierung dazu bewegen, die Krise mit Teilen der Opposition gemeinsam zu überwinden. Dafür gibt es durchaus erste Anzeichen, wie die Gespräche zwischen Opposition und Regierung in der Dominikanischen Republik oder das Taktieren der sozialdemokratischen *Acción Democrática* AD nach den Regionalwahlen vom 15. Oktober 2017.

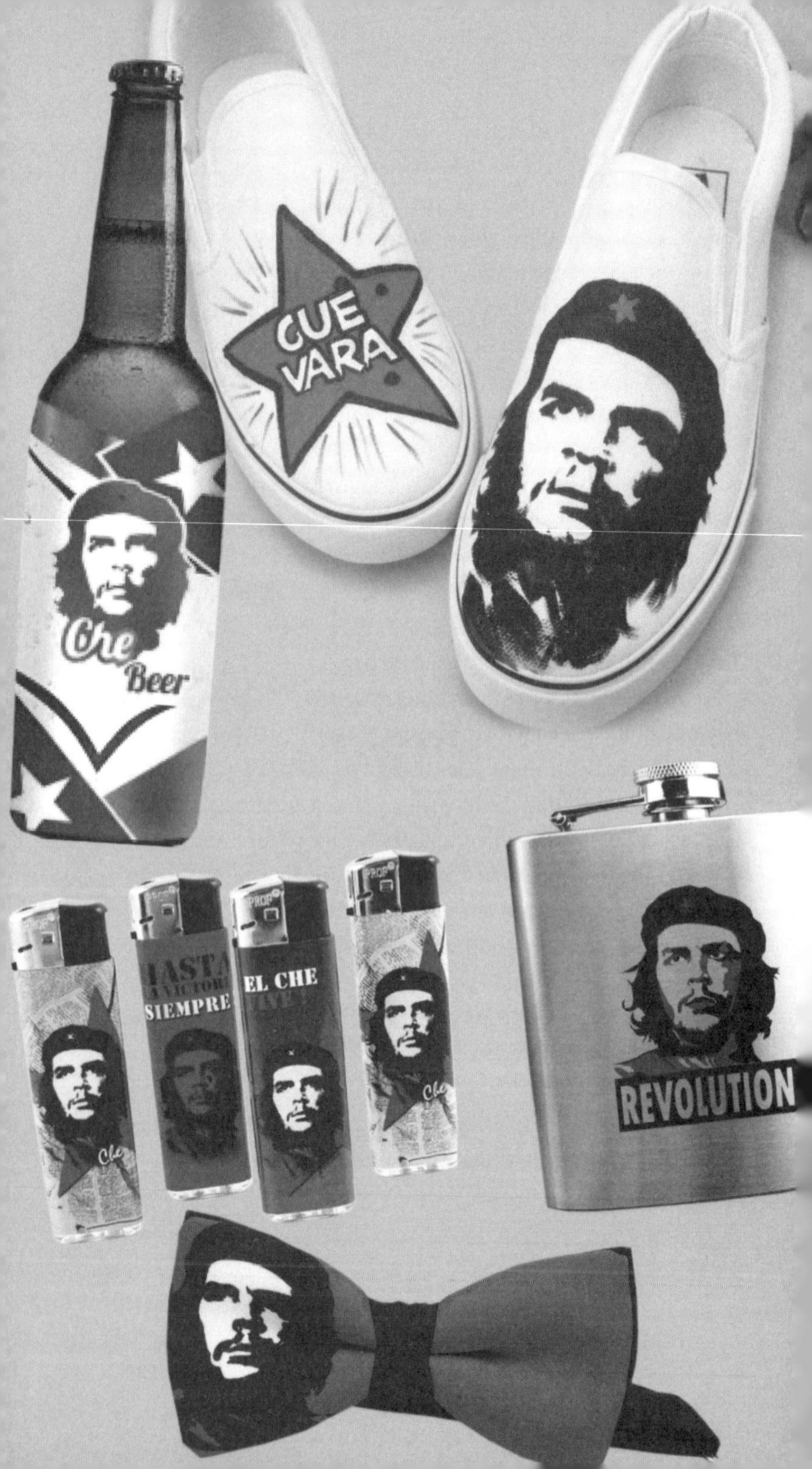

Che
Beer
CUE
VARA
SIEMPRE
EL CHE
REVOLUTION

Persönliche Nachbetrachtung

Mit dem vorliegenden Band endet die Trilogie über die Revolutionen in Kuba, Nicaragua und Venezuela. Noch immer wird die bisweilen bittere Realität in diesen Ländern in Teilen der Welt vom romantischen Bild des *Guerrillero heróico* überdeckt. Am 5. März 1960 »schoss« der kubanische Modefotograf Alberto Korda eher aus einem Instinkt heraus ein Bild von Ernesto »Che« Guevara bei der Trauerfeier für die Opfer des Waffentransporters »La Coubre«, der tags zuvor im Hafen von Havanna explodiert war. Doch die Redaktionen wollten das Bild nicht, sie wollten Aufnahmen des *Comandante en Jefe*, Fidel Castro, und seiner Ehrengäste, der französischen Intellektuellen Simone de Beauvoir und Jean-Paul Sartre. Jahre später kam der italienische Verleger Giangiacomo Feltrinelli zu Korda und erhielt Abzüge. Er publizierte das Foto nach Guevaras Tod und verdiente Millionen damit. Es ist zum wohl berühmtesten Foto der Welt geworden. Es ziert T-Shirts, Kronkorken, Flaschen jedweden Inhalts und wird vollkommen sinnentleert kommerzialisiert. Auch Hugo Chávez genießt eine große bildliche Präsenz, sein Porträt ist ebenfalls zur Ikone geworden.

In unserer heutigen Zeit werden wir alle von Informationen förmlich überschüttet. Selbst griffige Formulierungen, sauber herausgearbeitete Argumentationen und eine präzise Sammlung der Fakten haben es immer schwerer, ihr Ziel wirklich zu erreichen. Bilder hingegen wirken. Unser Gehirn ist bereit, Bildern zu glauben. Selbst wenn sie nur flüchtig wahrgenommen werden, haben sie doch oft Eindruck hinterlassen. Jahrhunderte alt ist die Vorstellung ihrer mystischen, beinahe magischen Wirkung. Bilder prägen sich tiefer ins Gedächtnis ein als Worte. Sie beeinflussen unsere Einstellung. Der Spruch »Ein Bild sagt mehr als tausend Worte« kommt ja nicht von ungefähr. Worte müssen erst von unserem Gehirn verarbeitet werden. Bilder wirken innerhalb von Sekundenbruchteilen.

So wird auch dieses Buchreihe große Mühe haben, den Mythos des ausschließlich guten Revolutionärs mit reiner Seele beiseite zu schieben und die Realität zum Vorschein zu bringen. Die Bilanz des Lebens und Sterbens von Ernesto »Che« Guevara ist ernüchternd: Er verehrte den Diktator Stalin, zückte im Kampf gegen Batista die Waffe gegen die eigenen Mitkämpfer um Fehlverhalten exemplarisch zu bestrafen, verantwortete nach dem Sieg der Revolution Massenerschießungen, war eine glatte Fehlbesetzung als Präsident der Nationalbank, richtete als Industrieminister maßgeblich die vordem florierende Wirtschaft Kubas zugrunde, steckte Verantwortliche wegen geringer Vergehen wie der Nichterfüllung der Normen in von ihm geschaffene Arbeitslager, um sich dann resigniert von den Mühen des wirtschaftlichen Alltags wieder dem Befreiungskampf hinzugeben. Sein Einsatz im Kongo geriet zum kompletten Desaster, nicht zuletzt, weil die CIA ihn auf Tritt und Schritt verfolgte, mit dem Ziel, seine Aktionen scheitern zu lassen. Sie hätten ihn vielfach töten können, doch wollten sie unbedingt verhindern, dass er zum Helden hochstilisiert würde. Seinen Tod fand er in Bolivien nach einem ebenso gescheiterten Versuch, dort die Revolution von außen zu implantieren. Eines der letzten Fotos zeigt ihn aufgebahrt auf einer herausgehobenen Tür, beinahe jesusgleich. Daraus wurde eine weitere Ikone. Es wird Zeit, sich der Realität zuzuwenden.

In Kuba hat sich eine staatskapitalistische Militärdiktatur etabliert, die von einer kleinen Gruppe aus Angehörigen der Castro-Familie geführt wird. In Nicaragua herrscht die Familie des ehemaligen Revolutionärs Daniel Ortega und seiner Frau Rosario Murillo, die 2017 das Amt der Vizepräsidentin übernahm. In Venezuela hat eine Gruppe aus ehemaligen Militärs, Guerrilleros und linken Politikern eines der reichsten Länder in zwei Jahrzehnten verarmen lassen und schließlich ruiniert.

In allen drei Fällen ist das gleiche Muster zu erkennen: Entmachtung der unabhängigen Kontrollinstanzen. In Kuba sind sie gar nicht mehr vorhanden, in Nicaragua und Venezuela wurden sie erst ausgehebelt und schließlich weitgehend beseitigt. Doch soll der um sich greifenden Korruption begegnet werden, braucht es starke Institutionen wie unabhängige Gerichte, Untersuchungsorgane und Kontrollinstanzen. Wahlbetrug, wie er in Nicaragua und Venezuela an der Tagesordnung ist (Kuba hat in sechs Jahrzehnten nie wirklich gewählt), kann nur durch unabhängige Aufsichtsgremien unterbunden werden. Um zu verhindern, dass Verfassungen nach Belieben ständig verändert werden, wären deutlich höhere Hürden erforderlich, worauf Verfassungsrechtler immer wieder hinweisen. Zweimal schon setzten die Machthaber in Venezuela seit 1999 das Instrument der Verfassunggebenden Versammlung ein, um das unabhängige Parlament zu entmachten. Ein drittes Mal wird hoffentlich verhindert.

Es ist an der Zeit, sich von der Illusion der »starken Männer« zu trennen, die für das Wohl aller sorgen – wenn sie dafür uneingeschränkte Vollmachten erhalten. Die Castros, Chávez, Ortega und Maduro entsprechen alle mehr oder minder dem Archetyp des lateinamerikanischen Caudillo, der schon seit der Unabhängigkeit vor fast zweihundert Jahren sein Unwesen treibt. Es wird Zeit, den politischen Macho ins Museum zu verbannen. Eine Frau wie die nicaraguanische Präsidentin Violeta Barrios de Chamorro, die von 1990 bis 1995 das Land wieder versöhnte, die Institutionen zur Machtkontrolle stärkte und auch die ruinierte Wirtschaft wiederbelebte, ist für mich ebenso ein Vorbild wie auch der Vater der venezolanischen Demokratie, Ex-Präsident Rómulo Betancourt, der mit der nach ihm benannten Doktrin ein Vermächtnis gegen den Machtmissbrauch hinterlassen hat: »Diejenigen Regimes, die die Menschenrechte nicht respektieren, die die Freiheit ihrer Bürger mit Füßen treten und eine Tyrannei mit Hilfe einer totalitären Politik errichten, sollten mit einem rigorosen *cordon sanitaire* isoliert und aus der Internationalen Gemeinschaft ausgeschlossen werden.«

Nach fünf Jahrzehnten der Beschäftigung mit Lateinamerika bleibt es meine Hoffnung, dass sich die Vision der kubanischen Bloggerin Yoani Sánchez über die künftigen Führer erfüllen:

»1. Ich will keinen Offizier an der Spitze unseres Landes (bekanntermaßen bin ich gegen olivgrün allergisch). Von einem Zivilisten, der nicht von Waffen redet, dafür aber die Sorgen und Nöte unseres Alltags kennt, erwarte ich mir mehr.
2. Ich will nicht schon wieder einen ›charismatischen‹ Führer (der würde zu leicht zu einem beliebten Fotomotiv und Idol stilisiert), sondern ich wünsche mir einen Treuhänder, der die Reichtümer unseres Landes verwaltet und bewahrt, der sich in unseren Dienst stellt und darauf verzichtet, uns mit aller Gewalt anzuführen.
3. Ich wünsche mir eine Person, die am Ende ihrer Amtszeit den Platz für das neu gewählte Staatsoberhaupt frei macht oder die wir selbst absetzen können, falls sie uns als Volk nicht mehr repräsentiert.
4. Ich träume (und das ist vielleicht Ausdruck meiner feministischen Seite) von einer Art Hausfrau, die sich an oberster Stelle darum kümmert, dass wir genug in den Kochtöpfen haben, und es als ihre Aufgabe ansieht, ihre ›zerstrittenen Kinder‹ zu versöhnen.
5. Ich hoffe, nicht wieder einen großen Redner ertragen zu müssen, sondern einen Politiker jener seltenen Spezies zu erleben, der die Kunst des Zuhörens beherrscht.
6. Ich wünsche mir, dass keine allmächtige und allgegenwärtige Vaterfigur gewählt wird, sondern einfach nur ein Präsident, über den ich mich ganz frei öffentlich beklagen kann.«

Anhang

Chronik Venezuelas

1498: Christoph Kolumbus erreicht auf seiner dritten Reise die Ostküste Venezuelas und betritt erstmals das amerikanische Festland. Seine Mannschaft trifft dort auf Indios der Stämme der Kariben und Aruaken, die dort seit 1000 v. u. Z. siedeln.

1500: Auf einer Karte von Juan de la Cosa findet sich erstmals der Name Venezuela (Klein-Venedig).

1522: Mit Nueva Cádiz wird die erste feste Siedlung der Spanier errichtet.

1528: Das Augsburger Handelshaus der Fugger kauft vom spanischen Kaiser Karl V. das Recht zur Kolonisation in Südamerika. 20 Jahre wird Venezuela erforscht, werden Bodenschätze abgebaut und nach Europa verschifft. Dann übernehmen die Spanier wieder die Verwaltung durch das Vizekönigreich Neu-Spanien (Mexiko).

1567: Gründung der Hauptstadt Caracas.

1718: Neustrukturierung der Kolonialverwaltung: Venezuela wird vom Vize-König von Neu-Granada (Kolumbien) verwaltet.

1777: Die spanische Krone übernimmt direkt die Statthalterschaft.

1806: Francisco de Miranda scheitert mit einem Landeunternehmen mit europäischen Freiwilligen bei dem Vorhaben, die spanische Kolonialherrschaft zu beenden.

1810: Eine Junta setzt den spanischen Generalkapitän Vicente Emperan y Orbe ab.

1811: Die Unabhängigkeit wird am 5. Juli ausgerufen. Der Tag wird heute als Nationalfeiertag begangen.

1812: Ein verheerendes Erdbeben legt Caracas in Schutt und Asche. Die Regierung kapituliert.

1818: Simón Bolívar gründet in Angostura die Republik, die ein Jahr später den Namen Groß-Kolumbien erhält.

1821: Bolívar weitet den Unabhängigkeitskampf auf das spanische Vizekönigreich Peru aus.

1824: In der Schlacht von Ayacucho wird der spanische Vizekönig, General José de la Serna e Hinojosa, geschlagen. Damit endet die 300-jährige Herrschaft Spaniens.

1830: Der *Libertador* Simón Bolívar stirbt am 17. Dezember.
1864: Nach einem Bürgerkrieg erfolgt die Gründung der Vereinigten Staaten von Venezuela.
1908: General Juan Vicente Gómez herrscht bis 1935 insgesamt 27 Jahre in Venezuela.
1914: Das erste Erdöl sprudelt aus einem Bohrloch im Maracaibo-See.
1928: Studentenunruhen – einer ihrer Anführer ist Rómulo Betancourt.
1941: Gründung der sozialdemokratischen Partei Acción Democrática AD.
1945: Legalisierung der Kommunistischen Partei Venezuelas. Putsch durch einen Revolutionären Regierungsrat unter Vorsitz von Rómulo Betancourt (AD).
1946: Wahlen zu einer Verfassunggebenden Versammlung.
1947: Zum ersten Mal in der Geschichte Venezuelas wird der Präsident von allen wahlberechtigten Frauen und Männern gewählt. Es gewinnt Rómulo Gallegos von der AD mit 75 Prozent der Stimmen. Rafael Caldera von der christdemokratischen COPEI erhält 22,4 Prozent und Gustavo Machado von der Kommunistischen Partei 3,2 Prozent der Stimmen.
1948: Putsch des Militärs gegen die gewählte Regierung. Die Militärregierung steht unter dem Vorsitz von Carlos Delgado Chalbaud.
1950: Ermordung des Vorsitzenden der Militärregierung. Es folgt Germán Suárez Flamerich.
1952: Sieger der Präsidentschaftswahlen wird Jóvito Villalba von der Demokratisch-Republikanischen Union URD. Das Militär verhindert die Regierungsübernahme und ernennt stattdessen Marcos Pérez Jiménez zum Präsidenten.
1958: Sturz der Diktatur durch AD und die KP Venezuelas. Aus den anschließenden Präsidentschaftswahlen geht Rómulo Betancourt siegreich hervor. Es kommt zum Pakt von Puntofijo der drei bürgerlichen Parteien AD, COPEI und URD unter Ausschluss der KP.
1960: Gründung der OPEC unter maßgeblicher Beteiligung Venezuelas.
1961: Kuba wird auf Antrag Venezuelas aus der Organisation Amerikanischer Staaten ausgeschlossen. Präsident Betancourt legt zahlreiche Beweise für Waffenlieferungen und die Ausbildung venezolanischer Guerrilleros in Kuba vor.
1962: In Venezuela nimmt die erste Guerrillaorganisation unter dem Kommando des Militärverantwortlichen der KP Venezuelas, Douglas Bravo, den Kampf gegen die demokratische Regierung auf.
1964: Präsident Betancourt übergibt das Amt erstmals in der Geschichte an seinen gewählten Nachfolger Raúl Leoni, ebenfalls von der AD.

1966: Die KP gibt den bewaffneten Kampf auf. Wer sich dem nicht anschließt, wird öffentlich als »Verräter« denunziert. Fidel Castro bezeichnet seinerseits die KP-Führung in Venezuela als »Feiglinge, Opportunisten, Verräter«. Er entsendet Interventionsgruppen nach Venezuela.

1968: Der Christdemokrat Rafael Caldera gewinnt die Wahlen.

1969: Die kubanischen Kämpfer unter Führung des später in Havanna hingerichteten Generals Arnaldo Ochoa werden aus Venezuela abgezogen. Die Regierung in Caracas erlässt eine Amnestie für Guerrilleros, die ihre Waffen niederlegen. In den Kämpfen fielen insgesamt etwa 6000 Menschen.

1974: Der Sozialdemokrat Carlos Andrés Pérez wird Präsident. Der Ölpreis vervierfacht sich, die Staatseinnahmen steigen um das Dreifache.

1975: Nationalisierung der venezolanischen Eisen- und Stahlindustrie.

1976: Verstaatlichung der Erdölindustrie.
Ein Kommando der Sozialistischen Liga, der damals schon der heutige Präsident Nicolás Maduro angehört, entführt den US-Manager William Niehous und hält ihn 40 Monate gefangen.

1983: Zahlungsunfähigkeit der venezolanischen Regierung.

1986: Der heutige Präsident Maduro absolviert ein einjähriges Studium an der Parteihochschule des ZK der KP Kubas in Havanna.

1989: Carlos Andrés Pérez übernimmt zum zweiten Mal das Präsidentenamt. Sein Sparprogramm führt zu Unruhen, die gewaltsam niedergeschlagen werden, dem »Caracazo« mit Tausenden Toten.

1992: Am 4. Februar versucht der Oberstleutnant Hugo Chávez, mit Hilfe eines Militärputsches die Macht zu übernehmen. Er scheitert und muss ins Gefängnis.

1994: Chávez wird amnestiert und fliegt nach Havanna, wo er von Fidel Castro wie ein Staatsgast empfangen wird.

1998: Chávez gewinnt die Präsidentschaftswahlen.

1999: Die »Bolivarianische Verfassung« wird durch ein Referendum beschlossen. Mit ihr wird die Amtszeit des Präsidenten auf sechs Jahre verlängert und das Verbot der Wiederwahl aufgehoben. Senat und Kongress werden abgeschafft, ebenso das Verbot für Militärs, sich zur Wahl zu stellen und politische Führungsaufgaben zu übernehmen. Das Oberste Gericht verliert seine Unabhängigkeit ebenso wie die Generalstaatsanwaltschaft und wird dem Präsidenten unterstellt. Auch der Nationale Wahlrat untersteht künftig allein dem Präsidenten.

2000: Chávez stellt sich der Wiederwahl und siegt.
2002: Militärs setzen Chávez im April ab und installieren eine Interimsregierung. Doch der Putsch scheitert. Chávez kehrt zurück in den Präsidentenpalast. Am 3. Dezember beginnt ein zweimonatiger Generalstreik, der vor allem die Erdölproduktion lahmlegt.
2003: Chávez verspricht der Opposition, sich einem Referendum zu stellen.
2004: Der Nationale Wahlrat gibt bekannt, dass die notwendige Stimmenanzahl zur Abhaltung des Referendums erreicht wurde. Die Umfragen sagen eine Niederlage von Chávez voraus, doch der kann binnen weniger Wochen seine Stimmenzahl fast verdoppeln und bleibt im Amt. Seither verstummen die Vorwürfe nicht mehr, dass die Wahlen massiv verfälscht wurden.
2006: Aus den Präsidentschaftswahlen geht Chávez als Sieger hervor. Anschließend erklärt er, dass sein Ziel der »Sozialismus des 21. Jahrhunderts« sei.
2007: Venezuelas höchster Militär, General José Baduel, tritt vom Amt des Verteidigungsministers zurück. Kurz vor der angesetzten Abstimmung über eine erneut geänderte Verfassung ruft er öffentlich auf, dagegen zu stimmen und bricht mit dem Präsidenten. Chávez verliert die Abstimmung.
2011: Hugo Chávez gibt bekannt, dass er an Krebs erkrankt ist.
2012: Chávez begibt sich zur medizinischen Behandlung nach Kuba. Bei den Präsidentschaftswahlen siegt er noch einmal. Außenminister Nicolás Maduro wird zum exekutiven Vizepräsidenten ernannt.
2013: Chávez stirbt. Nachfolger wird Nicolás Maduro.
2014: Im Land setzen Proteste gegen die Regierung ein. Der Chef der oppositionellen Partei Voluntad Popular, Leopoldo López, wird der Rädelsführerschaft beschuldigt und verhaftet.
2015: Leopoldo López wird zu 13 Jahren Gefängnis verurteilt. Das Oppositionsbündnis Mesa de la Unidad Democrática (MUD) siegt bei den Parlamentswahlen und gewinnt 112 der 117 Sitze in der Nationalversammlung.
2016: Maduro erklärt den ökonomischen Notstand und regiert mit Dekreten am Parlament vorbei. Die Inflation ist die höchste der Welt. Die nationale Wahlbehörde (CNE) stoppt die geplante Unterschriftensammlung für ein Referendum zur Abwahl Maduros.
2017: Der Oberste Gerichtshof entmachtet das Parlament – die Opposition spricht von einem Putsch. Nach einer Intervention von Generalstaatsanwältin Luisa Ortega nimmt der Oberste Gerichtshof

das Urteil wieder zurück. Es folgt eine landesweite Protestwelle mit mehr als 150 Toten und 4500 Festgenommenen. Maduro verkündet die Schaffung einer Verfassunggebenden Versammlung. Schlägerbanden überfallen das Parlament und schlagen mit Latten auf oppositionelle Abgeordnete ein. Nach den Gouverneurswahlen vom 15. Oktober zwingt die Regierung die fünf oppositionellen Kandidaten, sich vom Parallelparlament – der Verfassunggebenden Versammlung – vereidigen zu lassen. Die vier Gouverneure der Acción Democrática (AD) folgen, der Kandidat der Zentrumspartei Primero Justicia, Henrique Capriles Radonski, weigert sich und tritt aus dem Oppositionsbündnis MUD aus.

Anfang November erklärt Präsident Maduro, dass er die ausstehenden 68 Milliarden Dollar zur Rückzahlung von Anleihen nicht bezahlen wird und fordert eine Neustrukturierung der enormen Auslandsschulden.

Biografien der handelnden Personen

Hugo Chávez Frias, Präsident Venezuelas vom 2. Februar 1999 bis zum 5. März 2013, geb. am 28. Juli 1954 in Sabaneta, gest. am 5. März 2013 in Caracas. Trat mit 17 Jahren in die Armee ein, schloss die Militärakademie 1975 ab, leitete ab 1980 mehrere Abteilungen der Militärakademie u.a. für die Sportausbildung sowie für kulturelle Aktivitäten. Das postgraduale Studium der Politikwissenschaft beendete er 1990 ohne Abschluss. Er putschte am 4. Februar 1992 gegen die Regierung, scheiterte und wurde verhaftet. 1994 vorzeitig begnadigt, musste er die Armee im Rang eines Oberstleutnants verlassen. Siegte mit einem Parteienbündnis am 6. Dezember 1998 bei den Präsidentschaftswahlen mit 56 Prozent der Stimmen. Wurde im Juli 2000 bei vorgezogenen Neuwahlen mit 60 Prozent wiedergewählt. Am 12. April 2002 putschte das Militär gegen ihn und ließ ihn verhaften. Am selben Tag wurde Pedro Carmona als Übergangspräsident vereidigt. Er amtierte nur einen Tag. Am 13. April wurde Chávez befreit und wieder in alle Ämter eingesetzt. Er überstand am 15. August 2004 ein Abwahlbegehren, das 3,7 Millionen Wahlberechtigte unterzeichnet hatten, mit 59 Prozent der Stimmen. Seit dieser Wahl verstummen die Vorwürfe des massiven Wahlbetrugs nicht mehr. 2007 schlossen sich verschiedene Parteien und Gruppierungen zur Sozialistischen Einheitspartei Venezuelas (PSUV) zusammen, die seither die Regierungspartei darstellt. Bei den Präsidentschaftswahlen vom 7. Oktober 2012 wurde Chávez als Spitzenkandidat der PSUV wiedergewählt. Im Juni 2011 hatte Chávez bekannt gegeben, dass er an Krebs erkrankt sei. Vor seiner Wiederwahl 2012 hatte er erklärt, geheilt zu sein. Zwei Monate später gab er bekannt, dass die Krankheit erneut ausgebrochen sei und er in Kuba operiert werde. Mitte Februar kehrte er aus Kuba zurück und starb am 5. März 2013.

Nicolás Maduro Moros, Präsident von Venezuela, vermutlich am 23. November 1962 geboren. Seine Mutter war Kolumbianerin, sein Vater Nicolás Maduro García stammt ungesicherten Angaben zufolge von der niederländischen Antilleninsel Curaçao. Kindheit im kolumbianischen Cúcuta. 1976 nach Polizeiunterlagen in die Entführung des US-Managers William Niehous verwickelt. 1986/87 Student der Parteihochschule des Zentralkomitees der Kommunistischen Partei Kubas in Havanna. Von 1994 bis 1997 Mitglied der Führung der Bolivarianischen Revolutionsbewegung MBR-200 von Hugo Chávez. 1988 Abgeordneter des Parlaments. 2000 bis 2001 Fraktionsvorsitzender in der Nationalversammlung, 2005 bis 2006 Sprecher der Nationalversammlung. Nachfolgerin wurde seine Ehefrau Cilia Flores. 2006 bis 2012 Außenminister Venezuelas. 2012 Vizepräsident, 2013 Präsident Venezuelas.

Tarek William Saab, möglicher Nachfolger von Nicolás Maduro, geb. am 10. September 1962, war der Vorsitzende der von Chávez gegründeten Partei Fünfte Republik MVR. Von 2004 bis 2012 Gouverneur des Bundesstaates Anzoátegui. Im Dezember 2014 wurde er als nationaler Ombudsman *(Defensor del Pueblo)* gewählt. Am 5. August 2017 Ernennung zum Generalstaatsanwalt und Nachfolger der entlassenen Luisa Ortega Diaz. Sein Sohn Yibram Saab nahm an den Massenprotesten gegen die Regierung im Frühjahr 2017 teil und lud auf YouTube einen Aufruf an seinen Vater hoch, dem gesetzlosen Treiben der Sicherheitsbehörden Einhalt zu gebieten.

Cilia Flores, Ehefrau von Präsident Maduro, geb. am 15. Oktober 1953. Sie verteidigte als Rechtsanwältin Hugo Chávez nach dem gescheiterten Putschversuch von 1992, wurde Parlamentspräsidentin von 2006 bis 2011 und damit Nachfolgerin ihres Mannes, als dieser Außenminister wurde. Ihr Adoptivsohn Efraín Antonio Campo Flores und ihr Neffe Francisco Flores de Freitas wurden im November 2015 von den US-Drogenverfolgungsbehörden verhaftet und stehen wegen des Schmuggels von 800 Kilo Kokain in New York vor Gericht.

Diosdado Cabello Rondón, Nummer 2 hinter Nicolás Maduro, geb. am 15. April 1963. Absolvent der Militärakademie, direkter Untergebener von Hugo Chávez, beteiligte sich am Putsch von 1992, Haft und Entlassung aus den Streitkräften im Rang eines Hauptmanns. 2002 Vizepräsident des Landes, danach Innen- und Justizminister (2002 – 2003), Minister für Infrastruktur (2002 – 2004), Minister für Wohnungsbau (2009 – 2010). Von 2004 bis 2008 Gouverneur des Bundesstaates Miranda. Seit 2008 stellvertretender Parteivorsitzender der Sozialistischen Einheitspartei Venezuelas PSUV. 2010 bis 2016 Parlamentspräsident. Sein Bruder José Cabello leitete die Zollbehörde Venezuelas und ist seit 2013 Industrieminister. Diosdado Cabellos Frau Marlenys Contreras ist seit 2015 Tourismusministerin. Seine Schwester war Beraterin der UNO-Vertretung in New York, die von der Tochter von Hugo Chávez geleitet wurde. Cabello selbst wird der Korruption, des Kokainhandels und der Geldwäsche verdächtigt.

Tareck El Aissami, Vizepräsident, geb. am 12. November 1974, studierte Recht und Kriminologie, war ein linker Studentenführer. 2003 wurde er Vize-Direktor des nationalen Einwanderungs- und Passbüros ONIDEX und wurde mit der Misión Identidad betraut, mit der Kuba das Pass- und Meldewesen Venezuelas unter Kontrolle bekam. 2007 wurde er stellvertretender Innenminister, ein Jahr später Innen- und Justizminister und verbot in dieser Funktion der US-Drogenbehörde 2009 weitere Aktivitäten in Venezuela. Von 2012 bis 2017 war er Gouverneur des Bundesstaates Aragua. Am 4. Januar 2017 berief ihn Maduro zum Vizepräsidenten des Landes. Seit 2011 ermitteln US-Behörden gegen ihn wegen des Verdachts der Geldwäsche, seit 2015 wegen Verstrickung in den Drogenhandel.

José Vicente Rangel, Vizepräsident von Hugo Chávez, geb. am 10. Juli 1929, wurde Ende der 40er Jahre als Student der Rechtswissenschaften aus Venezuela ausgewiesen, emigrierte nach Chile, kehrte nach dem Sturz der Diktatur zurück und wurde als Abgeordneter gewählt. Kandidierte 1973, 1978 und 1983 für das Amt des Präsidenten als Kandidat der Partei Movimiento al Socialismo (MAS), der Kommunistischen Partei (PCV) und des Movimiento Electoral del Pueblo (MEP). Chávez ernannte ihn am 2. Februar 1999 zum Minister für auswärtige Angelegenheiten, 2001 wurde er Verteidigungsminister und vom 28. April 2002 bis Januar 2007 Vizepräsident.

Alí Rodríguez Araque, wichtigster Politiker unter Chávez, geb. am 9. September 1937, Jurist, unter dem Kampfnamen *Comandante Fausto* führend in der kommunistischen Guerrilla-Organisation FALN, wurde 1966 Mitglied der Partido de la Revolución PRV des Ex-Politbüromitglieds der KP, Douglas Bravo, der wegen seiner Weigerung, den bewaffneten Kampf einzustellen, ausgeschlossen worden war. Erst 1983 beendete Rodríguez den bewaffneten Kampf. Präsident Chávez ernannte ihn 1999 zum Energieminister, 2000 wechselte er als Generalsekretär zur OPEC nach Wien. 2002 übernahm er die Führung des staatseigenen Erdölkonzerns PDVSA. 2004 bis 2006 Außenminister, aus gesundheitlichen Gründen danach Botschafter in Kuba. 2008 wurde er Minister für Wirtschaft und Finanzen, 2010 Minister für Elektroenergie und wechselte 2014 erneut als Botschafter nach Kuba.

Jorge António Rodríguez, Gründer der Liga Socialista, geb. am 16. Februar 1942, gest. am 25. Juli 1976, studierte Landwirtschaft und Erziehungswissenschaften, war als Studentenführer politisch aktiv, radikalisierte sich, gründete 1973 die Liga Socialista, der sowohl Nicolás

Maduro als auch dessen Vater angehörten. Die Liga war 1976 für die Entführung des US-Managers William Niehous verantwortlich, Rodríguez wurde vom Geheimdienst DISIP gefangengenommen und starb an den Folgen der Folter 1976 in der Haft.

Jorge Jesús Rodríguez Gómez, Verantwortlicher für zahlreiche Wahlmanipulationen, geb. am 9. November 1965, Sohn von Jorge António Rodríguez. Studierte Medizin, war als Studentenführer aktiv und wurde Psychiater. 2004 ernannte ihn Chávez zum Präsidenten der Obersten Wahlbehörde und drei Jahre später zum Vizepräsidenten Venezuelas. 2008 wurde er zum Bürgermeister von Caracas gewählt und amtierte bis 2017.

Delcy Eloína Rodríguez Gómez, Chefin der Verfassunggebenden Versammlung (Constituyente), geb. 18. Mai 1969, Tochter von Jorge António Rodríguez und jüngere Schwester von Jorge Jesús Rodríguez Gómez. Studierte Jura und war als Studentenführerin aktiv. 2003 wurde sie Direktorin für internationale Beziehungen des Ministeriums für Energie und Bergbau, 2005 Vizeministerin für Auswärtige Angelegenheiten, zuständig für Europa und ein Jahr später Leiterin des Präsidialbüros im Ministerrang. 2013 ernannte Präsident Maduro sie zur Ministerin für Kommunikation und Information, 2014 zur Außenministerin. 2017 wurde sie zur Abgeordneten der Verfassunggebenden Versammlung und dort zur Präsidentin gewählt.

Norberto Ceresole, argentinischer Berater von Hugo Chávez in den 90er Jahren, geb. 1943, gest. 2003, 1969 bis 1971 Berater der peruanischen Militärregierung, Mitglied der argentinischen Montonero-Guerrilla, ab 1977 Sprecher der exilierten Peronisten in Spanien, Mitglied der Sowjetischen Akademie der Wissenschaften. Seit 1994 Berater von Hugo Chávez, 1995 aus Venezuela wegen antisemitischer Ausfälle ausgewiesen, kehrte 1998 zur Wahl zurück und wurde erneut ausgewiesen. Veröffentlichte 1999 zu Ehren von Chávez das Buch »Caudillo, Ejercito, Pueblo: La Venezuela del Comandante Chávez« (Führer, Armee, Volk: Das Venezuela von Comandante Chávez). Der Präsident betonte noch 2010 seine Freundschaft mit Ceresole.

Heinz Dieterich, 1999 bis 2007 Berater von Hugo Chávez, geb. 1943, studierte Soziologie bei Theodor W. Adorno und Max Horkheimer in Frankfurt am Main. Seit 1977 ist Heinz Dieterich Professor mit einem Lehrstuhl für Soziologie und Methodologie an der Universidad Autónoma in Mexiko-Stadt. Er verfasste das Werk »Der Sozialismus des 21. Jahrhunderts« (1996) und ist der meistveröffentlichte Autor zeitgenössischer politischer Werke auf Kuba.

Raúl Isaias Baduel, wichtigster Gegenspieler von Hugo Chávez, geb. am 6. Juli 1955, besuchte die Militärakademie, war 1982 mit Chávez Gründer der Bolivarianischen Revolutionsbewegung MBR-200, weigerte sich aber, 1992 gegen die demokratisch gewählte Regierung zu putschen. Leitete 2002 die Befreiung und Wiedereinsetzung von Hugo Chávez als Präsident. Von 2004 bis 2006 Oberkommandierender der Streitkräfte mit dem höchsten militärischen Rang eines *General en Jefe*, der eigens für ihn geschaffen wurde. Verteidigungsminister von Juni 2006 bis Juli 2007. Rief im November 2007 dazu auf, gegen das von Chávez geplante Verfassungsreferendum zu stimmen. Chávez verlor die Abstimmung. General Baduel wurde 2009 verhaftet und verbrachte die Zeit bis 2015 in Haft. Befindet sich seit Januar 2017 erneut in Haft.

Leopoldo López Mendoza, Oppositionspolitiker, geb. am 29. April 1971, direkter Nachfahre von Simón Bolívar über die Familie von dessen Schwester, Juana Bolívar. Zusammen mit Henrique Capriles Radonski gründete er 2000 die Oppositionsbewegung Primero Justicia, Generalkoordinator der 2009 gegründeten Partei Voluntad Popular, erhielt 2008 für sechs Jahre das Verbot, öffentliche Ämter zu übernehmen. Wurde 2014 verhaftet wegen der Rädelsführerschaft der Proteste gegen die Regierung Maduro. 2015 zu 13 Jahren und neun Monaten Gefängnis verurteilt, am 8. Juli 2017 überraschend in den Hausarrest entlassen und einen Monat später erneut verhaftet, dann abermals unter Hausarrest gestellt.

Henrique Capriles Radonski, wichtigster Oppositionspolitiker, geb. am 11. Juli 1972, Jurist, bis 2017 Gouverneur des Bundesstaates Miranda, zog 1998 als Abgeordneter der christdemokratischen COPEI ins Nationalparlament, bis zur Auflösung im August Präsident der Abgeordnetenkammer, Co-Vorsitzender der 2000 gegründeten Oppositionsbewegung Primero Justicia, 2008 gewählter Gouverneur des Bundesstaates Miranda, 2012 und 2013 Präsidentschaftskandidat der Opposition, 2012 wiedergewählt als Gouverneur. Am 5. April 2017 wurde ihm untersagt, für die nächsten 15 Jahre öffentliche Ämter zu bekleiden.

Henry Lisandro Ramos Allup, Generalsekretär der oppositionellen Acción Democrática AD, geb. am 17. Oktober 1943, 2016 als Präsident des von der Opposition dominierten Parlaments gewählt. 2010 stellvertretender Sprecher des Oppositionsbündnisses Vereinter Demokratischer Runder Tisch (MUD), 2012 Wahl zum stellvertretenden Präsidenten der Sozialistischen Internationale (SI).

Henri Falcón Fuentes, Ex-Chávez-Verbündeter, heute beim Oppositionsbündnis MUD, geb. am 17. Juni 1961. Von 2008 bis 2017 Gouverneur des Bundesstaates Lara. 1999 für diesen Staat in die Verfassunggebende Versammlung abgeordnet. 2000 zum Bürgermeister der drittgrößten Stadt Barquisimeto gewählt und vier Jahre später wiedergewählt. Trat 2008 als Kandidat der regierenden Sozialistischen Einheitspartei PSUV zur Wahl als Gouverneur von Lara an und siegte. Er lehnte die Verfassungsreform von Chávez von 2009 ab und trat 2010 aus der Partei aus. 2012 wurde er als Kandidat des Oppositionsbündnisses MUD wiedergewählt.

Luisa Marvelia Ortega Díaz, von 2007 bis 2017 Generalstaatsanwältin von Venezuela, geb. am11. März 1958. Sie wurde am 5. August 2017 auf Vorschlag von Diosdado Cabello von der Verfassunggebenden Versammlung für abgesetzt erklärt, nachdem sie zuvor die Einberufung des Gremiums durch Maduro für verfassungswidrig erklärt hatte. Sie floh im August 2017 mit ihrem Mann, dem Abgeordneten Germán Ferrer. Dieser war in den 1960er Jahren in Kuba als Guerrillero ausgebildet worden, gehörte der Kommunistischen Partei Venezuelas an und gehörte zu den Gründern der regierenden Sozialistischen Einheitspartei PSUV.

Douglas Bravo, historischer Guerrillaführer, geb. am 11. März 1932, war Militärchef der Kommunistischen Partei Venezuelas, kämpfte gegen den Diktator Marcos Pérez Jiménez ebenso wie gegen den demokratischen Präsidenten Rómulo Betancourt und dessen Nachfolger. Führte die von Kuba unterstützte Guerrilla-Organisation FALN, wurde 1967 aus der KP ausgeschlossen, weil er den bewaffneten Kampf nicht aufgeben wollte. 1992 nahm er am Putschversuch von Hugo Chávez teil und wurde wie dieser verhaftet. Danach brach er mit Chávez.

Teodoro Petkoff, Ex-Guerrillero, Sozialwissenschaftler und langjähriger Abgeordneter im Parlament, geboren am 3. Januar 1932, verließ die KP Venezuelas 1971 und gründete die Partei Movimiento al Socialismo MAS, von der er sich 1998 trennte, weil sie Hugo Chávez unterstützte. Nahm zwei Mal (1983 und 1988) als Präsidentschaftskandidat an den Wahlen teil. In der Guerrillabewegung FALN war er Politkommissar unter dem Kommando von Douglas Bravo. Auch sein Bruder Luben Petkoff war Mitglied der FALN. Unterstützte 1993 die Präsidentschaft von Ex-Präsident Rafael Caldera, der die christdemokratische COPEI verlassen hatte und wurde Planungsminister. Er gründete die Zeitung *Tual Cual*, deren Direktor er ist.

Quellen und Literatur

Zeitungen und Zeitschriften
Die Tageszeitung, Berlin
DIE ZEIT, Hamburg,
Der Spiegel, Hamburg
El Pais, Madrid
El Universal, Caracas
El Nacional, Caracas
Lateinamerika-Nachrichten, Berlin
Tal Cual, Caracas

Online-Medien
www.aporrea.org
www.alopresidente.gob.ve
www.bbc.com
www.cne.gov.ve
www.globovision.com
www.prodavinci.com
www.runrun.es
www.telesurtv.net
www.venezuelanalysis.com

Bücher
Aitmatow, Tschingis: Karawane des Gewissens, Zürich 1988
Alexander, Robert J.: The Communist Party of Venezuela, Stanford 1969
Araujo, Orlando: Venezuela. Die Gewalt als Voraussetzung der Freiheit, Frankfurt / M. 1971
Bahrmann, Hannes: Abschied vom Mythos. Sechs Jahrzehnte kubanische Revolution – Eine kritische Bilanz, Berlin 2016
Bahrmann, Hannes: Nicaragua – Die privatisierte Revolution, Berlin 2017
Bahrmann, Hannes: Theoretische und methodologische Probleme der Untersuchung der städtischen Mittelschichten in Lateinamerika, in: Lateinamerika, Semesterbericht der Sektion Lateinamerikawissenschaften der Wilhelm-Pieck-Universität Rostock, Herbstsemester 1979
Betancourt, Rómulo: Venezuela. Política y petrolco, Caracas 1967
Blanco Muñoz, Agustín: Habla el Comandante, Caracas 1998

Blanco Muñoz, Agustín: Habla Herma Marksman: Hugo Chávez me utilize, Caracas 2004

Blasco, Emili J.: Bumerán Chávez – Los Fraudes que llevaron al colapso de Venezuela, Washington 2016

Boeckh, Andreas/Graf, Patricia: Der Comandante in seinem Labyrinth: Das bolivarische Gedankengut von Hugo Chávez. In: Boeckh, Andreas/Sevilla, Rafael (Hg.): Venezuela – die bolivarische Republik, Bad Honnef 2005

Carrera Damas, Germán: El Bolivarianismo-militarismo – una ideología de reemplazo, Caracas 2011

Carroll, Rory: Comandante Hugo Chávez's Venezuela, New York 2013

Ciccariello Maher, George: We Created Chávez. A People's History of the Venezuelan Revolution, Durham 2013

Coronil, Fernando. The Magical State. Nature, Money, and Modernity in Venezuela, Chicago 1997

Chelminski, Vladimir: Jaque Mate a la Sociedad Venezolana – Controles de Precios y de Cambio, Caracas 2017

Clark, A.C.: The Revolutionary Has No Clothes – Hugo Chávez's Bolivarian Farce, New York 2009

D'Elia, Yolanda/Cabezas, Luis F.: Las misiones sociales en Venezuela, Caracas 2008

Dieterich, Heinz: Der Sozialismus des 21. Jahrhunderts. Wirtschaft, Gesellschaft und Demokratie nach dem globalen Kapitalismus, Berlin 2006

Ellner, Steve; Hellinger, Daniel: La política venezolana en la era de Chávez, Caracas 2003

Ellner, Steve: Rethinking Venezuelan Politics. Class, Conflict, and Chávez Phenomenon, Boulder 2008

Ellner, Steve: Miguel Tinker Salas: Venezuela – Hugo Chávez and the Decline of an »Exceptional Democracy«, Lanham 2007

Esser, Klaus: Entwicklungsperspektiven eines Erdöllandes, Berlin 1976

Ewell, Judith: Venezuela. A Century of Change, Stanford 1984

Fürntratt-Kloep, Ernst: Venezuela. Der Weg einer Revolution, Köln 2006

Gallegos, Raúl: Crude Nation. How Oil riches ruined Venezuela, Lincoln 2016

Gerdes, Claudia: Eliten und Fortschritt. Zur Geschichte der Lebensstile in Venezuela 1908–1958, Frankfurt/M. 1992

Goldenberg, Boris: Kommunismus in Lateinamerika, Stuttgart 1971

Gott, Richard: In the Shadow of the Liberator, London/New York 2000

Guerra, José: El Socialismo del siglo XXI, Caracas 2006
Hirst, Joel D.: The ALBA – Inside Venezuela's Bolivarian Alliance, Miami 2012
James, Benjamin: The Maduro Papers – A view on Nicolás Maduro, Kindle Edition 2013
Koenen, Gerd: Traumpfade der Weltrevolution. Das Guevara-Projekt, Frankfurt/M. 2012
Kozloff, Nikolas: Hugo Chávez – Oil, Politics and the Challange to the U.S., New York 2006
Krauze, Enrique: El Poder y el Delirio, Mexico D.F. 2008
Lander, Luis E.: Poder y petróleo en Venezuela, Caracas 2003
Marcano, Cristina / Barrera Tyszka, Alberto: Hugo Chávez sin Uniforme – Una historia personal, Caracas 2006
Mata Guzmán, Gabriel: SOS Venezuela – Desillusioned in the Age of Chávez, Miami 2014
Myers, David J.: Venezuela: Del Pacto De Punto Fijo Al Chavismo, Caracas 2007
Mommer, Bernard: La cuestión petrolera, Caracas 1988
Nelson, Brian A.: The Silence and the Scorpion. The Coup Against Chávez and the Making of Modern Venezuela, New York 2009
Niedergang, Marcel: 20 Mal Lateinamerika, München 1962
Ocando, Casto: Chavistas en el Império – Secretos, Tácticas y Escándalos de la Revolución Bolivariana en Estados Unidos, Miami 2014
Ojeda, William: Venezuela – Capitalismo o Socialismo. Una Búsqueda Inconclusa, eBook 2017
Otálvora, Edgar C.: La década roja de América Latina, Caracas 2013
Penaloza, Carlos: Fidel's Dauphin. The concealed story of Hugo Chávez and the 4F coup d'etat, Miami 2015
Penaloza, Carlos: El Império de Fidel – Petróleo e Injerencia cubana en Venezuela, Miami 2012
Ramírez, Eddi A. y Gallegos, Rafael: Petróleo y Gas: El Caso de Venezuela, Caracas 2015
Sevilla, Rafael / Boeckh, Andreas (Hg.): Venezuela. Die Bolivarische Republik, Bad Honnef 2005
Tinker Salas, Miguel: The Enduring Legacy: Oil, Culture, and Society in Venezuela, Durham, 2009
Velasco, Alejandro: Barrio Rising. Urban Popular Politics and the Making of Modern Venezuela, Berkeley 2015
Werz, Nikolaus: Das Konzept der »clase media« und die Mittelschichten in Lateinamerika. In: Becker, Bert / Rüland, Jürgen / Werz,

Nikolaus (Hg.): Mythos Mittelschichten. Zur Wiederkehr eines Paradigmas der Demokratieforschung, Bonn 1999

Werz, Nikolaus: Parteien, Staat und Entwicklung in Venezuela, München 1983

Wilpert, Gregory: Changing Venezuela by Taking Power. The History and Policies of the Chávez Government, London 2007

Zeuske, Michael: Von Bolívar zu Chávez. Die Geschichte Venezuelas, Zürich 2008

Abbildungsnachweis

Die Fotos stammen mehrheitlich aus dem Archiv des Autors und des Verlages. Von dpa – Picture-Alliance sind die Fotos auf den Seiten 146, 211 und 217 sowie auf der Vorderseite des Einbandes.

Basisdaten

Ländername:	Bolivarianische Republik Venezuela (República Bolivariana de Venezuela)
Lage:	Norden Südamerikas am Südrand der Karibik
Fläche:	916 445 km²
Zeitverschiebung:	5 Std. (MEZ)
Währung:	Bolivar (Bs.); 1 Bs. = 100 Centimos
Ländervorwahl:	+58
Verwaltungsstruktur:	23 Bundesstaaten, ein Hauptstadtdistrikt
Hauptstadt:	Caracas (mit Einzugsgebiet rund 6 Mio. Einwohner)
Bevölkerung:	Ca. 31 Mio., 50 % Mestizen, 42 % europäischer, 3 % afrikanischer und 3 % indigener Abstammung; Bevölkerungswachstum: 1,54 %
Landessprachen:	spanisch, indigene Sprachen
Religionen:	96 % römisch-katholisch, 2 % protestantisch
Regierungsform:	Präsidialsystem; Präsident mit sechsjähriger Amtszeit, unbegrenzte Möglichkeit der Wiederwahl
Staatsoberhaupt	und Regierungschef: Präsident der Republik Nicolás Maduro Moros (PSUV)
Parlament:	Nationalversammlung (Asamblea Nacional); Einkammersystem mit fünfjähriger Legislaturperiode; 167 Sitze, Präsident: Julio Borges (Mesa de la Unidad Democrática (MUD) / Primero Justicia). Sitzverteilung: Oppositionsbündnis MUD 112 Sitze (inkl. zweier indigener Vertreter), Regierungskoalition Gran Polo Patriótico (GPP) 52 Sitze. Am 1. Mai 2017 hat Präsident Nicolás Maduro das Parlament durch die verfassungswidrig per Dekret erfolgte Einberufung einer Verfassungsgebenden Versammlung entmachtet. Die Wahl zur Verfassungsgebenden Versammlung fand am 30. Juli statt. Sie wurde von allen Oppositionsparteien boykottiert.

Regierungsparteien: Partido Socialista Unido de Venezuela (PSUV, sozialistisch); zusammengeschlossen im Gran Polo Patriótico (GPP) mit diversen kleineren Parteien, u. a. Partido Comunista de Venezuela (PCV) und Tupamaros.

Oppositionsparteien: Zusammengeschlossen in Mesa de la Unidad Democrática (MUD), darunter u.a. eine der beiden traditionellen Parteien der Ära vor Hugo Chávez, Acción Democrática (AD) sowie die jüngeren Parteien Primero Justicia (PJ), Voluntad Popular und Un Nuevo Tiempo (UNT).

Bruttoinlandsprodukt (BIP): Die venezolanische Regierung veröffentlicht seit 2015 keine offiziellen Wirtschaftszahlen mehr. Auch den internationalen Finanzinstitutionen meldet sie keine Daten. Folgende Schätzungen gibt es:

BIP:	2015: 239,6 Mrd. US$
	2016: 185,6 Mrd. US$
	2017: 149,5 Mrd. US$
BIP pro Einwohner	2015: 7744,7 US$
	2016: 5908,2 US$
	2017: 4685,8 US$
Wirtschaftswachstum	2015: -5,7 %
	2016: -8,0 %
	2017: -4,5 %
Inflationsrate	2015: 121,7 %
	2016: 481,5 %
	2017: 2600 %

Angaben zum Autor

Hannes Bahrmann

Jahrgang 1952, Studium der Geschichte und Lateinamerikawissenschaften in Rostock; danach Journalist bei Rundfunk, Zeitungen und Nachrichtenagenturen; seit 1984 regelmäßig Reisen nach Lateinamerika, lebt in Mecklenburg-Vorpommern und Berlin; Autor zahlreicher Sachbücher zur Geschichte Mittelamerikas und der DDR-Politik, zuletzt erschienen: »Nicaragua. Die privatisierte Revolution« (2017) und »Abschied vom Mythos. Sechs Jahrzehnte kubanische Revolution – Eine kritische Bilanz« (2016).